타자의 시선
해외언론과 한국독립운동

초판 1쇄 인쇄 2025년 8월 1일
초판 1쇄 발행 2025년 8월 15일

지은이   김주용
펴낸이   윤관백
펴낸곳   선인
등록   제5-77호(1998.11.4)
주소   서울시 양천구 남부순환로 48길 1, 1층
전화   02)718-6252/6257
팩스   02)718-6253
이메일   suninbook@naver.com

ISBN   979-11-6068-984-6 93900
정가   16,000원

타자의 시선
해외언론과 한국독립운동

김주용

| 발간사 |

    일상생활의 중요성은 평화로움을 내포하고 있다. 그 일상성이 무너지면 개인과 사회 또는 국가 역시 회복력을 발휘하게 된다. 그 공력은 아주 클 수밖에 없는 너무나 과혹한 현상이다. 개인의 삶이 파괴되면 이를 회복하기 위해서는 섭생과 운동이 필요하다. 한 국가, 민족의 역사도 마찬가지일 것이다. 한국독립운동의 역사는 일상성 회복력의 역사라고 할 수 있다. 고투(苦鬪)를 통해 독립을 쟁취하였으며, 오늘날 전 세계에 K-culture의 위력이 발휘되고 있다. 하지만 독립운동사를 바라보는 시각은 여전히 분단체제라는 편협한 인식에서 탈피하지 못하는 현실이다.

    필자는 지금부터 꼭 10년 전 독립기념관 연구위원으로 재직 중 평생 잊지 못할 경험을 했다. 하나는 독립기념관과 중국의 인민항일전쟁기념관이 『중국에서의 한민족독립운동사』를 2015년 8월 15일 공동으로 발간하려는 '획기적인' 계획이었다. 이 작업은 아주 세부적이면서 조심스럽게 진행되었다. 독립기념관 연구위원들은 모두 7개 부분으로 나누어 책을 집필하자는 잠정적인 합의를 통해 추진하고 있었다. 다른 하나는 한·중 공동평화선언이었다. 이 평화선언의 일정은 2015년 8월 15일 11시(중국 시간 10시)이며, 주제는 '평화, 미래 인류의 자산'으로 설정했다. 하지만 결과적으로 두 사업은 이루어지지 못했다. 특히 공동선언은 2013

년 8월 15일 독립기념관과 중국 인민항일전쟁기념관이 일본 아베 수상의 망언에 대해 동북아평화공동체를 구축하기 위해, 패권주의 부활방지의 세계 평화메시지를 전달하기 위해 추진되었지만 이때에도 독립기념관 상급기관장의 압력으로 불발되었다.

한·중 공동평화선언의 미실현 상황에 대한 참괴함은 지금도 생생하게 기억하고 있다. 중국 인민항일전쟁기념관 담당자에게 비겁한 변명(?)을 늘어놓았으며, 자존감은 상당히 무너져 있었다. 물론 국가 간의 민감한 사안일 수도 있다. 특히 한국전쟁의 트라우마가 아직도 사라지지 않고 있는 분단체제에서 중국과 공동항일투쟁을 통해 평화선언을 주창하는 것은 시기상조일 수도 있었다. 하지만 제국주의 일본의 패권주의·팽창주의·침략주의에 항거했던 당시의 역사를 소환함으로써 미래에는 이와 같은 불행의 역사를 반복하지 않기 위한 선언은 너무나 필요했다. 당시의 심정은 학자의 양심과 독립운동가 후손으로서의 책무, 직장인으로서의 무력함 등이 혼재되어 있는 참담한 상태였다.

이제 10년이 지났다. 하지만 한반도는 여전히 분단시대이며, 남과 북이 더욱더 적대적 관계설정에 돌입한 상태이다. 영화 〈암살〉에서 주인공이 변절한 이유를 '독립이 될지 몰랐다'라고 독백처럼 되뇌었던 것은 그만큼 독립운동의 길이 험하고, 심지어 "자기희생"을 담보하는 것이었기 때문이다. 과연 우리의 독립운동을 중국 언론을 비롯하여 타자들은 어떠한 시선으로 보았을까? 그리고 왜 우리는 우리의 독립만을 연구하는 것이 지선(至善)이라고만 여길까? 한중 공동항일 투쟁사에 대한 연구와 현실적 대화는 불가능한 것일까? 라는 의문에서 중국 언론 기사를 분석하기 시작하였다.

제목을 정하는 처음 기획단계에서는 중국 언론만을 대상으로 삼았다. 그런데 독립기념관에서 독일과 일본 언론 기사도 번역하여 자료집으로 출간하였기 때문에 이를 일부 이용하려고 했다. 충분하지도 만족스럽지도 않았지만, 일단 출발해 보려고 했다. 그래서 제목 역시 '타자의 시선'으로 하면서 부제를 외국 언론으로 고정하였다. 사료를 인용하는 과정에서 간혹 중복되는 부분도 있다. 독자들의 혹평과 비평은 모두 필자의 몫이다. 하지만 한국독립운동의 역사 연구가 이제 남을 찌르는 창끝이 아니라 인류의 평화와 공생을 논하는 역사적 자산으로 활용되기를 기대한다.

이 책이 나오기까지 선인출판사의 윤관백 대표님과 (사)선인역사문화원 이동언 이사장님의 격려, 원광대 유지원 교수님을 비롯한 역사문화학과 교수님들의 성원이 큰 힘이 되었다. 또한 학계 선배이신 김형목 선생님의 꼼꼼하고 날카로운 원고 검토를 통해 이 책이 나왔다고 해도 과언이 아니다. 다시금 감사드린다. 익산 생활을 차분하게 정착시킨 각시의 공도 크다. 이 모든 분들의 성원이 있었기에 가능한 일이었다. 다시 한번 지면을 빌어 감사드린다.

원광대학교 인문대 5층 연구실에서

차례

발간사 5

서론 : 산 자의 다시 기억하기 13

제1부 | 3·1운동과 중국 언론의 다시 기억하기

제1장 창사 『대공보』에 비친 3·1운동의 경과와 영향
1. 머리말 27
2. 3·1운동의 원인 29
3. 3·1운동의 경과 35
4. 3·1운동의 영향 49
5. 맺음말 54

제2장 베이징 『국민공보』에 나타난 3·1운동의 보도 현황과 성격
1. 머리말 58
2. 일제의 폭정 고발 62
3. 독립선언의 정당성 66
4. 3·1운동의 영향 및 의의 76
5. 맺음말 81

타자의 시선

제3장 해외 언론의 제암리 보도의 기억 양태와 시대적 상이성

  1. 머리말   85
  2. 중일 언론의 화성 지역 3·1운동과 '제암리 제노사이드' 보도 양태   88
  3. '제암리 제노사이드' 기억, 선양 및 기념사업   94
  4. 맺음말 : 평화공생체 담론의 장   104

제4장 『구망일보』, 『해방일보』의 3·1운동 다시 기억하기

  1. 머리말   107
  2. 『구망일보』의 창간과 조선의용대   109
  3. 『구망일보』의 3·1운동 다시 기억하기   112
  4. 『해방일보』와 조선의용대   120
  5. 『해방일보』의 3·1운동 다시 기억하기   122
  6. 맺음말   128

타자의 시선

제2부 | 한인(조선인) 제노사이드와 해외 언론

제1장 창사『대공보』의 경신참변에 대한 보도의 성격

    1. 머리말   133
    2. 훈춘사건과 중국의 인식   135
    3. 보복의 억지 그림자, '간도출병'   140
    4. 경신참변과 한국독립운동의 동향 보도   144
    5. 맺음말   155

제2장 1923년 일본 관동 조선인 대학살과 해외 언론의 보도 양태

    1. 머리말   158
    2. 관동대지진, 조선인 학살과 한인독립운동 세력의 대응   160
    3. 해외 언론에서의 관동대진재 보도 양태   162
    4. 맺음말   167

타자의 시선

제3부 | 한중 연대와 중국 언론

제1장 『구망일보』와 『해방일보』에 비친 조선의용대의 활동과 성격

1. 머리말   171
2. 『구망일보』의 조선의용대 활동   174
3. 『구망일보』에 비친 조선의용대의 위상   182
4. 『해방일보』 기사 속 조선의용대의 활동과 대원들의 희생   184
5. 맺음말   191

제2장 한국광복군의 성립과 한중 공동항일투쟁

1. 머리말   196
2. 한국광복군 성립 전례식과 총사령부 건물   199
3. 『구망일보』와 『신보』의 한국광복군 보도 기사   206
4. 『해방일보』의 대한민국임시정부 관련 기사   212
5. 맺음말   215

결론 : 평화공생 네트워크의 시론

찾아보기   227

| 서론 |

산 자의 다시 기억하기

한국독립운동은 민족주의를 벗어나서 설명할 수 없다. 민족주의는 후속 세대들이 앞 세대가 겪은 경험과 지위를 세습하고, 세속된 의식을 통해 현재 자신들의 민족주의에 도덕적 정당성과 정치적 알리바이를 부여하는 기억의 서사이다. 민족주의를 파악하기 위해서는 물밑에서 작동하는 제국과 민족, 지구화와 국민화, 탈역사화와 과잉역사화, 비판과 옹호, 집합적 유죄와 집합적 무죄, 용서와 화해, 부정과 연대의 서사가 교차하는 기억 정치의 복잡한 메커니즘을 이해할 필요가 있다. 따라서 현재까지의 기억을 분해하여 다시 재구성하는 과정이 다시 기억하기(De-memorize)이다.

기억, Re-member는 다시 멤버가 되는, 즉 함께-되기를 활성화하는 것이다. 기억하기를 통해 다시 멤버가 되는 과정이다. 함께 멤버가 된다고 하는 것(com-memorate)은 함께 기억을 만들어간다는 것을 뜻한다. 그래서 단순히 과거를 기억하는 것이 아니라 함께-되기를 활성화하는 것이고, 더 나은 함께-되기의 의무를 부과하는 행위라는 점에서 다시 기억하기의 작업은 아주 중요하다.

한국독립운동을 바라보는 타자의 시선 가운데 중국인들은 여러 층위를 보이고 있다. 특히 신해혁명(辛亥革命) 이후 중국의 언론은 '정론지'를 지향하였다. 1912년 4월 14일 2,200여 명의 승객을 태운 타이타닉 호가 북대서양의 바다 한가운데서 빙하와 충돌한 뒤 침몰했다. 세계적으로도 유명해진 해양 대참사는 상하이에서 발행하는 『신보』를 통해 4월 17일 처음 알려졌고, 19일에는 선원들이 부녀자를 구하기 위해 희생되었다는 미담으로 소개되었다. 1914년 7월 28일 오스트리아가 세르비아에 선전포고를 하면서 938만 명이 죽고 2,314만 명이 부상당하는 참극의 서막이 열렸다. 바로 제1차 세계대전이다. 7월 말부터 긴박해지는 상황을 보도하던 『대공보』는 8월 2일 유럽 전역에서 전쟁이 시작되었음을 알렸다. 1915년에는 베이징(北京) 시장이 베이징을 오스만의 파리로 바꾸려는 야심에서 베이징 앞 황제의 길을 톈먼대로(天門大路)로 개축했다. 1917년에는 상하이(上海)와 베이징에서 대세계와 신세계라는 자본주의 소비문화의 상징인 대형 쇼핑몰이 개점하였다.

세계는 급속하게 변하고 있었다. 신문화운동가들이 여행하는 해외나 상하이 조계지는 밤과 낮이 바뀌었으며, 풍요로운 물질문명의 낙원으로 묘사되었다. 하지만 그들이 태어나고 생활하는 대부분의 중국 땅은 아직도 어둡고 더럽고 빈곤했다. 1915년 9월 15일에 상하이에서 발간된 청년잡지 『신청년』 창간호 표지는 서구의 현대 모델을 표준으로 새로운 가치를 재간하고자 했던 중국의 현실을 상징적으로 보여 주었다. 표지에는 미국의 유명한 철강왕 카네기의 사진이 실려 있었다.

앤드루 카네기(Andrew Carnegie)는 1859년에 8,000파운드의 자본금으로 시작한 펜실베니아의 석유사업으로 20여 년만에 200만 파운드의 가치를 갖게 되었다. 그가 운영하는 철강사업은 1888년에는 5km의 공장 지역을 시커먼 연기로 뒤덮으며 연간 14만 톤의 생산고, 운송열차 100여 대, 노동자 2만 7,000여 명을 자랑하는 산업으로 발전했다. 1901년에는 모건(J. P. Morgan)과 연합하여 자본금 2억 파운드의 철강 트러스트를 조직하게 되었다. 모던의 상징인 강철을 내세우는 근대 세계 물질문명은 상상을 초월할 정도로 거대하고 신속하게 발전하고 있었으며, 그것을 수행한 카네기 같은 사람이 영웅으로 등장하였다.

잡지 『신청년』에 카네기가 표지사진으로 실리게 된 것은 천두슈(陳獨秀)의 독특한 이력도 한몫했을 것이다. 천두슈는 항저우(杭州)에서 조선공학(造船工學)을 배우고 작은아버지를 통해 두부 수출사업도 맛보았다. 그는 광산업과 철도 같은 근대 산업 발전에 눈을 뜰 수 있었고, 그에 발맞춰 인간을 노동의 주체로 만들기 위한 다방면의 인간 개조에도 관심을 보였다. 특히 천두슈의 계몽은 단순한 정치적 구망(救亡)에서 유래된 것이 아닌 인류 문명 전반의 변화와 그것이 중국인의 삶에 미치는 영향을 인식하는 가운데 새로운 인간상을 제시하기 위한 일종의 프로젝트였다. 이때 변혁은 개인·사회·국가·지역·세계·인류의 각 차원에서 모두 진행되어야 했다.

중국 공산당의 지도자였던 천두슈는 3·1운동에 대해 베이징대학 학생들에게 "일본제국주의에 강점되었던 조선이 9년만에 독립을 선언하였다"고 말하며, 중국의 현실이 과연 신해혁명 이후 민주공화국으로 나가고 있는지 강렬한 자기비판을 하였다. 중국이 1911년 신해혁명 이후 두 번의 황제로 복벽(復辟)한 사실은 3·1운동 소식을 접한 중국인들에게는 큰 충격이었을 것이다. 중국 각종 언론을 통해서 3·1운동의 소식은 중국 전역으로 빠르게 전달되었다. 베이징의 『국민공보(國民公報)』에서는 3·1운동의 원인을 일제의 폭정과 학정에서 찾았으며, 한국인들의 독립에 대한 열기는 이것을 뛰어넘었다고 평가하였다. 후난성(湖南省) 창사(長沙) 『대공보(大公報)』에서는 고종의 독살설과 함께 3·1운동의 배경과 전개 과정을 자세하게 전달하였다. 3월 9일부터 4월 말까지 3·1운동의 소식이 중국의 독자들에게 지속적으로 알려졌다. 뿐만 아니라 저우언라이(周

恩來)는 직접 서울을 방문하여 3·1운동의 열기를 느끼고자 했다. 1919년 7월 말의 일이다. 마오쩌둥(毛澤東) 역시 3·1운동에 대한 어록을 남길 정도로 우리 민족사의 거대한 물줄기에 대해 기억했다.

　1919년 5월 4일부터 시작된 5·4운동은 단순한 애국운동(返還靑島)이 아니라 애국주의와 세계주의 정신이 복잡하게 얽혀 있었던 사건이었다. 천두슈는 애국주의와 세계주의가 혼합된 중국인들의 사고 방식을 잘 보여 주었다. 그는 조선의 3·1운동에 주목하면서 쑨원(孫文)을 비롯한 대부분의 중국 지식인들이 보인 소극적인 민족주의적 반응과는 대조적으로 한국 독립운동을 세계 각 민족의 새로운 결합을 이루는 본보기라는 점에 세계주의적 메시지로 간주했다. 비록 파리 평화회담의 결과에 분노해서 세계 영구평화와 인류의 진정한 행복의 실현 가능성에 대해 실망하기도 했지만, 5·4운동을 거치면서 천두슈는 인민이 국가를 위해 희생되는 것이 아니라 약한 자국의 생존을 위해 억압하는 나라에 저항하는 애국심을 갖춘 연후에야 대동 세계를 조직할 수 있다고 주장했다. 뿐만 아니라 많은 이들도 5·4운동을 단순히 강권을 거절하는 애국주의 운동이 아니라 세계주의의 정신에 호소하면서 공리와 전 세계적 가치를 지키는 사회운동으로 인식하였다.

　한편 베이징 『국민공보(國民公報)』 운영에 관여했던 량치차오(梁啓超)는 국가 간의 경쟁보다 대동 세계의 실현을 추구하던 이전과 달리 국가 간 경쟁체제와 중국의 부국강병을 강조하는 입장 변화에 대해 추궁을 받는다. 이에 대해 량치차오는 중국의 장래가 하루를 기약할 수 없이 위태로운 국제 정세 속에서 세계주의는 이상과 미래에 속하고 국가주의는 사실과 현실에 속한다고 주장한다. 여기서 량치차오가 말하는 세계주의는 국가와 민족 간의 경계와 경쟁체제를 타파하고 인류 전체가 평화롭게 공존하는 사회를 추구하는 것을, 국가주의는 냉혹한 국가 간의 경쟁체제가 지배하는 국제 정세 속에서 부강한 국민국가를 건설하는 것을 의미한다. 세계주의는 논리적으로 볼 때 사해일가(四海一家)의 대동사상이나 천하사상과 상통하는 면이 있을 뿐만 아니라, 근대 중국인들이 '세계'로의 진입을 갈망하며 새로운 시대에 대한 '각성'을 무엇보다 중시한다는 점에서 그들의 사상에 내재된 공통된 특성이라고 할 수 있다. 그러나 세계주의는 이상과 미래에 속하기 때문에 근대 중국의 현실과 사실 속에서 그것을 실현할 방안을 찾아야 한다. 량치차오는 그것을 국가주의라고 인식하는데, 그의 사유 속에서 국가주의는 세계주의와 대립되는 개념이 아니라는 점을 주목할 필요가 있다. 국가주의 역시 중국 내부가 아니라 세계의 추세를 따르는 것이며, 국가주의를 추구하는 것이 바로 세계주의를 실현하는 현재적 방안이 되기 때문이다.

5·4운동의 기폭제이자 동시에 그 결과로서 '민족주의(nationalism)'가 근대국가 건설이라는 시대적 과제를 수행하는 과정에서 핵심적인 동력으로 작용했다고 보는 데에는 크게 이견이 없을 것이다. 통상 민족주의는 5·4운동을 수놓은 민주주의·아나키즘·사회진화론·사회주의·자유주의·문화보수주의 등 다양한 성격의 사상적 실험·운동을 관통하는 원리인 동시에 각각의 사상과 치열한 경합을 촉발시킨 준거점으로 그려져 왔다.

새로운 시대를 전망하는 이러한 문명전환의 보편적 감각은 5·4운동 시기를 전후하여 중국에 중요한 사상적 경향성을 낳게 된다. 도래할 신문명의 기본 성질을 세계주의(내지 국제주의)적 지향 안에서 전망하는 경향이 그것이다. 예컨대 제1차 세계대전 후 유럽으로 유람을 다녀온 량치차오는 "100년 물질의 진보가 이전 3천 년간 달성한 것의 몇 배에 달하지만, 우리 인류는 행복하지 않고 도리어 허다한 재난을 초래했다"는 서구문명에 대한 비판적 인식 위에서 "완고하고 편협한 구사상을 애국(愛

國)이라 여겨서는 안된다"고 주장하면서 국가주의에 대한 비판적 성찰을 담은 '세계주의 국가' 건설을 요청했다.

최근 영화 〈암살〉과 〈밀정〉이 상영되면서 독립운동사에 대한 관심이 한 때 과열되기도 했다. 한국인들에게 독립운동사가 기억의 소환을 넘어서 일상사에서 누군가에게 대화의 소재로 등장하기 시작한 것은 반가운 일이다. 〈암살〉의 주인공들은 의열단원들이다. 의열단 단장이었던 약산 김원봉(金元鳳)과 함께 활동했던 윤세주(尹世冑)는 1942년 5월 타이항산(太行山)에서 일본군과 교전 중에 순국하였다.

그해 9월 18일(오늘날 중국의 국치일)에 성대한 추도식이 거행되었다. 팔로군 총사령관 주더(朱德)의 추도사가 뒤를 이었다. 그는 조선의용대가 숭고한 국제정신에 입각해서 조국의 독립과 자유를 쟁취하기 위해 전력을 다했다고 하면서 그 애국적 기개의 위상을 강조했다. 또한 국제주의 연대와 한국의 독립을 불가분의 관계로 인식하였다. 여기에는 5년간의 조선의용대 활동상도 크게 작용하였다. 또한 그들의 희생이 한국인들과 중국인들의 가슴 속에 영원히 살아 있으며 조국 해방을 위해 일치단결할 것을 호소하였다.

> 자유를 위하여 희생된 투사들의 생명은 영원할 것이다. 그들의 전투 정신은 자유를 쟁취하기 위하여 싸우는 중국과 조선 국민들의 마음 속에 살아 있을 것이다. 그들이 몸바쳐 싸운 위업은 더 많은 투사들에 의하여 계승 완수될 것이다. 우리들은 조선의 우수한 투사들의 희생을 몹시 애석히 여긴다. 그러나 여명은 오래지 않아서 다가올 것이다. 우리들은 조선의 혁명동지들이 화북의 우리 군민과 긴밀히 단합하여 화북의 20만 조선 인민과 더 널리 단결하여 오래지 않은 앞날에 긴 밤의 어둠을 물리치고 올 여명의 서광을 맞이하기 위하여 굳게 손잡고 용감히 적들을 무찌르고 전진하기를 희망한다.
> 『해방일보(解放日報)』 1942년 9월 20일자, 「為自由而史 生命永存」

주더의 뒤를 이어 중공 정치위원 예젠잉(葉劍英)의 추도사가 있었다. 그의 추도사는 조선의용대의 창설과 그 활동을 자세하게 언급하면서 동방피압박민족 연대 속에서 조선의용대의 위상을 강조했다. 앞사람이 쓰러지면 뒷사람이 이어나가 죽음을 초개와 같이 여기는 조선의용대원들의 정신은 반파쇼 투쟁에서 크게 기여를 했다고 한다.

중국 언론에 보이는 한국독립운동을 조명해 보는 것은 바로 다시-기억하기를 활성화시키는 것이다. 2004년 독립기념관 한국독립운동사연구소에서는 근대 중국신문 가운데 한국 관련 기사가 많다는 것에 주목하고, 중국 국가도서관[1]이 소장하고 있는 마이크로필름을 수집하는 계획을 세웠다. 이는 중국 국가도서관에서 발행한 근대 중국신문 목록[2]을 토대로 중국 전 지역에서 발행한 신문 가운데 한국 관련 기사가 많은 신문들을 선별하였으며, 5개년 계획으로 5,000롤의 중국 신문을 확보한다는 계획이었다. 뿐만 아니라 한국 관련 잡지, 예를 들면 『조선의용대통신』 등을 수집하는 계획도 수립하였다. 이를 위해 먼저 중국 국가도서관 마이크로필름센터와 연락을 취하는 것이 급선무였다. 마이크로필름 가격이 한 롤당 600위안으로 책정되었기 때문에 예산 확보도 시급했다. 그런데 이 가격은 외국인에게 판매하는 가격이고 중국인에게는 50% 할인금액에 판매한다는 소식을 접할 수 있었다. 마침 당시 베이징에는 중앙민족대학에 파견되어 있는 독립기념관 국외자료수집위원인 연변대 김태국 교수가 중국 국가도서관 마이크로필름센터와 연락이 닿아 자료 수집의 길이 확보되었다. 특히 마이크로필름 가격을 한 롤당 원가의 50%라는 파격적 조건으로 용이하게 수집할 수 있었다.

---

[1] 중국 국가도서관 마이크로필름센터는 해방 이전 베이징도서관을 그대로 사용하였으며, 2008년 새로 건립된 국가도서관으로 이전하였다.
[2] 이 목록은 『中文報紙縮微品錄』(1), (2)로 1993년에 출판되었다.

2005년 4월 독립기념관은 중국 국가도서관 마이크로필름센터와 자료 수집 약정서를 체결하고 김태국 교수와는 수집 위탁서를 체결하여 3자 간 협력으로 중국의 근대신문 마이크로필름을 수집하였다. 2005년 화난(華南) 지역에서 발행한 신문 960롤을 수집하였다. 하지만 수집과정에서 많은 장벽에 부딪쳤다. 예컨대 신문 마이크로필름을 들여올 때 중국 세관에서는 중국 국가도서관의 공문 발송으로 무사히 통과되었지만 정작 한국 세관에서는 3시간 가량 필름이 보관되어 있었다. 그 이유는 한국의 세관법에 대한 이해 부족이었다. 2006년부터는 인천공항세관에 공문을 발송하여 독립기념관에서 수집하는 자료는 영리 목적이 아님을 분명히 했다.[3] 2009년에는 마이크로필름센터의 구조 조정 및 새로운 센터장 임명으로 수집에 대한 가격 상승이 예상된다고 했다. 다행스러운 것은 양국의 항일운동에 대한 공통 인식을 공유하고 있기 때문에 한 롤당 20위안이 되는 선에서 마무리되었다.[4]

2006년부터 2008년까지 매년 900롤 이상 수집하였으며, 2009년 이후에는 환율 급등으로 인해 수집 분량이 절반으로 줄었다. 2005년부터 2011년까지 수집한 중국 신문 M/F자료는 총 5,016롤이다. 이 가운데 상하이 지역 신문이 가장 많으며, 동북 지역이 그 다음을 차지하고 있다. 2011년 이후 2015년까지 중국 지역 신문들을 수집하였다. 기존에 미처 수집하지 못한 한국독립운동 관련 기사가 많은 지역 신문들을 최

---

[3] 2006년 외교부의 협조를 받아 외교행랑으로 수집하기도 했다. 당시 주중 한국대사관 강상욱 참사의 도움으로 무사히 자료를 운반할 수 있었다. 다만 수집 분량이 많아 외교행랑으로 운반하기에는 무리가 따른다는 판단으로 2007년부터는 직접 운반하는 방향으로 바뀌었다.

[4] 국제적인 금융위기 및 한국과 중국간의 환율 급등, 2008년 올림픽 이후 가격 상승이 불가피하다고 하였다. 이에 대하여 중국 국가도서관도 당분간 금융 위기가 해결되지 않을 것으로 판단되어 마이크로필름 가격을 예년 수준으로 동결하겠다고 함으로써 급격한 필름 가격 상승은 초래되지 않았다.

종 확인하여 수집하였다. 독립기념관 수집 자료 이외에 연구자들이 필요로 하는 일부 자료들에 대해서는 누락된 부분이 없지 않다. 뿐만 아니라 일본과 독일신문 자료도 수집하여 자료집을 지속적으로 발간하였다.

이 책에서는 중국·독일·일본 신문의 기사를 분석하였다. 특히 독일신문과 일본신문은 독립기념관에서 간행한 자료집에 수록된 것을 활용하였다. 이 책은 타자의 시선과 내면화의 과정을 새롭게 조명함으로써 한국독립운동의 위상을 재정립하고자 집필되었다. 더 나아가 여러 자료들로 축적된 역사적 경험을 분석함으로써 동북아시아 평화공생체 네트워크를 형성하는 데에도 유용한 자양분으로 제공되리라 여겨진다.

제1부는 3·1운동에 대한 중국 언론의 보도 양태를 분석하였다. 창사 『대공보』, 베이징 『국민공보』·『시사신보』·『구망일보』·『해방일보』 등에 실린 3·1운동 기사를 분석 대상으로 삼았다. 중국의 수많은 신문 가운데 이들을 선정한 것은 언론의 균형을 맞추기 위해서였다. 민주공화파의 신문, 중국 공산당 계열의 신문이 어떻게 한국독립운동을 바라보고 있는지를 인식하기 위해서 선택한 신문들이었다. 1부 제1장과 제2장에서는 한반도에서 일어난 3·1운동의 원인, 경과, 영향에 대해 각 신문 기사의 특징을 분석하였다. 제3장에서는 화성 제암리 지역에 대한 언론 보도를 분석하였으며, 나아가 제암리 지역이 지닌 역사적 상징성을 파악하는 데 주력하였다. 뿐만 아니라 제암리 제노사이드의 현재성을 역사 다시-기억하기의 측면에서 서술하였다. 즉 다른 장과는 구별하여 제암리 제노사이드에 대한 일본 NGO단체의 기억 소환과 반성, 기념하기 등 오늘날에도 이어지고 있는 현창사업의 실상도 언급하였다.

제2부는 중국 동북 지역과 일본 관동 지역에서 일어났던 한인(조선인) 제노사이드에 대한 언론 보도의 행태를 분석하였다. 제노사이드는 절멸 행위이다. 한반도를 넘어 일본인은 만주 지역인 서간도·북간도 지역에

서 1920년 10월 말부터 한 달 가까이 수천 명의 이주 한인들을 학살하였다. 한국독립운동의 잠재 세력을 제거한다는 명목으로 한인을 학살한 제국 일본군의 행위는 미국이나 중국으로부터 항의를 받았지만 당시 그 아픔은 제대로 치유되지 못하였다. 이에 당시 언론을 통해 자국민이 아닌 타국인들의 학살 실태에 대한 중국·일본·독일 언론의 기사를 분석하였다.

제3부는 중국에서 한국독립운동의 실상을 보도한 언론 기사를 분석하였다. 특히 한중 공동항일투쟁의 필요성과 실상을 조명하고자 하였다.

1940년 9월 17일 한국광복군이 창설된 날이며, 대한민국임시정부가 정식 군대를 보유한 날이기도 하다. 그날은 대한민국임시정부 요인들이 새벽부터 움직였다. 일본군의 공습을 피하기 위하여 일반적인 행사 시간이 아닌 새벽을 택했던 것이다. 아침 7시 충칭(重慶), 당시로서는 고급 호텔인 쟈링빈관(嘉陵賓館)에서 열린 한국광복군 성립 전례식장에는 정문에 태극기와 중국의 청천백일기가 교차 게양되어 있었다. 성립식에 많은 인사들을 초청한 것이나 성립식 장소를 서양인들이 주로 사용하는 쟈링빈관으로 택한 것은 한국광복군 창설에 대한 선전 효과를 거두는 것은 물론이며 이에 대한 협조 분위기를 조성하여 중국군사위원회 실무진을 압박하려는 의도였다.

성립전례식은 임시정부의 주도면밀한 계획하에 이루어졌다. 참석인원은 약 200명이었다. 초청 인사들을 비롯한 임시정부 요인과 총사령부 직원들이 참석하였다. 중국 측에서는 충칭위수사령관 류츠(劉峙)와 쑨원(孫文)의 아들 쑨커(孫科)가 직접 참석하였으며, 저우언라이(周恩來)·동비우(董必武) 등은 측근을 대신 보냈다. 터키 대사 등이 광복군 성립에 축하의 의미를 전달하였다. 백범 김구는 개회사를 통해 독립운동에 필요한 중국의 절대적인 지원을 호소하였다. 감격에 찬 한국광복군은 이러한 과정을 겪으면서 탄생하였다.

 한국광복군 총사령부 건물은 60여 명 이상의 인원이 상주했으며, 초기 사령부 건물로 사용할 당시에는 2층과 3층이 없었고 지하 1층과 반지하 형태의 1층 구조였다. 충칭의 지형상 언덕이 많아 보는 각도에 따라서 반지하와 1층이 동일선상에 있을 수 있다. 이것을 감안하더라도 한국광복군 총사령부 건물에서 한국광복군은 중국군사위원회에서 파견된 군인들과 함께 공동항일전선을 구축하면서 항일무장투쟁의 심장부로서 기능을 당당하게 수행하였다.

 2010년 8월 필자는 충칭에서 한국광복군 총사령부 건물 복원에 관한 회의에 참석하게 되었다. 중국 측에서 한국독립운동 사적지 복원에 대해 성의를 보인 것이다. 좀더 자세한 자료를 바라고 있는 중국 측의 요청을 받고 한국광복군 총사령관의 부관이었던 윤경빈(尹慶彬) 독립지사를 찾아서 건물의 형태와 연혁을 물었던 기억이 있다. 이후 한국정부는 중국과의 지속적인 협의 끝에 마침내 한국광복군 복원에 합의하게 되었다.

 지난 2017년 12월 한국대통령이 처음으로 충칭을 찾았다. 연화지 청사를 방문하고 무엇보다도 한국광복군 총사령부 건물 복원에 대한 관심이 지대하였다. 중국에서도 이에 화답하듯 한국광복군 총사령부 건물을 복원하였으며, 2019년 대한민국임시정부 100주년 행사에 맞추어 한국의 국무총리가 참석한 가운데 준공식이 성대하게 거행되었다. 2001년 독립기념관에서 정밀 실측을 시행하였고, 이후에도 한국과 중국의 많은 노력들이 한국광복군 총사령부의 건물로 부활할 수 있는 밑거름이었다. 백범 김구가 1940년 9월 17일 대한민국임시정부의 국군이었던 한국광복군 창설을 주도한 지 햇수로 80년 만에 빛을 보게 된 역사의 공간이다.

 비록 빈약한 내용이지만 한 권의 책으로 발간될 수 있었던 원천은 독립기념관에서 해외자료수집과 자료집 출간이 있어서 가능한 일이었다.

함께 고민하고 많은 시간을 할애해 준 선후배 연구원들게 지면을 빌어 감사를 드린다. 또한 당시 언론의 보도 내용을 부각하기 위해 긴 인용문들이 많은 편이다. 독자들의 혜량을 구하는 동시에 잘못된 부분에 대해 아낌없는 조언을 부탁드린다.

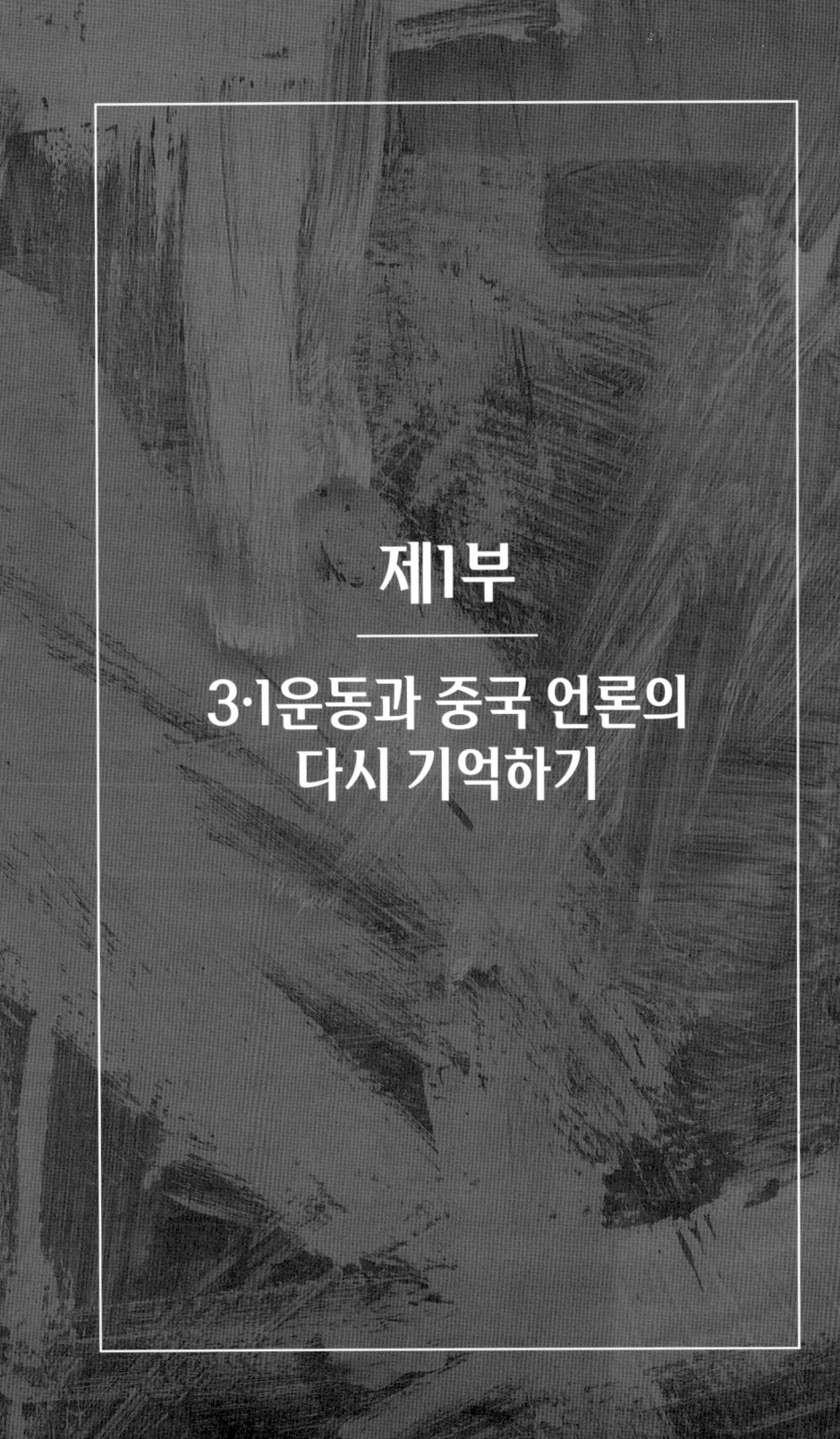

제1부

3·1운동과 중국 언론의 다시 기억하기

| 제1장 |

창사 『대공보』에 비친 3·1운동의 경과와 영향

1. 머리말

한국독립운동사에서 3·1운동은 인류의 보편적 가치를 실현한 한민족의 역동적 표현의 결과물이며 세계적으로도 주목을 받았다. 3·1운동은 온 민족이 함께 일어난 거대한 함성이자 역사의 큰 물줄기를 바꿔놓은 대역사였다. 뿐만 아니라 3·1운동은 지역적 한계를 극복하였으며, 남녀노소·계급 등의 차별을 불식시킨 어느 민족운동사에서도 보기 드문 한 편의 감동 드라마였다. 이에 대한 세계 각국의 언론은 예사롭지 않은 관심을 표하면서 자국민들에게 한국의 3·1운동 관련 기사를 보도하였다. 특히 신생 공화국이면서 세계 열강들의 각축장이었던 중국에서는 각 지역 신문마다 3·1운동을 크게 다루었다.

지금까지는 국내외 언론 보도에 주목하면서 이를 세밀하게 분석한 연구물들이 나왔다. 중국 언론보도 관해서는 김광수와 최용수의 연구가 돋보인다.[1] 김광수는 『동방잡지(東方雜誌)』, 『매주평론(每週評論)』, 『민국일보

---

1 金光洙, 「3·1독립운동에 대한 중국언론계의 반응」, 『한국민족독립운동사의 제문제』,

(民國日報)』, 『신보(晨報, 베이징)』 등의 잡지와 신문을 활용하여 중국 언론의 논조를 일목요연하게 정리하였다. 그의 연구는 3·1운동에 대한 중국 언론의 보도 내용을 크게 두 가지로 나누어 보았다. 먼저 3·1운동의 실상과 이를 바라보는 중국인들의 인식에 관한 것과 다른 하나는 중국의 미래지향적 사고와 각성을 촉구하는 것이 기사의 주된 내용이라고 파악하였다. 하지만 그의 연구는 중국 지역마다 같은 이름의 신문이 발행되고 있는 상황에서 그 소재를 불명하게 처리하였다는 한계를 보이고 있다. 또한 3·1운동의 원인 등에 대해서는 거의 언급하지 않는데, 3·1운동이 갑자기 발생한 것처럼 자국민에게 인식을 심어줄 우려가 있음에도 불구하고 이를 간과한 것이다.

최용수의 연구는 3·1운동과 5·4운동에 대해 중국 신문의 보도 형태를 놓고 비교하였다는 점에서 그 연구사적 의의가 크다. 특히 발행처를 명확하게 함으로써 다른 지역의 같은 이름에서 오는 혼란을 피할 수 있었다. 3·1독립선언서, 2·8독립선언서의 내용이 중국 언론에서 어떻게 다루어지고 있는지에 대하여 정치하게 분석하였다. 즉 비폭력과 인류애 등 인간이 지녀야 할 보편적 가치가 3·1운동에 있음을 밝혔다. 다만 상하이·베이징·톈진 중심의 언론 보도에 집중하였으며, 원인에 대한 보도 등도 소략하게 다루었다.[2]

이 장에서는 대한민국임시정부가 1938년 11월에 이동해 있었던 후난

하석김창수교수화갑기념사학논총간행위원회, 1992 ; 崔龍水, 「조선 3·1운동과 중국 5·4운동의 비교-중국사료를 중심으로 하여-」, 『국사관논총』 49, 국사편찬위원회, 1994. 그리고 상해 출간 『申報』에 게재된 한국 관련 기사를 정리한 저서도 공간되었다. 이 책은 연구서라기보다는 자료집 성격이 강하다(석원화·심민화·패민강 엮음(김승일 옮김), 『중국언론, 申報에 그려진 한국근현대사』, 역사공간, 2004). 그밖에 개설서에 약간의 설명이 있을 뿐이다(국사편찬위원회, 『한국사』 47, 2001, 406~407쪽).

2 최용수, 「조선 3·1운동과 중국 5·4운동의 비교-중국사료를 중심으로 하여-」, 158~159쪽.

성(湖南省) 성도인 창사(長沙)에서 발행된 『대공보』[3]에 실린 3·1운동 기사를 중심으로 3·1운동의 배경, 경과, 영향 등에 대한 보도 내용의 특징을 분석하였다. 이처럼 창사『대공보』에는 3·1운동에 직접 관련된 기사만 82건 실렸으며 그 외 간접적인 기사도 50여 건에 이른다. 따라서 창사『대공보』에서는 3·1운동에 대한 기사를 실시간으로 보도하였으며, 이는 중국 언론이 3·1운동을 통해 자국의 현상을 반추하였던 것이라 생각된다. 즉 창사『대공보』는 3·1운동의 원인 및 배경이 일제의 강점과 무단통치의 폐해에 있다고 지적하였으며, 윌슨의 민족자결주의와 고종의 승하를 비교적 자세하게 보도하였다. 3·1운동의 전사로서 2·8독립선언 역시 자세하게 다루었다. 이렇게 다른 신문에서는 소홀히 하고 있는 3·1운동의 원인과 배경에 주목하였다는 점이 특이하다. 특히 3·1운동 참가학생들의 애국심을 통해 중국의 현실을 날카롭게 지적하였다는 점이 주목된다. 대한민국임시정부의 탄생과 '문화통치'의 실시도 3·1운동의 영향이라는 측면에서 중시하였다. 따라서 이 글은 중국 관내 언론의 하나인 창사『대공보』의 보도를 통해 인류의 보편적 가치를 실현한 한국민족운동사의 결정체인 3·1운동을 중국인의 눈으로 조명해 봄으로써 3·1운동의 세계사적 위상을 재정립하려는 데 그 목적이 있다.

2. 3·1운동의 원인

3·1운동이 일어난 원인에 대해서는 아직까지도 의견이 분분하다. 일

---

[3] 『대공보』는 톈진·상하이 등지에서도 발간되었다. 창사『대공보』는 1915년 9월 1일 창간되었으며, 1917년 12월 12일부터 세 차례 휴간하였고 1947년 11월 30일 정간되었다. 이처럼 『대공보』는 1915년 창간한 이래 한국독립운동에 관련된 기사를 지속적으로 게재하였으며, 1945년 11월말 대한민국임시정부가 환국할 때까지 그 노력은 계속되었다.

반적으로 윌슨의 민족자결주의를 원인으로 꼽기도 한다. 하지만 이것이 제1차 세계대전 이후 과연 열강들이 자국의 이익이 축소되는 결과를 초래할 식민지 경영에 대한 통렬한 반성에서 비롯된 것은 아니었다.[4] 창사 『대공보』에서는 워싱턴[5]발 기사를 전하면서 윌슨이 일본의 대한제국 병탄에 대한 항의를 청하도록 권했다고 한다.

> 윌슨 대통령이 민족자결주의를 선포한 후, 세계의 모든 소 민족들은 이방(일본)의 통치하에 있는 한국인이 고통에 가득찬 신음소리를 내고 있으며 속박을 벗어나 독립 국가를 이루어내고 싶다는 것을 분명히 깨달았다. 고려는 일본에 합병된 지 이미 10년이 지났고, 그 사이 고려인 독립운동이 이따금 있었다고 들었는데 모두 일본 정부에게 제압되었고 지금까지 당초의 목적을 이루지 못했다고 한다. 또한 지금 민족자결주의를 제창하는 미국인들은 고려인들의 행동에 대하여 깊은 동정을 표한다. 16일 워싱턴의 전보에 따르면, 뉴욕 국제 협회는 고려로 하여금 스스로 통치하게끔 하고 윌슨 대통령 및 미국 평화담판 대표들에게 일본의 고려(대한제국) 병탄에 대해 항의를 하도록 청했다. 그 결의안은 이미 국회외교위원회에 제출되었고 검토해보고 결정할 것이라고 말했다.[6]

이렇듯 윌슨의 민족자결주의가 3·1운동의 직접적인 원인이라고는 할 수 없지만 『대공보』에서는 미국의 당시 정세를 반영하는 기사를 보도하였다. 워싱턴의 전보를 인용하면서 고려총회의 결의로 내부에서는 일본의 한국에 대한 무력 점거에 대해 반대한다고 말했고, 미국에게 한 나라의 자립 원리를 실행하도록 부탁했다고 전했다. 신문은 총회에서 그 결의안 한 부를 미국상의원 외교위원회에 전달하였다고 보도했다.[7]

4　구대열, 『한국국제관계사연구』, 역사비평사, 1996, 218~219쪽.
5　3·1운동에 대한 『대공보』의 기사는 주로 외국 통신을 인용하였다.
6　『대공보』 1919년 1월 23일, 「美国反对日本吞并高丽 请威总统提出和会」.
7　『대공보』 1919년 1월 27일, 新高丽大会之决议.

한편 3·1운동의 직접적인 촉매제로 작용한 것이 고종의 승하인데, 이에 대해서도 자세하게 보도하였다.[8] 고종이 1919년 1월 21일 서거하였으며, 조선총독부는 그 다음날 고종의 서거를 세상에 알렸다. 고종의 갑작스러운 죽음은 전국의 민심을 흔들어 놓았으며, 각지에서 이에 대한 통곡과 원한의 소리가 가득하였다. 3·1운동이 전개될 때 지방의 경우에는 윌슨의 민족자결주의보다 고종의 급서가 더 강력한 요인으로 작용하였다.[9] 그 가운데 독살설은 불길에 기름을 붓는 형국이었다. 장사『대공보』에 보도된 1919년 2월 21일자 기사 「可警可骇韩王暴殂消息」는 그야말로 놀랄 만한 광무황제의 서거 소식을 전한 것이었다.

> 광무황제는 1905년 일본의 압박(을사늑약) 속에서 보호되었다. 그래서 비밀 결사를 헤이그로 파견해 평화회의에서 그 억울함을 알렸다. (중략) 한국 황제의 뜻은 만약 진실이 있는 만국평화회의라면 정당한 공론을 도움으로써 반드시 이 상황을 타개하고 구속에서 벗어날 수 있다고 하였다. 이것은 한국 황제의 뜻일 뿐만 아니라 한국인의 소원이기도 한데 이것 또한 일본인에 의해 제지되었다. (중략) 한국 황제는 병탄 이후 일본인에 의해 둘러 싸여 있으며, 음식·의복에 관해서 모두 일본인의 감시를 받았다. 감시가 지속되어 진실을 알 수가 없었다. 유일하게 이번 파리의 화친 평화회의에서 모든 괴로움과 슬픔을 들어주는 사람이 있어 이 기회를 잃지 않으면 반드시 억울함을 호소할 길이 있을 것이라고 생각했다.
> 1월 21일 한국 황제가 궁에 있을 때 늦은 식사와 함께 커피와 우유를 가져오게 해 한 잔을 마시고 나니 배가 송곳으로 쑤시듯이 아파오고 그래서 결국 갑작스레 죽게 되었다. 아직 침궁에 들어가지 않았을 때 아랫배가 썩어 들어갔으니 오 한국 황제의 말로가 참으로 비참하구나. 한국 이태황이 유폐된 지 10년, 완전히 자유를 잃었지만 기력이 그렇게 쇠약해진 건 아니다. 나라 사

---

8 심지어 『대공보』에는 고종의 납관에 대해서 "황제의 관은 금칠을 하였으며, 관에 고려 복식과 조복(朝服) 3벌, 면포와 비단옷을 겹겹이 넣었다. 이것이 조선 고유의 풍습이다"라고 하는 등 상세하게 보도하였다(『대공보』 1919년 3월 4일, 「韩皇殡殓之特色」).
9 이정은, 『3·1운동의 지방시위에 관한 연구』, 국학연구원, 2009, 130쪽.

람들은 부끄럽게 여길 것이다. 이번 포악함을 첫째로 손꼽는데 유럽열강은 인간의 도리를 존중하는 걸 제창하는 데 이에 반해 일본은 인간된 도리를 중요시하지 않는다. (중략) 일본은 비밀리에 장사를 지내지 않았고 남녀노소 주먹으로 가슴을 치며 궁 밖에서 우는 사람 수가 수천수만 명이 넘었다. 도로는 밤낮으로 붐벼 있는데 이틀 후에 공포했다. 원망하는 마음을 끝내고 마음속에 깊이 새기라고 말했다. 불쌍한 한민들이여![10]

이 기사에서는 을사늑약 이후 헤이그 특사 파견 등 광무황제의 외교적 노력과 한일병탄 이후 고종의 처지를 자세하게 묘사하고 있다. 특히 황제가 '커피와 우유'를 마시고 비참하게 최후를 마쳤으며 광무황제의 서거 소식에 전국이 애통해했다는 사실을 보도하였다. 고종의 독살설을 기정사실화한 보도는 당시 중국이 처해 있는 처지를 대변하는 것이기도 하다. 신해혁명 이후 중국은 세계 열강의 반식민지 상태로 전락하였으며, 내부적으로도 강력한 힘을 발휘하지 못한 채 국력이 점차 저물어 가는 형편이었다. 천두슈(陳獨秀) 교수는 『매주평론』에 3·1운동이 세계혁명사의 신기원을 이루었다고 호평하였다.[11]

1919년은 독립선언서의 해라고 지칭해도 과언은 아니다. 그 이유 중 하나가 일본 도쿄의 2·8독립선언이다. 2·8독립선언이 있기까지 일본의 한국유학생들의 항일운동은 조직적으로 진행되었다.[12] 1910년대 일본의 한국유학생들은 도쿄를 중심으로 조국의 독립을 위해 분주하게 움직였다. 2·8독립선언도 이러한 활동의 결과물이다. 2·8 독립선언은 3·1운동의 전주곡일 뿐만 아니라 일본제국주의의 심장에서 전개한 또 다른 3·1운동이었다. 1919년 2월 8일 도쿄 한국유학생들이 한국에 대한 식민

---

10 『대공보』 1919년 2월 21일, 「可警可骇韩王暴殂消息」.
11 최용수, 「조선 3·1운동과 중국 5·4운동의 비교-중국사료를 중심으로 하여-」, 171쪽.
12 독립운동사편찬위원회, 『독립운동사자료집』 13, 1976, 24~25쪽.

지 통치국의 심장에서 내외에 독립을 선언한 것은[13] 재미동포들의 동향을 탐지한 데서 비롯되었다.[14] 제1차 세계대전이 종전된 후 이를 정리하기 위해 제국주의 열강은 1919년 1월 18일 파리강화회의를 개최하였고, 이때 윌슨이 선언한 민족자결주의 원칙에 대한 일정한 신뢰를 바탕으로 한국 문제의 해결을 호소하였는데 이것이 동경유학생들이 접하게 된 정보였다.[15]

『대공보』는 2·8독립선언에 대해서 비교적 자세하게 보도하였다. 을사늑약 이후 한국의 학생들이 일본에서 조선청년독립단[16]을 결성하여 이를 통해 조직적인 독립운동을 전개하였다는 내용이다. 특히 윌슨의 민족자결주의를 접하면서 세계조류 속에서 한국의 독립운동을 모색하였다고 평하였다.

> 같은 날(즉 8일) 전 한국청년독립당은 동경에서 독립선언서를 발표하였고 게다가 일본 의회에 청원서를 제출해서 민족 자결주의를 한족(韓族)에 적용할 것을 요구했다. 일본 정부의 한국헌병 정치의 잔악함을 알 수가 있다. 하지만 그 한국인들은 여러 차례 실패해도 다시 일어섰고 오늘날까지 계속 유지해왔으며 반대로 미국 대통령 윌슨을 이용해 민족자결주의를 제창했고 더욱 힘껏 일어나 분발하였다. 그 진심과 정성은 세계로부터 동정을 표하는 사람까지 나오게 했다. 현재 전 한국독립당은 국내외 각 당들과 연락해 유럽평화회의에 대표를 파견해 불평등을 호소했다. (중략) 그래서는 반드시 일본인의 간섭을 받게 될 것이지만 조선독립운동은 전국에 퍼져있어 비록 일본의 음모는

---

13 국사편찬위원회, 『한민족독립운동사』 3-3·1운동, 1988, 195쪽.
14 국사편찬위원회, 『한민족독립운동사』 3-3·1운동, 199쪽.
15 2·8독립선언의 배경과 경과에 대해서는 김도연, 『나의 인생백서』, 강우출판사, 1967, 68~79쪽; 김형목, 「일본 유학 중 2·8독립운동을 주도하다」, 『상산 김도연 평전』-대한민국정부 초대 내각의 각료 평전 학술총서, 도서출판 선인, 2021.
16 『대공보』에서 한인청단독립당이라고 칭한 것은 조선청년독립단의 이칭이라고 할 수 있다. 다만 왜 이러한 명칭을 사용했는지는 명확하게 알 수 없다.

대단히 잔악하고 위험해도 역시 독립운동을 저지할 수가 없을 것이다.[17]

조선청년독립당이 1905년에 창립되었다는 것은 정보의 한계라고 짐작된다. 조선청년독립단이 2·8독립선언을 주도한 단체이므로, 그 창립 시기를 1905년까지 거슬러 올라간 것은 추측 보도의 하나라고 볼 수 있다.[18] 하지만 『대공보』에서는 한국인의 독립운동이 세계로부터 그 진정성을 인정받았다는 사실을 크게 보도하였다. 이는 일제의 심장부에서 독립운동을 전개한 학생들의 역할을 높게 평가한 것이다. 그만큼 한국인 청년 학생들의 애국열이 강렬하였음을 알 수 있는 기사였다.

> 동경통신 보도에 의하면, 조선이란 국가는 비록 망하였지만 조선의 청년 학생 가운데 정의감이 있는 사람이 대단히 많다. 그 중 일본에 유학 중인 학생이 나라가 망하는 아픔을 가장 심하게 느꼈다. (중략) 8일 밤사이 수백 사람이 동경 神田区 小川町 조선청년회관(YMCA)에 모여 문제를 밀의했다. 일본경찰에 의해 발각되었을 때 강제로 해산되었고 이 과정에서 최팔용, 이광수 등 20여 명이 구속되었다. 다음날에 또 백여 명의 사람이 히비야(比谷)공원에서 밀의하였는데 다시 일본경찰에 의해 발각되어 또 다시 수많은 사람들이 구속되었다. 징역 1년부터 7개월 또는 15일 정도 감금하는 선에서 마무리 되었다.[19]

특히 2·8독립선언서를 통해 나타난 한국 청년들의 열정적인 애국심에 대해 적극 보도하였다. 나라를 잃었지만 정의감은 살아 있어 항일운동에 전념할 수 있었다는 것이 보도의 요지이다. 뿐만 아니라 이 기사는 중국의 청년들에게 또 다른 메시지로 작용하였다. 예컨대 리다자오(李大

---

17 『대공보』 1919년 2월 21일, 「全韩独立党运动独立」.
18 독립기념관, 『한국독립운동사사전』 6, 619쪽.
19 『대공보』 1919년 3월 1일, 「请看朝鲜学生之爱国热」.

釗)는 중국 청년들이 "한국 청년들의 애국심을 본받아 세계 열강들이 노리고 있는 '중화민국'의 새로운 변화의 주역이기를 바란다"[20]라고 할 정도로 2·8독립선언이 중국에 시사하는 바는 컸다.

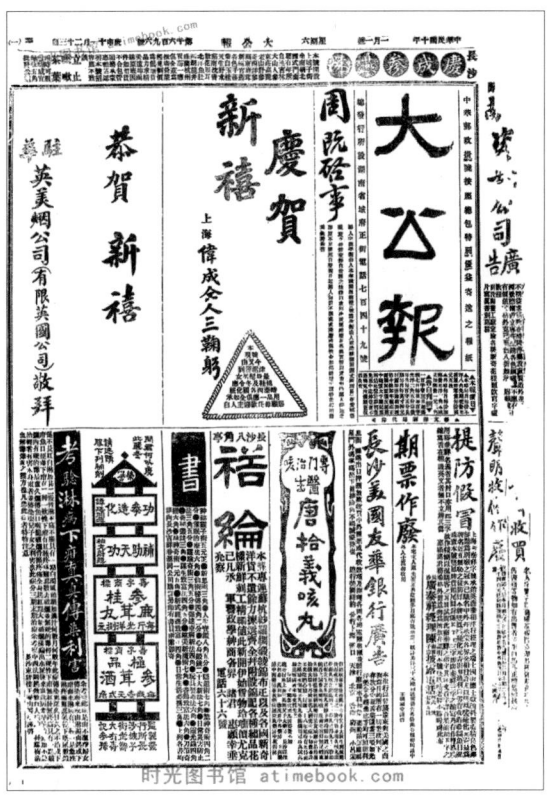

장사 『대공보』 표지

3. 3·1운동의 경과

1919년 3월 1일 서울 탑골공원에서 거행된 민족독립선언식은 한국독

---

20 『매주평론』 1919년 3월 16일, 「朝鮮靑年團宣言書」.

립운동사의 위대한 표상이자 새 시대를 알리는 거대한 울림이었다. 3·1운동의 함성은 국내뿐만 아니라 전세계 한국인이 있는 곳이면 어디든지 울려 퍼졌다. 이처럼 3·1운동은 지역을 초월하였으며, 계급과 종교를 극복한 한국독립운동사의 총화이기도 하였다.

창사『대공보』에 3·1운동의 소식이 본격적으로 보도된 것은 3월 9일자「고려인의 혁명열」이라는 기사였다. 한국인들이 광무황제의 인산일에 봉기하려 했다는 도쿄발 전보를 인용해서 보도하였다. 조선총독부는 3월 3일 대규모의 독립운동이 전개될지도 모른다는 판단하에 3월 1일 사전 검색을 단행할 예정이었다.[21] 조선총독부에서는 2월 28일과 3월 1일 새벽에 독립선언서를 발견하고도 3월 1일 오후에 독립선언식을 개최하리라고는 예상하지 못하였다. 따라서 조선총독부의 입장에서는 당혹스러울 수밖에 없었다. 때문에 운동 초기『대공보』에 보이는 기사는 아래와 같이 부정확하게 일정한 한계를 드러내었다.

> 일본 정부는 오랜 속박으로 고려인들의 마음이 일어나기 시작하는 것을 보고는, 이번 고려왕(광무황제)의 장례식에 대해 특별히 신경 써주기로 했다. 그러나 일반 고려 사람들은 여전히 부족하다고 생각했고, 시위가 끝이지 않았다. 도쿄 전보에 의하면: 광무황제의 장례는 이번 달 3일에 거행되었다. 식이 끝난 후, 고려인들은 혼란한 틈을 노려 봉기하려고 했다. 각 지방에서 일어난 사건은 오래지 않아 경찰이 비밀리에 알게 되어 진압 당하였고, 시작하자마자 없어지게 되었다. 그날 천도교의 창시자 손병기(손병희: 필자) 등 160여 명은 모두 옥에 갇히게 되었다.[22]

위의 기사는 3·1운동이 일회성이며 조선총독부에 의해서 바로 진압

---

21 국사편찬위원회,『한민족독립운동사』3, 265쪽.
22 『대공보』1919년 3월 9일,「高麗人之革命热」.

되었고, 33인 가운데 대표적 인물인 손병희가 투옥되었다는 점을 상기시켰다. 이는 도쿄에서 보낸 정보를 여과 없이 내보낸 것으로 짐작되며, 상하이에서 발행한『신보(申報)』의 기사 내용과도 유사한 점을 발견할 수 있다.[23] 그리고 바로 3월 13일「고려독립운동」이라는 제하의 기사에서 3·1운동의 폭력성을 여과 없이 보도하였다. 따라서 이 보도는 오사카발 6일자 전보를 인용하면서 기사 내용이 다분히 3·1운동의 정당성을 훼손하는 경향으로 흘렀다.

> 3월 1일 고려의 혼란했던 사건의 내용은 현재 거짓이 없는 오해임을 발견했다. 파리 평화회의가 이미 고려의 독립을 허가함으로써, 경거망동하는 많은 사람들은 황궁과 프랑스, 미국 영사관 밖에서 모여 훈계를 그치지 않고 있다. 그 당시 붙잡혔던 사람은 천도교회의 각 회장과 기독청년회 회원 등이었다. 신문에 따르면 각 진영마다 여전히 변동이 있었고 어느 곳에서나 반역자가 경찰을 공격했다. 또 어느 곳에서는 반역자가 순경주임을 사로잡았다. 곳곳마다 작은 전쟁이 일어났고, 두 곳 모두 사상자가 있었다. 또한 고려총독(조선총독)이 제시하기를(포고를 내붙이기를), 일본은 고려의 보호권을 버리는 것을 원하지 않으며, 또 조선의 일본 인민을 격려했다. 당시 일본과 강대국의 협력은 세계의 영원한 평화를 조성하였으며, 문화를 보다 발전시켰다.[24]

3·1운동의 가장 큰 특징은 만세시위운동이라는 점이다. 즉 3·1운동은 비폭력이라는 기조를 유지하면서 독립선언서의 취지를 실현하려고 했다. 하지만 일제는 초기부터 무력을 사용하였으며, 언론을 통제하여 한민족의 숭고하고 거대한 함성을 은폐하려고 했다.[25] 3·1운동이 일어

---

[23] 대한민국임시정부구지 관리처, 앞의 책, 100쪽 ; 석원화·심민화·패민강 엮음(김승일 옮김),『중국언론, 申報에 그려진 한국근현대사』, 역사공간, 2004.
[24]『대공보』1919년 3월 13일,「高麗独立运动」.
[25] 황민호,「『매일신보』에 나타난 3·1운동의 전개와 조선총독부의 대응」,『한국독립운동사연구』26, 2006, 197~201쪽.

나자 조선총독 하세가와 도시미치(長谷川好道)는 긴급 회의를 열고 한국민을 협박하는 유고를 발표하였다.[26] 조선총독부의 3·1운동에 대한 기본 대책이 무력을 사용한 철저한 탄압이었음을 시사하는 상징적인 발표였다.[27] 『대공보』는 도쿄로이터 통신의 또 다른 보도를 인용하면서, 마찬가지로 3·1운동이 지닌 세계사적 인류애의 실현이라는 측면을 애써 부인하려고 했다.

> 반란은 모두 기독교우회, 쿨리 등과 관련이 있었고, 각 국의 선교사들이 교사하였다. 현재 이미 우수하고 강한 군사를 내보내어 반란을 탄압하게 했다. 그들은 아직 총을 쏘지는 않았지만, 헌병들이 스스로를 보호하려 하기 때문에 하는 수 없이 총 쏘는 것은 피할 수 없게 되었다.[28]

이렇듯 조선총독부의 기본 정책이 무력 진압에 있음을 알 수 있다. 3·1운동이 전개되면서 전국에서는 헌병·경찰에 의한 무자비한 탄압이 자행되었다. 3·1운동의 기세가 거세질수록 전국 규모로 그 시위의 양상이 확산되자, 조선총독은 조선군사령관에게 3월 2일 발포 명령을 내렸다. 조선군 사령관은 바로 만세시위운동이 전개된 지역에서 가까운 주둔부대를 출동시켜 진압을 시도하였다.[29] 대표적으로 수원 제암리 사건은 일제가 3·1운동을 어떻게 바라보고 있는가를 증좌하는 실례이다.[30] 일제의 폭력적인 탄압에 대해서 『대공보』에서는 다음과 같이 보도하였다.

> ① 조선혁명은 여전히 평온하지 않은 채 진전되고 있다. 우리 조국은 연변

---

26 『조선총독부관보』, 1919년 3월 1일.
27 김진봉, 『3·1운동사연구』, 국학자료원, 2000, 34쪽.
28 『대공보』 1919년 3월 14일, 「日司令报告高丽之乱事」.
29 국사편찬위원회, 『한민족독립운동사』 3, 569쪽.
30 김선진, 『일제의 만행을 고발한다』, 미래문화사, 1983, 144~147쪽.

등 곳곳에서 직접적으로 운동을 전개하였으며, 이로 인해 전국에서 체포된 한인들이 3만 명에 이른다. 감옥에서 죽은 사람과 폭동 때 사망한 사람은 약 3천 명이다. 경성과 원산 등의 한인 상점은 여전히 영업을 개시하지 않았다.[31]

② 며칠 전 서양사람 모 박사(스코필드: 필자)는 수원군 제암리에서 일본헌병에게 교회당이 불타버렸다는 것을 보고했다. 70여 살의 노부부는 슬하에 세 명의 자식과 세 명의 손자가 있었다. 어느 하루는 일본 경찰이 돌진해 와서 송곳 끝으로 무자비하게 두 노인의 얼굴을 찔렀다. 고통은 참기 힘들었으며 일본은 또 그 자손들을 위협했다. 삼노끈으로 묶고, 몇 리를 몰고 갔다. 두 노인도 그 뒤를 따라갔고 산 아래에 이르게 되었다. 두 노인이 일본 헌병에게 묻기를, "그들은 어디로 갔습니까?" 일본 헌병이 대답하기를, "이곳에서 총살당했다." 그 늙은 두 부모는 그 말을 듣고서는 대성통곡하며 무릎을 꿇고 일본헌병에게 애걸했다. 그들은 듣지 않았을 뿐만 아니라 오히려 두 노인을 위협해서 물러가게 했다. 두 노인은 끝까지 물러가지 않았고 일본 헌병은 총을 들고 칼로 아들과 손자의 배, 얼굴을 찔러 죽게 했다. 두 노인은 그와 같은 참상을 보고 같이 죽여 달라며 울며 통곡했다.[32]

전국적으로 3·1운동이 확산되는 기폭제 역할을 한 것은 독립선언서였다. 3·1독립선언서는 민족의 자유와 독립, 반침략, 세계평화, 동등한 국제관계 등 한민족의 의사를 순수하게 반영한 숭고한 선언문이다.[33] 이 선언서의 선포로 전국의 거의 모든 계층에서 거족적으로 독립운동에 참가하게 된 것이다. 이처럼 3·1운동의 정신은 독립선언서와 공약3장에 고스란히 녹아 있다. 1919년 2월 초 최린(崔麟)·최남선(崔南善) 등이 운동 계획을 논의할 때 운동의 취지를 선언문으로 준비할 필요가 있다는 의견이 개진되었다. 육당 최남선이 기초한 독립선언서는 장중한 문체로

---

31 『대공보』1919년 5월 8일, 「高麗独立风潮未息, 被拘三万 死亡三千」.
32 『대공보』1919년 7월 5일, 「某西人之朝鮮慘象談 我国人之殷鉴」.
33 국사편찬위원회, 『한민족독립운동사』3, 247쪽.

인류애의 실현을 담은 우리 민족의 독립선언과 독립의 역사적, 원리적 당위성을 당당하게 밝혔다.[34] 『대공보』에는 선언서의 내용뿐만 아니라 독립선언을 하게 된 배경에 대해 안중근의 동생 안우근(安又根)[35]의 글을 통해 다음과 같이 보도하였다.

> 조선 전국 관청부서 인민은 모두 예외 없이 3월 1일 오후 2시 정각, 가장 문명적이며 가장 엄중한 행동으로 독립을 선언하였다. 우리들은 선언이 예정된 시간에 전담자에게 선언서를 보내 각 우호국의 영사관과 일본의 각 기관에게 우리 행동의 공명정대함을 증명했다. 그러나 일본 사람들은 전혀 우리를 이해하지 못했고 압력을 남용하기에 이르렀다. 유감스럽게도 우리들은 그것을 바로 깨달을 수 없었다. 다만 내 피를 기울여 몸을 바쳐서 고대의 제왕이 쉽게 정치를 할 수 있도록 보답할 뿐이다. 아아, 이 3~4일간 먼저 내 몸을 위하여 순국한 사람들이 그 얼마인가. 오직 그것은 제왕만이 알 것이다. 나는 감히 맹세한다. 내가 죽음을 무릅쓴 이유는 다른 것이 아니라 이것을 위해서이다. 오직 조선민족으로 자결의 확증을 위해서 평화회의를 준비할 뿐이다. (중략) 일이 국가 은혜의 보답과 관계가 있는데 어찌 감히 정의를 그만둘 수 있겠는가? 선언서를 중화의 언어로 번역하는 것을 좋아하고 변변치 못한 재주로 미치지 못함을 탄식했다. (중략) 대국의 사람이여, 과연 나를 버릴 것인가? 신문에 반드시 그것을 널리 알려야한다. 과연 나를 버린다면, 그것을 불에 태워버릴 것이다. 다만 슬픈 말을 덧붙여, 주신의 명령을 기다리는 지경을 참을 수 없다. 게다가 1일부터 지금에 이르기까지 무릇 4일, 전국에 독립으로 인하여 체포된 사람이 만여 명에 이른다. 그 민족을 어떻게 처벌하느냐는 비록 예측하기 어렵지만 목매여 죽이거나 혹은 살해하거나, 모두 내가 두려워하는 바가 아니다. 그러나 염려하는 것은 일본사람들이 우리 민족의 참뜻(진의)을 위조하고 모진 고문으로 위협하는 것이다. (중략) 나를 뒷받침해주고 더욱이 내 2천만의 동포가 감격하여 눈물을 흘리는 바이다.
>
> 조선건국 4252년(1919년) 3월 4일. 안우근 배(拜).[36]

---

34 이정은, 「3·1운동」, 『한국사』 47, 국사편찬위원회, 2001, 327쪽.
35 안중근 의사의 동생 가운데 안정근과 안공근 두 명 가운데 하나일 가능성이 크다. 다만 현재까지 정확하게 안우근이 누구인지 분명하게 밝히지는 못하고 있다.
36 『대공보』 1919년 3월 15일, 「朝鮮獨立宣言」. 베이징에서 발간된 『신보』는 창사 『대공

위의 기사는 안중근의 동생 안우근(?)이 중국인들에게 대한독립의 정당성 및 대한독립에 대한 관심과 지지를 간절히 바라는 편지 형식의 글을 독립선언서의 중국어 번역본과 함께 『대공보』에서 게재한 것이다. 특히 대한제국이 일제에게 주권을 이양한 후 그것을 되찾기 위해 '민'들의 노력이 얼마나 크고 숭고하였는지 알 수 있는 보도기사이다. 즉 3·1운동이 얼마나 공명정대하고 평화를 지향하면서 인류의 보편적 가치를 실현하려는 민족의 숭고한 외침임을 알 수 있는 내용이다.

뿐만 아니라 독립청원서는 김지환(金智煥)[37]이 책임을 맡아 3월 1일 서울역을 출발하여 신의주에서 압록강을 건너 안동(安東, 현 단둥)의 한 우체국에서 상해에 있는 현순(玄楯)에게 우편으로 부쳐졌다. 기독교 측의 안세환[38]도 3월 1일 일본 도쿄에 도착하여 3월 4일 일본 경시청을 방문해 경시총감에게 조선독립의 이유를 설명하고 독립통고서와 독립선언서를 일본 각료들에게 전달해 주도록 요구하였다.[39] 『대공보』에는 일본의회에 보낸 청원서의 전문을 게재하였다. 일부 내용을 인용하면 다음과 같다.

> 조선 독립단은 어제 일본회의에 편지 한 통을 보냈다. 그 문장의 기록은 다음과 같다. 우리 조선민족은 건국 이래 4천 3백여 년을 길게 이어왔고, 국가의 영역을 스스로 보호하여 세계 문화의 가장 오래된 국민의 하나가 되었다. 실질적으로 이민족의 지배를 받은 적은 없지만, 조선민족은 희생된 조국의 상황을 참을 수 없었고 민족의 위엄을 널리 전하고자 했다. 그러나 이민족의 지배를 받았다. (중략) 조선 국내에 한 운동이 발생했고, 암살음모의 이름이

보』보다 4일 늦은 3월 19일자에 이 기사를 게재하였다.
37 김지환(1892년생)은 안동에서 우편으로 독립청원서를 상하이로 우송하고 귀로하는 중 백마역에서 체포되어 징역 3년을 선고받고 복역하였다. 그 후 정신여학교의 교사로 재직하였다.
38 안세환은 평양기독교회서원총무로 활동하였으며, 1919년 3월 도쿄에서 피체 3년형을 선고받았다.
39 이정은, 「3·1운동」, 『한국사』 47, 332쪽.

더해지거나 혹은 곳곳의 강도의 죄로써 조선 민족은 이러한 무고한 재난을 어찌 셀 수 있을까? 특히 합병 된지 10년이 지나, 조선민족은 곳곳에서 일본의 학대아래 모두 자신의 생존과 발전의 위험을 느꼈다. 정권에 참여할 수도 없었고 집회, 단체를 조직, 언론 출판의 자유를 잃었고, 문명민족으로 응당 있어야 할 권리를 들고 일어났다가 모두 감금당했다. 인류가 공유하는 인권, 행정사법경찰의 모든 기관들이 침해받고 있었다. (중략) 오늘날 유일하게 위협적인 러시아도 이미 그 제국주의를 버리고 신 국가를 건설하였다. 중화도 이미 공화민국으로 바뀌었고, 민족국가는 당연히 강대국의 침략을 받지 않았다. 다만 불행하게도 많은 기간 동안 전제정치의 독살을 만나 민족이 쇠퇴했다. 신 주의에 신 국가를 세울 수 있고 동양과 나아가 세계 평화, 문화에 진력을 다해 그 능력에 공헌할 것이다. 일본의 원조 아래 우리 국가는 응당 적의를 없애고 우호적인 관계를 위해 진실로 노력할 것이며, 지도자의 은혜를 잊지 않을 것이다. 위에 상술한 각 이유로 특히 대 일본제국회의의 민족총회를 모집할 것을 요구하는 것에 대하여 민족자결의 기회로 삼는다. 삼가 한번 고치기를 바라면서 정당한 도리를 주장하고 힘을 지원받으면 동아시아는 매우 다행일 것이다.[40]

『대공보』에서는 한국이 유구한 역사를 지녔다는 논지하에 주권국가로서 반만년을 이어 왔으며, 일제의 강점으로 그 역사와 문화가 참담한 지경에 이르렀다고 평가하였다. 동양과 세계의 평화를 달성하기 위해 한민족이 3·1운동을 전개한 이유와 정당성을 설파한 것이다. 3·1운동은 인류의 보편적 가치 실현을 위하여 비폭력을 지향하였는데, 이에 대하여 『대공보』는 중미통신사의 기사를 인용하면서 3·1운동의 전개 과정과 독립선언서의 배포 및 그 내용에 대하여 자세하게 보도하였다.

　　이 유럽인은 고려에서 왔는데, 고려의 근황을 잘 알고 있었다. 이 유럽인은 객지에 머문 지 20년이 되어서 고려 언어에 매우 익숙했고, 3일 전에 서울로 왔다. 그 말에 의하면: 그 독립운동의 기세는 등등하고, 일본 관리사회는 모

---

[40] 『대공보』 1919년 3월 16일, 「朝鮮独立之运动 请愿陈情」.

두 진상에 어긋나는 것을 선포했다. 대개 어떤 사람인지, 또 어디지역인지를 막론하고 모두 이러한 운동이 있었다. 단지 그 지도자의 처리 방법에 의해, 본래 사건 전에는 전혀 일본관청의 의심을 받지 않았지만 3월 1일에 이르러 그 독립선언이 각지에서 발견되었다. (중략) 또한 서울에서 백 여 명의 사람이 잡혀가는 것을 직접 본 적이 있었다. 어떤 사람은 각 곳곳에서 구치당한 부녀자들 수백 명을 직접 보았다. (중략) 학생이 체포되어 갈 때 목격자가 있었는데 헌병 등이 채찍으로 때리는 것을 그치지 않을 뿐 아니라 나무로 만든 십자가에 묶어두고 거리를 거닐며 대중에게 보여주었다. 그 선언문은, 우리 하느님은 일찍이 십자가를 짊어지셨으니, 그들이 십자가를 짊어지는 이 특권은 당연한 것이다. 지금 일본은 고려 독립운동을 대강 평정했으니 이번 차례는 표면을 관찰할 뿐이다. 그러나 그 내막은 고려 인민들이 계략을 꾸미려는 기세가 대단해, 일본 정부는 그것을 눌러서 평평하게 만들기를 원했지만 쉽지 않았다. 어찌할 도리가 없던 중, 단 한 가지 방법이 있었다. 고려인들은 전부 그것을 채용하였다. 그 방법이 어떻게 유지되었는가? 이르기를, 일본은 파리평화의회 회의 중 고려의 독립을 허가하는 성명을 발표했다. 일본 정부를 보호하고, 고려가 완전한 독립을 한 후에 이르러서 이번 운동의 지도자와 그 신하를 기꺼이 따르게 되었고, 고려국민당 지도자 등은 모두 이 회의를 지지하기로 했다.[41]

1919년 3월 1일 민족대표 33인이 독립선언식을 거행한 후 국내외 각처에서는 만세소리가 진동하였다. 독립선언서가 발표된 이후 군중들은 '독립만세'를 외치면서 시가행진을 펼쳤다. 이 대열에는 학생·상인·노동자를 비롯한 남녀노소의 모든 계층이 참여하여 서울 거리를 구석구석 누볐다.[42] 3월 1일 명동에서는 평화적인 시위를 하였는데 일본 상인과 헌병 경찰들은 무자비하게 이들을 체포하였다.[43] 3·1운동에 직접 참여한 이병헌은 당시 만세시위 상황을 다음과 같이 묘사하였다.

---

41 『대공보』 1919년 3월 17일, 「人独立失敗史」, 「运动被逮之惨 希望结果之廉」.
42 김진봉, 『3·1운동사연구』, 23쪽.
43 국사편찬위원회, 『한민족독립운동사』 3, 274쪽.

3월 1일 오후 8시에 마포 전차 종점 앞에서 수천 명이 만세를 부르고 동 11시경에는 야소교부속소학교 학생 백여 명이 동원되어 서강, 동막에서 수천 명 군중과 같이 만세를 부르며 태극기를 흔들었다. 3월 2일 정오에 종로4가에서 수천명이 만세를 부르면서 종로경찰서로 달려가자 경찰이 이를 제지했다.[44]

이처럼 서울에서 비롯된 3·1운동은 지방으로 급속하게 전파되어 전국이 대한독립만세의 열기로 가득찼다. 이러한 현상은 이 의거가 천도교와 기독교의 지도자들에 의해 조직화되었기 때문이다. 당시 약 두 달간 지속된 3·1운동의 시위 횟수는 최소한 1,180회였으며, 시위 형태는 대로상의 만세시위, 장터 만세시위, 야간 산상의 봉화시위, 1회성 시위, 연속성 만세시위, 순회시위 등 다양한 형태로 진행되어 전 계층이 참여하였다.[45] 『대동보』는 전국적으로 확산되는 시위 양태에 대해서도 다음과 같이 보도하였다.

> 천도교회의 회장(손병희: 필자)은 이번 폭동의 우두머리로 먼저 예심법정에서 추궁을 당하였다. 회장은 솔직히 말하는 것을 꺼리며 고려 독립운동의 행위에 실로 관계가 있음을 자백했다. 또 말하길, "안정을 준수하자는 생각에 죽음을 두려워하지 않는다" 그 태도는 침착하고 태연했으며 그것을 알지 못하는 신도들은 믿지 않았다. 고려는 여전히 안정되지 않았고 한성의 차는 동맹파업을 했다. 각 거리 전차의 반은 이미 정지해 있고 정부의 인쇄소와 담배 판매점도 영향을 받았다. 북부 각 도시와 읍의 시민들과 순경은 또 충돌하기 시작했으며 3월 1일 이후로 체포된 사람이 약 4천 명에 이른다.[46]

즉 지속적인 독립운동과 세계 각국에 울려 퍼진 3·1운동의 숭고한 정

---

44 이병헌, 『삼일운동비사』, 시사시보사, 1959, 853쪽.
45 이정은, 『3·1독립운동의 지방시위에 관한 연구』, 139~140쪽.
46 『대공보』 1919년 3월 18일, 「高麗騷乱之扩大, 教士居中煽动」.

신의 발양을 보도하였다. 특히 3·1운동의 지역적 한계를 극복한 사례를 지속적으로 보도하였다. 또한 연변 지역의 3·1독립운동에 대해서도 비록 소략하지만 관심을 끌기에 충분할 만큼 지면을 할애하여 계속 보도하였다.

① 시위는 계속 이어졌으며, 체포된 자는 6천명에 이른다. 한성 상점 약 천 개의 가업이 문을 닫은 지 10일이 지났다. 현재 다시 영업을 시작하지는 않았다.[47]

② 3월 27일까지 서울에서 집회한 회수는 30번이라고 들었다. 고려인 사상자는 많고 또 고대의 습관을 모방하여 산에 봉화를 올려 신호하고, 철도 파업에 동맹한 인원이 대략 1,000명이다. 연길 육도구(륭징: 필자) 일본이 세운 간도 보통학교에는 대략 한인 학생 100명이 있는데 이미 벌써 수업을 거부했다. 또 일본이 설립한 거류민회는 현재 이미 해산했고 연길중학교는 이전부터 학생 40~50명은 수업을 하지 않았다.[48]

③ 강릉군은 여전히 영업을 마치지 않았고 이번 달 9일 여전히 활동하고 있었다. 일본 헌병에게 많은 사람이 사살 당했다. 영주도 이와 같았으며 죽은 사람은 5명, 체포된 사람은 16명은 지금 엄형으로 심문을 받는 중이었다. 제천군은 같은 날 독립을 일으켜 사상자가 20여 명이나 되었다. 4월 13일 옥성군읍 안의 학생들 100여 명은 태극기를 들고 만세를 외쳤고 잠시 동안 호응한 시민들은 천여 명에 이르렀고 사상자는 몇 십 명이었다. 같은 날 마산공립보통학교 생도 합계 400여 명은 학교 교사인 한영환 송별연을 하고 돌아가는 길에 일본 감옥에 갇혔지만 함께 태극기를 높이 들고 독립만세를 외쳤다. 이번 달 초 6일 남포를 제압하였고, 일본 경찰과 준비하고 지키고 있던 부대의 합력으로 3천 여 가구가 조사를 받았다. 주민들은 두려워했다. 일본은 한국 서울에 있는 각 신문에 "파리 조선대표는 독립청원을 이미 취소하고 민족자결문제를 제출함으로써 방임하고 있다"등의 제목을 큰 글씨로 썼다. 수원군에서도 25일 예배당에서 일본은 신도 40여 관인을 불태워버렸고, 일본에

---

47 『대공보』 1919년 3월 25일, 「风声鹤唳之高丽」.
48 『대공보』 1919년 4월 4일, 「高丽独立运动愈炽」, 「汉城罢布三星期」, 「珲春方面之活动」.

의해 참살을 당한 사람은 40여 명이었다. 참담하기 그지없다.[49]

④ 고려 독립 소식은 오랫동안 확인되지 않은 채 선전되었다. 5월 7일 강계군 독립단체의 모든 회원은 같은 군 야소 학당에서 예배종이 울릴 때 먼저 독립단체의 큰 기를 세우고 가지런히 줄을 서서 전진했다. 사람들은 손에 태극기를 쥐고 대한독립만세를 외쳤다. 기분은 즐겁고, 용기는 백배. 상점을 모두 없애고 노동자들은 모두 파업하고 동시에 힘차게 일어나서 활동했으며 시 거리와 각 곳곳을 전진하며 먼저 독립선언서와 태극기를 신문과 노상에 보냈고 시민들은 서로 가지려 다투었으며 만세를 크게 외쳤다. 그 날 스스로 자원해 옥에 들어온 자가 명운주 최광희 등 10명, 그 외에 옥에 잡혀 들어간 사람은 야소 교도 5명, 천도교인 27명과 여자 3명이었다. 황해도 장원군(용연군: 필자) 몽금포에서는 4월 22일 독립운동을 거행하였고 뜻밖에 일본 헌병이 총을 쏴서 죽은 사람이 많았다. 창원군 4월 29일 오후 1시 같은 군 학생 수백 명은 해창원 사이의 큰 길에서 대한독립만세를 크게 외치며 일본 헌병의 저격을 돌파했다. 한성에서 25리 떨어진 향촌에서 4월 30일 농민 남녀 30여 명은 일본의 간음과 약탈을 참을 수 없어 모두 자살했다. 함안군은 같은 날 대부분 독립을 궐기하고 독립만세를 크게 외치며 일본의 총 쏘는 것을 두려워하지 않았지만 죽은 사람은 60여 명으로 매우 많았다.[50]

⑤ 한성 내 각 곳에서 발포가 자행되었으며, 동관 부근의 공립 공업학교를 방화해서 사람들을 불태워버렸다. 서울 안에 현재 비록 전쟁은 없지만 성 부근에 전쟁이 발생된 곳은 20여 곳이 있었다. 30일 늦은 밤, 우체국 부근에 또 화재 사건이 있었고 4가구가 불타서 없어졌다. 일본 장관은 당일 고려 상가의 영업을 개시하도록 명령하고 그렇지 않으면 강압적으로 개점할 것이라고 했다. 상점은 이미 24일 동안 닫혀있었다. 순경은 상점으로 하여금 강제로 따르게 하고 군인들이 각 거리에 주둔하도록 명령하였다. 포획된 사람이 너무 많아서 다 셀 수 없었다.[51]

---

[49] 『대공보』 1919년 5월 9일, 「高麗独立活動近聞」.
[50] 『대공보』 1919년 5월 23일, 「高麗独立活動未已」.
[51] 『대공보』 1919년 4월 13일, 「不可扑灭之韩人独立运动」.

③은 각 군의 시위 상황을 자세하게 묘사한 부분이다. ④는 역시 강계군, 장원군, 창원군 등지의 시위 양태를 보도한 것이다. ⑤는 서울에서 시위대에 대한 발포와 반인륜적 행태를 보인 일본 경찰의 태도에 대한 기사이다. 이처럼 이들 보도는 3·1운동의 전국적 확산과 이에 대한 일제의 탄압 실체를 극명하게 보여 주고 있다.

3·1운동이 한국민족운동사에서 두드러진 점은 모든 계층이 참여하였으며, 특히 여성이 역사의 전면에 나섰다는 점이다. 이전까지 여성은 집안에만 머물 수 있는 존재였다. 아직 사회적 약자이면서 전통적 논리 속에서 헤어나오지 못하였지만 3·1운동은 이들을 사회적 존재로 성장시키는 계기가 되었다. 이렇듯 3·1운동은 남녀노소, 직업의 귀천을 막론하고 전 민족과 전국에 걸쳐 일어난 역사적 자산이었다.[52] 다음은 『대공보』에서 보도한 여성의 3·1운동 참여 기사이다.

> ① 조선 마산부 지방에 민족단체가 하나 있는데 그 중 여자와 아이가 대부분을 차지한다. 한국 국기를 손에 쥐고 큰 소리로 독립을 부르짖었다. 일본 헌병이 강압적으로 해산을 했지만 듣지 않았고 후에 그 150명이 체포되었다. 여자와 아이 모두 미소를 머금고 속박을 당하면서 말하길, "우리는 국가를 위해 죽는 것이며 망국에서 살기를 원하지 않는다."[53]
>
> ② 북경 탐방기자인 조선 여학생은 어제 직접 윌슨 대통령과 사회의 모든 사람들에게 원고 1부를 보냈다. 번역한 것은 다음과 같다.
> 파리회의 제군: 오늘날 정의와 인권을 보살펴주시고, 제군이 그것을 구제할 수 있기를 간청한다. 우리 여자는 부당하고 비참한 대우를 받으며, 각 지방의 사람은 자유를 호소하고, 우리들은 한인으로 남녀노소 받았던 압력을 포고하려 한다. 조선의 독립과 차례로 공리와 인도를 펼 수 있기를 가호한다. 우리들은 구타를 반대했기 때문에 감옥에 몸을 숨

---

52 이정은, 「3·1운동」, 409쪽.
53 『대공보』 1919년 4월 1일, 「高麗之女革命党含笑就縛」.

기고 흰 칼을 서로 마주하며 총검이 뒤따르고 머리카락을 움켜쥐고 끌려갔다. 집안은 훼손당하고 매주 모여서 기도하는 것을 허락하지 않으며 함부로 따져 묻고 대답했다. 기독 신도들에게 막대기를 손에 쥔 채 많은 사람이 사살 당한 것을 알렸다. 우리들은 맨주먹을 쳐들고 있을 뿐만 아니라 하늘을 향해 큰 소리로 울부짖었다. 국가를 위하고, 자유를 위하고 공리를 위할 뿐이다. 제군은 이런 우리들을 가엽게 여겨 조선 독립을 승인해주고 이 처참한 형벌을 막아주고 일본에게 공평타당한 대우를 요청한다.

아, 소리 내어 읽는 우리들의 고통을 평화회의에 전달하나 아직도 미숙하다. 특별 서한은 단어를 문맥에 맞게 골라 썼지만 실수가 있으니 양해해 주길 바란다. 우리들은 권력도 없고 고통을 호소할 곳도 없으니 황제를 믿고 맡김으로써 제공에게 감동을 주려고 한다. 우리들의 말을 경청해주기를 우리는 기도할 뿐이다. 특히 나아가는 자가 있어 우리들은 처음부터 일본의 위협에 굳게 저항할 수 없었고 강제로 한일 합병 문서를 요청하는 것에 서명했다. 결코 걱정에서 나오는 것이 아니라 일본의 교활한 계략이었다. 대 미국 대통령 윌슨, 우리들은 군자를 마치 아버지처럼 보니 우리들의 독립선언을 경청해 주고 세계에 전해주시오. 명백히 기도한다. 1919년 3월 10일 조선 여학생이 글을 올린다.[54]

③ 여학생을 체포한 후 먼저 그 옷을 벗겼고 몸을 세우게 한 후 관에서 심문하였다. 일본 헌병은 주위에서 둘러보았고 제멋대로 모욕하며 업신여겼다. 여성판결 후 감옥에 들어가는 중에 이르러서도 일본인들에게 간음을 당했고 그 악행은 더욱더 감당하기 어려웠다. 한민의 망국의 고통을 들으니 어찌 감상할 수 있겠는가?[55]

위의 기사 가운데 ①은 마산 지역의 만세시위운동에 참여한 여성들의 모습을 보도한 것이다. 여기에서는 여성들이 독립운동에 참여하면서도 그 순수성을 잃지 않고 있다는 점을 엿볼 수 있다. 또한 ②는 여학생이 미국의 윌슨 대통령에게 한국의 민족자결과 독립을 지원해 주기를 희망

---

54 『대공보』 1919년 4월 1일, 「朝鮮女學生之呼吁」.
55 『대공보』 1919년 5월 2일, 「嗚呼高麗之女学生」.

한다는 기사이며, ③은 영국 여선교사의 편지를 인용하면서 독립운동 과정에서 여성에 대한 일본의 만행을 고발하였다. 이렇듯 여성은 3·1운동을 통해 당당하게 사회 구성원으로 성장하여 갔다.

4. 3·1운동의 영향

3·1운동은 독립선언서에서도 밝혔듯이 인류 평등과 민족 자존을 지키기 위한 민족운동이었다. 최후의 1인까지 이것을 지키기 위해 정당한 의사를 표시한 이 운동의 기저에는 비폭력이 있었다. 힘없는 노인조차 강하게 제압하였던 조선총독부와는 달리 3·1운동에서 보여준 '민'들의 저항은 숭고함 그 자체였다.

> 한성 3일 전보에 의하면: 고려 독립의거는 표면상으로는 비록 힘으로는 굴복했지만 인민들의 생각은 전과 같았다. 더 강렬해졌으며 게다가 자주 변동이 있었다. 6월 1일 종로 부근에 또 변동이 있었고, 고려의 노인들 5~6명은 "대한독립" 혈서 후, 종로에 이르러 만세를 부르짖다가 헌병에게 체포되었다. 어떤 노인은 차라리 죽는 게 낫지 굴복과 노예는 원하지 않는다면서 칼을 쥐고 스스로 목을 베어 죽으려 했지만 저지당해서 그 뜻을 이루지 못했고, 나머지는 모두 체포되어 공격을 받았다.[56]

이러한 민중들의 성숙된 민의는 1919년 4월 11일 대한민국임시정부의 성립으로 나타났다. 임시정부는 3·1운동과 동시에 기획되고 공포되었다. 임시정부의 조직은 넓은 의미에서 3·1운동의 시작과 동시에 3월 3일 국민들에게『조선독립신문』 등을 통해 널리 알려졌고, 그 이후 독립국가 건설의 일환으로서 임시정부의 수립이라는 3·1운동 목표의 핵

---

[56] 『대공보』 1919년 6월 19일, 「高麗独立运动未息」.

심 가운데 하나가 되었다. 새로운 시대적 염원을 품고 태어난 대한민국 임시정부는 한국민주주의의 시발이었다.[57] 임시정부는 오늘날의 국회와 같은 임시의정원을 조직하여 헌법을 제정하고 민주공화국임을 선포하였다. 『대공보』는 임시정부의 탄생과 선언문·정강 등을 차례로 게재하여 3·1운동의 과정에서 나타난 한국인의 역량을 중국에 알렸다.

> ① 8일 선포하고, 고려임시 정부는 이미 결성되었다. 대통령, 국무총리, 내무관리, 외무관리, 재정관리, 교통관리도 추천했다.[58]
>
> ② 고려 임시정부 선언문에 이르면: 4천3백년간 계승하여 온 조선 민족의 역사적 권리에 기하여 신세계의 대세에 순응하며 자손만대의 생존과 발전의 자유를 위하여 조선의 독립국임과 조선 민족의 자유민임을 이미 세계만방에 선언한지라. 비록 조선의 국토가 아직 일본 군대에 점거한바 되었다 하더라도 이는 전에 벨기에가 독일에 점거된 바와 같이 조선의 주민은 엄연히 존재한 것이다. 우리 민족은 일찍 일본의 우리 민족 통치권에 대하여 당시 인정여부에 관한 민족적 의사 표시를 하지 않았을 뿐더러 이번에 점 민족이 일치하여 이를 정식으로 부인하는 의사를 발표한지라. 이에 우리 민족은 다시 세계만방에 대하여 조선의 독립국임과 조선 민족의 자유민임을 선언하고 아울러 전 민족의 의사에 기하

---

57 김희곤, 『대한민국임시정부 연구』, 지식산업사, 2004, 57쪽.
58 『대공보』1919년 4월 15일, 「高丽宣布独立 组织临时政府」. 이 외에도 임시정부령 제1호는 납세를 거절하는 것과 관련해 적이 폭력으로써 우리 국토를 점령한 이래 우리 국가 민족의 결합기회는 적의 무력에 의해 강제로 빼앗겨 버렸다. 10년 사이 적의 횡포 아래 노예의 치욕을 이겨내고 지금 민족의 단결과 정치의 통일을 이루었다. 더 이상 적의 노예가 아니다. 튼튼한 조선 국민은 지금부터 적의 지배를 추호도 받지 않으며 납세는 국민이 국가에 대한 의무이고 오늘날 공식으로 적의 통치권을 거부한다. 비록 할당된 돈의 조세는 적에게 주지 않으면 안 되지만 적의 손으로 국토를 완전히 구출할 때까지 그치지 않으며 이 기간 납세를 거절한다. 적의 관리가 납세를 강요하면 "우리는 조선 국민이지 더 이상 일본의 노예가 아니다"라고 강력하게 거절하며, 안으로는 거절하면서 밖으로는 단절하니 죽음으로써 저항한다. 또 임시정부령 제 2호는 적의 재판과 행정상 모든 명령을 거절하라는 것이다. 우리 민족은 적의 재판과 행정상 모든 명령을 거절하고, 임시 정부 정치 자치단체를 조직하여 행정, 사법, 경찰 등 위원을 선출하여 국토의 광복을 이루기까지 정당하게 질서를 유지하도록 맡는다. 이것은 국민의 의무일 뿐 만 아니라 이를 위반하는 것은 국민의 권리를 영원히 잃는 것과 같다.

여 임시 정부가 성립되었음을 알린다. 과거에 통교하던(외교 관계를 갖고 있던) 제 우방과 인도(주의)의 기초 위에 새로 건설된 각국은 우리나라에 대하여 두터운 동정과 우의를 표시할 것을 확신한다.

기원 4252년 4월 조선민족 대표[59]

③ 또 선서문은: 존경하고 친애하는 우리 이천만 동포 국민이여, 국가 원년 3월 1일 우리 대한민족이 독립선언 함으로부터 남녀노소 모든 계급과 모든 종파를 막론하고 일치단결해야 동양의 독일인 일본의 비인도적 폭행 하에 극히 공명하게 극히 인내하며 우리 민족의 독립과 자유를 갈망하는 마음과 정의와 인도를 애호하는 국민성을 표현한지라 지금 세계의 동정이 자연히 우리 국민에 집중하였다. 이 시간을 맞아 본 정부 온 국민의 위임을 받아 조직되었나니 본 정부 온 국민과 더불어 전심으로 노력해야 임시 헌법과 국제도덕의 명하는 바를 존중하고 지켜 국토광복과 국가 기반 확립의 대 사명을 이루기를 하늘에 선언하노라.[60]

한편 초기 임시정부에서 안창호의 역할은 매우 컸다. 조직 체계를 구상하면서 행정라인을 정비하고 임시정부의 조직 구성에 추동력을 불어 넣은 것도 안창호였다. 『대공보』에서도 대한민국임시정부 내무총장 안창호의 활동에 대하여 비교적 자세하게 보도하였다.

안창호는 평양사람이고 43세로 성격은 활달하고 용모는 매우 정연하며 특히 변론과 연설에 능해서 모두 경탄했다. 북미로 망명하여 한인열사들과 교제하면서 한편으로는 해외동포들을 지도하였다. (중략) 평양에 대성학교를 창설하고 각종 고등교육 이외에도 동시에 군사기술을 전수하였고 거듭 전국 곳곳을 모두 방문해서 연설하였다. 국민들이 각성하기를 애원하고, 아픈 곳을 말하면서 소리 내어 통곡하니 보는 사람들이 감동하지 않는 자가 없었다. (하략)[61]

---

59 『대공보』 1919년 4월 25일, 「朝鮮临时政府之宣布文」.
60 『대공보』 1919년 5월 4일, 「请看大韩民国出现」.
61 『대공보』 1919년 6월 25일, 「韩人领袖过沪返国」.

위와 같이 도산 안창호는 중국 언론에서도 비중 있는 인물로 여겨졌다. 그가 왜 상하이에서 임시정부를 조직하고 주도적인 역할을 수행하였는지에 대한 관심은 바로 임시정부에 대한 관심으로 연결되었다.

한편 3·1운동에 대한 일제의 무자비한 탄압은 세계의 여론을 악화시켰으며, 수원 제암리 사건은 이러한 여론에 불을 지른 격이었다.[62] 3·1운동이 일회적인 것이 아니라 전국적인 양상을 띠고 지속적으로 전개되자 일제는 이를 강압적으로 탄압하는 한편, 회유책을 쓰면서 사태를 진정시키고자 하였다.[63] 이른바 '문화통치' 실시를 통해 구체화되었다. 물론 강온양면책을 사용하면서 거대한 민족적 저항에 직면한 상황을 살짝 비켜가는 고도의 정치적 술수를 부린 것이다. 이에 대하여 『대공보』는 3·1운동의 영향으로 '문관정치'가 실시되었으며 일본 황제의 칙령이 반포되었다고 보도하였다.

> ① 일본은 조선 독립 운동이 발생한 이래, 각 방면에서 식민지 무관 제도의 개혁을 요구했다. 최근 귀국 후 정비 시행을 결정했다. 내용은 약 3가지 항목으로 (1)총독에 공석으로 있는 문무관은 쓸모가 없다. (2)경찰 총감독부의 개혁. (3)조선 지방 장관권은 현재 이미 확대되었다. 현재 조선 총독 하세가와(長谷川)는 동경 정부로 돌아와 새로운 관직을 맡으려했고 기밀원을 통과하기를 기다린 후 임명되어 활동했다. (중략) 아, 민족 자결의 흐름, 어찌 이런 제멋대로인 정책으로 능히 막을 수 있겠는가?[64]

---

62 제암리 사건을 비롯하여 3·1운동에 대한 미국의 정보는 초기에는 선교사들에 의해 수집되었다. 이를 종합하여 미국총영사는 한국인의 시위는 평화적으로 진행되었으며, 이에 대한 조선총독부의 대응이 지나치게 폭력적이라고 보고하였다(구대열, 앞의 책, 263~264쪽). 제암리 제노사이드에 대한 언론 보도 및 현창 사업은 1부 3장에서 비교적 자세하게 언급하였다.
63 이충호·홍금자 역, 『朝鮮通治秘話』, 형설출판사, 1993, 22쪽.
64 『대공보』 1919년 7월 16일, 「日本改革統治鮮台官制」.

② 일본 황제는 19일 조칙을 공포했다. (중략) 오늘날은 정국의 진행에 의지함으로 총독부 관제는 개혁의 필요가 있음을 인정하고, 이에 그것을 시행하기로 한다. 수상은 19일에 조선총독부 관제의 날을 선포하고 다음과 같이 성명했다. 우리나라는 조선과 합병된 지 이미 10년이 지났다. 마땅히 발전된 상황에 비추어 여러 가지 개혁을 시행했었다. 뜻밖에 올 해 3월, 조선 각지에서 일어난 반란을 접고 개혁의 업무 조정에 전념하였으나 오늘날 아직도 시행하지 못하고 있어 매우 유감스러웠다. 오랫동안 정부는 이러한 반란을 처벌하고 공평의 방법을 사용하여 세계에 함께 알렸다. (중략) 우리 국가는 조선인의 마지막 목적에 대해 이와 같이 합병을 철저히 시행할 수 있었고 조선인은 발전을 기대하고 있다고 할 수 있다. 이번 개혁 때 외국 사람의 이해를 간절히 바란다.[65]

당시 일본 수상 하라 다카시(原敬)는 먼저 총독부 관제를 개정하기 위해 추밀원의 자문을 거치면서 각의에서 결정하도록 했다. 가장 큰 골자는 조선총독이 종래 육군대장이지만 이후 무관, 문관 구분없이 적임자를 총독으로 할 필요가 있다는 점이며, 둘째 헌병경찰조직에 과감하게 개혁을 가하겠다는 것이다. 나아가 총독부에도 部, 局의 변경을 꾀하겠다는 것을 분명히 하였다.[66] 하지만 일본 정부에서는 조선총독에 해군대장인 사이토 마코토(齋藤實)와 정무총감으로 미즈노 렌타로(水野連太郎)를 지명 부임시켰다. 이것만 보더라도 위의 기사에서 '조선인의 발전', '외국사람의 이해' 등과 같은 일본의 입장은 그야말로 '깜짝쇼'에 불과했다는 것을 알 수 있다. 즉 3·1운동의 거대한 물줄기를 제도 개혁이라는 미명으로 막아 보려는 술책에 지나지 않았던 것이다.

---

65 『대공보』 1919년 8월 29일, 「日本发布朝鲜官制」.
66 이충호·홍금자 역, 『조선통치비화』, 25~27쪽.

5. 맺음말

> "친애하는 중국 동포여러분
> 1919년 3월 1일은 일본제국주의의 압박 아래 신음하던 조선민족이 망국노의 족쇄를 부숴버리고 민족의 독립과 자유를 쟁취하기 위해 일치단결하여 거족적 반일애국운동을 일으킨 날입니다. 오늘은 이 위대한 민족운동이 일어난 지 20주년이 되는 날입이다. 해외에 망명중인 우리 조선혁명자들은 매년 3월 1일을 맞이할 때마다 분노를 삼키며 참담한 심정으로 이날을 기념해 왔습니다. 이날을 맞이할 때만다 우리는 반일의 감정을 더욱 다지고 조국광복을 위한 분투를 굳게 약속하였습니다. (하략)[67]

위의 글은 『구망일보(救亡日報)』에 실린 조선의용대의 3·1운동 20주년 기념사이다. 그만큼 3·1운동에 대한 독립운동가들의 인식은 거의 절대적이었다고 할 수 있다. 또한 중국인들과 공동으로 항일전선을 구축하는 데 3·1운동이라는 거대한 민족적 함성은 독립운동가들의 앞길을 밝혀 줄 하나의 불빛이었다. 그리고 중국인들에게 비친 3·1운동은 인류의 보편적 가치를 실현한 한국인들의 몸부림이었던 것이다.

3·1운동과 함께 탄생한 대한민국임시정부에서도 상하이 시기뿐만 아니라 고난의 장정 시기에도 3·1운동 기념행사를 지속적으로 개최하였다. 현재 독립기념관의 소장 자료 가운데 창사 시기 3·1절 기념행사 사진은 그 대표적인 증거이다. 이러한 3·1운동에 대하여 중국의 각종 언론은 지나칠 정도로 3·1운동 관련 기사를 쏟아 내었다. 창사 『대공보』 역시 3·1운동의 원인, 전개 과정, 영향에 대하여 자세하게 보도하였다. 이를 정리하면서 맺음말을 대신하고자 한다.

---

[67] 『구망일보』 1939년 3월 1일, 「3·1운동 제20주년 기념일 맞이하여 삼가 중국 동포에게 고함」.

호남성 창사에서 거행된 3.1절 기념 공연

첫째, 창사 『대공보』는 3·1운동을 보도하면서 처음에는 일본 측의 언론을 인용하여 왜곡된 기사를 게재하였다. 그리고 점차 논조가 바뀌면서 제대로 된 기사가 연이어 나왔다. 특히 3·1운동의 원인에 대하여 비교적 자세하게 보도하면서 고종의 승하와 윌슨의 민족자결주의를 비중 있게 다루었다. 하지만 2·8독립선언에 대해서는 사실 관계를 확인하지 않은 측면이 있다. 즉 조선청년독립당의 창립 연대를 1905년으로 비정한 것은 분명히 오류임에도, 이를 게재한 것은 사실 채취 과정에 나타난 한계라고 할 수 있다.

둘째, 3·1운동의 전국적인 전개 과정을 비교적 자세하게 보도하였다. 서울뿐만 아니라 전국 각지에서 전개된 3·1운동의 시위 양태와 일제의 강압적인 진압 상황을 실시간으로 보도하였다. 마치 동영상을 보는듯한 착각을 일으킬 정도로 3·1운동의 진행 과정에 많은 지면을 할애하였다. 뿐만 아니라 독립청원서와 독립선언서의 배포 과정도 일목요연하게 정리함으로 세계 평화와 자유를 향한 한민족의 역동성을 널리 알렸다.

셋째, 3·1운동을 통해 태어난 대한민국임시정부의 탄생과 안창호의 역할, 조선총독부의 관제 개혁에도 초점을 맞추어 보도하였다. 그리고 일본 황제의 칙령이 반포되었음을 알리는 기사도 게재하였다. 즉 일본과 조선의 상황을 비교하면서 3·1운동의 영향을 가늠하는 입장이었다. 물론 여기에는 중국이 당면한 현실과 무관하지 않았다.

창사『대공보』의 3·1운동 기사는 한국인의 독립운동을 단발성이 아닌 지속적인 "자유를 향한 몸부림"으로 인식했다. 이를 통해 중국인들의 각성을 끌어내는 데 활용되었던 것 같다. 이는 일제강점기 한국인들의 역량이 얼마나 크고 숭고한 것이었는지를 다시 한번 확인하는 계기가 되었다. 나아가 3·1운동은 조국 광복을 향한 힘찬 진군이자 세계사적인 보편성을 실현하려는 한민족 의지의 총화(總和)임을 엿볼 수 있다.

〈부록〉 창사 『대공보』에 실린 3·1운동 주요 관련 기사

날짜	제목	날짜	제목
1919/1/23	美国反对日本吞并高丽 请威总统提出和会	6/1	高麗城發現日本共和國
1/27	朝鮮李太王逝世	6/3	朝鮮暗殺敢死隊被捕
1/27	新高丽大会之决议	6/4	韓人反對日本之激進
2/15	在美朝鮮人之獨立運動	6/4	奉天韓僑私組義勇團
3/1	请看朝鲜学生之爱国热	6/6	高麗獨立軍之殉難
3/2	可警可骇韩王暴殂消息	6/19	高丽独立运动未息
3/4	韩皇殡殓之特色	6/20	高麗獨立活動之近態
3/9	高丽人之革命热	6/25	韩人领袖过沪返国
3/13	高麗獨立運動	7/5	某西人之朝鮮慘狀談
3/14	日司令报告高丽之乱事	7/9	上海之朝鮮民黨機關
3/15	朝鮮獨立宣言	7/16	日本改革统治鲜台官制
3/17	韓人獨立失敗史	7/16	高麗獨立首魁將判決
3/18	高麗騷亂之擴大	8/29	日本發布朝鮮官制
3/25	风声鹤唳之高丽	9/2	請看韓人對日之宣言
4/1	高丽之女革命党含笑就缚	9/5	朝鮮又有獨立運動
4/1	朝鮮女学生之呼吁	9/6	高麗之國恥紀念
4/4	高丽独立运动愈炽	9/9	韓人獨立運動之進步
4/5	高麗人謀攻漢城	9/11	韓人又炸總督
4/6	高麗赴法代表請願獨立	9/14	朝鮮臨時政府組織之內容
4/13	不可扑灭之韩人独立运动	9/14	高麗民國總統之宣言
4/15	高丽宣布独立 组织临时政府		
4/25	朝鲜临时政府之宣布文		
5/2	呜呼高丽之女学生		
5/4	请看大韩民国出现		
5/8	高麗獨立風潮未熄		
5/9	高丽独立活动近闻		
5/21	朝鮮賣國賊之言論		
5/23	高丽独立活动未已		

| 제2장 |

베이징 『국민공보』에 나타난 3·1운동의 보도 현황과 성격

1. 머리말

　　대저 나라가 망한 지 10년이 못 되어서 이 같은 대혁명이 일어난 일은 동서고금의 역사에 보기 드문 일입니다. 세계의 같은 인류로서 누군들 귀국의 독립을 위해 원조하기를 바라지 않겠습니까. 더구나 중국과 한국은 형제요 순치(脣齒)라 한국이 망하면 중국도 또한 병들게 됩니다. 한국이 독립하지 못하면 중국도 독립을 보전하지 못할 것은 형세상 필연입니다.[1]

　　1919년 7월 심산 김창숙(金昌淑)이 상하이에서 쑨원(孫文)을 상견했을 때 나온 대화 내용이다. 쑨원은 3·1운동을 대혁명으로 표현하면서 한민족의 거대한 함성이자 역사의 큰 물줄기를 바꿔 놓은 대역사로 평가하였다. 3·1운동은 한반도 모든 지역에서 전개되었으며, 전 계층이 참여한 세계 민족운동사의 보기 드문 한 편의 감동드라마였다. 이에 대한 세계 각국의 언론은 예사롭지 않은 관심을 표하였다.[2] 2019년은 3·1운동 100

1　심산사상연구회, 『김창숙문존』, 성균관대출판부, 1989, 204쪽.
2　미국에서 3·1운동 기사를 가장 먼저 타전했다고 알려진 『뉴욕타임즈』보다 3일 먼저 인 1919년 3월 10일 UP통신에서 최초로 타전되었다는 기사가 나오기도 했다(『UPI뉴

주년이자 대한민국임시정부(이하 임시정부) 탄생 100주년이 되는 해이다. 한국독립운동사에서 3·1운동은 인류의 보편적 가치를 실현한 한민족의 역동적 표현의 결과물로서 세계적으로 주목을 받았다. 심지어 중국의 영원한 총리라고 칭송받고 있는 저우언라이(周恩來)도 일본에서 유학할 때 3·1운동의 열기를 느끼고자 서울을 방문하지 않았는가.[3]

1919년 3월 1일이 독립운동사에서 중요한 이유는 바로 그날 일제에게 넘겼던 주권을 찾기 위하여 한민족이 그침 없이 독립을 선언했기 때문이다. 3·1운동에서 보여 준 성숙된 민의는 마침내 1919년 4월 11일 임시정부의 수립으로 귀결되었다. 임시정부는 3·1운동의 적장자이다. 임시정부는 3·1운동과 동시에 기획되고 공포되었다. 민족대표 가운데 박희도(朴熙道)는 현순을 만나 독립선언서를 전달하고 상하이에서의 새로운 주권국가 수립을 독려했다. 1919년 4월 10일 상하이 김신부로(金神父路)에 모인 독립운동가들은 오직 새로운 나라 건설을 위해 열정을 불태웠다. 임시의정원(국회)을 조직하고 임시헌장(헌법)을 제정하여 국호를 결정했다. 대한제국 황제가 일제에게 넘겨준 주권을 '민(民)'이 가져와야 한다는 중론을 모아 국호를 '대한민국'으로 결정했다. 임시헌장 10개조 가운데 제1조가 대한민국은 민주공화국임을 천명하였다는 사실은 당시 독립운동가들이 3·1독립선언을 계승하였음을 보여 주는 가장 상징적인 증거라고 할 수 있다. 그래서 임시정부는 1919년 12월 국무회의에서 3월 1일을 국경절로 지정했다. 그것이 '독립선언 기념일'이다.

1920년 3월 1일 오후 2시 상하이 정안사로 올림픽극장에서 임시정부 요인들과 교민들이 참석한 가운데 교민단 주최로 제1회 3·1독립선언기

스」 2019년 3월 10일, 「3·1운동 UP통신이 미국에 최초 타전」).
[3] 최용수, 「周恩來와 조선 항일투사들」, 『한국민족운동사연구』 20, 한국민족운동사학회, 1998, 406쪽.

념식이 성대하게 개최되었다. 여운형(呂運亨)의 사회로 시작된 기념식은 이화숙(李華淑)의 애국가 선창과 임정요인들의 축사를 끝으로 대단원의 막을 내렸다. 이날 도산 안창호는 기념사에서 "일본의 최대 문제는 이날 (3월 1일)을 무효에 귀(歸)하게 함이오 우리의 최대 의무는 이날을 영원히 유효하게 함이라. 동포여 이날을 유효케 하려거든 그날을 기억하시오"[4] 라고 열변을 토했다. 도산의 말처럼 일제는 식민 통치의 정당성을 국제 사회에서 인정받기 위해 '독립선언'을 없던 일로 해야만 했다.

2019년 3·1운동 100주년을 기념하기 위해 국내 여러 기관에서는 분주하게 각종 사업을 준비하고 있었다. 하지만 정작 3·1운동이 지니고 있는 역사성, 즉 한국독립운동사에서뿐만 아니라 한국 근현대사를 관통하면서 대한민국의 정체성을 가장 잘 나타내고 있는 역사적 사실이라는 것을 종종 망각하고 있다는 생각도 들었다. 3·1운동에 대한 당시 각국 언론의 관심이 컸음에도 말이다.

지금까지 3·1운동에 대한 각국의 언론 보도를 주제로 다룬 연구는 상당 부분 이루어졌고, 중국의 경우 김광수, 최용수, 김주용의 연구가 대표적이다.[5] 독립기념관에서는 2005년부터 8년간 약 6천 롤의 중국 근대신문 M/F자료를 수집하였다.[6] 이 가운데 이미 『구망일보』와 상하이와

---

[4] 『독립신문』 1920년 3월 4일, 「上海의 3·1節」.

[5] 김주용, 「중국언론에 비친 3·1운동의 전개와 영향-창사『대공보를 중심으로-」, 『사학연구』 97, 2010.

[6] 2005년부터 2011년까지 수집한 중국 신문 M/F자료는 총 5,016롤이다. 이 가운데 상하이지역 신문이 가장 많으며, 동북지역이 그 다음을 차지하고 있다. 2012년에는 M/F자료를 수집하지 못했으며, 2013년에는 한국관련 중국 근대잡지 111롤을 수집하였다. 2014년에는 연구소 자체에서 최종적으로 기존에 미처 수집하지 못한 신문 205롤을 추가 수집하는 것으로 사업을 일단 종료했다. 독립기념관 수집 자료 이외에 연구자들이 필요로 하는 일부 자료들에 대해서는 누락된 부분이 없지 않다. 이에 대한 추후 자료수집 계획이 필요하다(김주용, 「독립기념관의 중국지역 독립운동 사료수집 현황과 과제」, 『역사와 담론』 69, 2014, 26쪽).

베이징 지역신문들의 자료가 독립기념관 자료총서로 발간되었다.[7] 이 장에서는 그간 독립기념관의 자료 수집 성과를 바탕으로 중국 5·4운동의 근원지이자 가장 강렬하게 진행되었던 베이징 지역에서 발간한 『국민공보』를 주요한 분석 대상으로 삼았다.

『국민공보』는 1910년 7월 베이징에서 중국 입헌파 단체인 국회청원동지회의 기관지로 창간되었다.[8] 이 신문에는 다양한 인사들의 글이 게재되었다. 량치차오(梁啓超)는 대표적 인사이다. 이 신문에서는 3·1운동을 직간접으로 언급하는 기사가 52건 게재되었다. 기사 가운데 3·1운동의 원인 중 하나였던 고종의 승하 내용뿐만 아니라 고종의 독살설, 3·1운동의 경과 및 일제가 저지른 학살과 악행, 파리평화회의에 파견된 한국인들, 3·1운동의 지속적인 전개 양상, 중국의 상황과 한국의 비교, 3·1운동에 대한 일제의 대응과 탄압 등을 상세하게 다루었다. 3·1운동 당시 국내의 언론이라고는 조선총독부의 기관지인 『매일신보』[9] 밖에 없는

---

[7] 독립기념관, 『중국신문 한국독립운동기사집』 1-자료총서 24, 2008 ; 독립기념관, 『중국신문 한국독립운동기사집』 2, 2014.

[8] 청말기 입헌파들이 자신들의 이익을 대변하고 새로운 시대의 조류에 부응하기 위한 신문들을 발간하기 시작했다. 『정론(正論)』·『국풍보(國風報)』·『국민공보』가 대표적인 신문이었다. 『국민공보』는 1910년 7월에 베이징에서 창간되었으며, 대표적인 인물로는 명예사장인 孫洪伊(1872-1936)을 들 수 있다. 그는 일찍이 동맹회 회원으로 활동하면서 신해혁명 이후 상하이에서 민주당과 진보당을 조직하여 활동하였다. 『국민공보』의 실질적 사장에는 文實權며, 주필은 徐佛蘇이었다. 이 신문에는 량치차오와 같은 입헌파 인사들의 글이 많이 게재되어 있다(김태국, 「중국 신문에 나타난 3·1운동」, 『중국신문 한국독립운동기사집』 2, 2014, 41쪽 ; 方漢奇·張之華 主編, 『中國新聞事業簡史』, 中國人民大學出版社, 1995, 133~134쪽). 그리고 1919년 10월 24일에 간행법 위반으로 정간되었다(全國圖書館文獻築微復除中心, 『中文報紙縮微品目錄(1), (2), 中國書籍出版社, 1993, 16쪽).

[9] 『매일신보』에서는 3·1운동 이후 그 대응 양태로 각 지역 '소요사건' 등과 같은 고정란을 편성하여 친일논조를 통해 3·1운동을 각색하였으며, 특히 사리분별하지 못한 국내의 종교관계자 및 사려가 천박한 학생들이 비밀리에 연합하여 일으킨 불상사(不祥事)로 규정지었다(황민호, 「『매일신보』에 나타난 3·1운동에 대한 인식과 친일논리 - '기획기사'의 내용을 중심으로 -」, 『한국민족운동사연구』 90, 2017, 172~175쪽). 필자의 논조를 보면 3·1운동 보도는 친일논조로 흘렀으며, 3·1운동의 실체보다는 왜곡된 역사상을 만드는데 초점을 두었다고 분석하였다.

열악한 상황 속에서 비교적 자유로운 서술이 가능했던 중국의 신문들에 비친 3·1운동의 모습은 한국 독립운동이 지닌 인류의 보편적 가치 실현이 어떠한 위상인가를 진솔하게 보여 준다.[10] 역사를 활용한 미래 설계는 아무리 강조해도 지나치지 않지만 박약(薄弱)한 역사적 사실을 침소봉대하는 작업이 아니라 잊혀져 있던 것을 복원하는 것이야말로 동북아에서 각국이 주장하고 있는 평화의 강도를 측정하는 데 준거가 되지 않을까 한다.

2. 일제의 폭정 고발

베이징 『국민공보』에서 3·1운동 기사가 처음 등장한 것은 1919년 3월 6일자 2면 세평(歲評)란의 「면한인(免韓人)」이다. 이 기사에서는 한인들이 조국을 잃은 것을 통탄하며 조국 광복을 위하여 일어난 지도 14년이 되었다고 하면서 세계민족자결주의에 순응하여 조국 독립을 도모하기 위하여 분기하였다고 강조했다.[11] 이 신문에서는 이미 1919년 2월 11일자 기사에서도 한국 독립운동이 민족자결주의와 연결되어 있다고 언급했다.[12] 뿐만 아니라 이틀 뒤에는 같은 제목으로 한국[13]의 독립 문제와 아

---

10 2019년 3·1운동 100주년을 즈음하여 각종 학술대회가 개최되었으며, 학회지에서는 이를 특집호로 출간하여 그 의미를 되새기고자 했다. 다만 3·1운동에 대한 국제적인 반향을 주제로 한 학술발표회도 거행되었지만 중국인들의 인식에 대한 연구는 미흡한 편이다. 특히 서울역사박물관에서 야심차게 펴낸 도록에도 세계 각국 신문은 수록되었지만 중국 신문은 수록되지 않았다(서울역사박물관, 『서울과 평양의 3·1운동』, 2019).

11 『국민공보』 1919년 3월 6일, 「免韓人」. 이 기사는 가치 중립적인 소식보다는 한국인들의 독립을 염원하고 있다는 취지로 기사를 작성하였다.

12 『국민공보』 1919년 2월 11일, 「高麗人之獨立運動」.

13 1910년 경술국치부터 1945년 해방될 때까지 한국 역사학계는 일제강점기로 용어를 통일해서 쓰고 있다. 그러나 식민지 조선 또는 항일투쟁기 또한 학자마다 다르게 사용하고 있는 것 또한 사실이다. 이 글에서 '한국' 또는 '한인'은 『국민공보』의 보도에서 사용하고 있는 고려 또는 한국, 한인을 그대로 사용하였음을 미리 밝혀 둔다.

울러 일본 도쿄에서 2·8독립선언의 상황을 자세하게 보도하였다.

> 이에 7일 오후 조선청년회관(기독교청년회관) 어제(7일) 오후 2시 한국유학생들이 신전구 서소천종(神田區 西小川町) 2정목(丁目) 4번지에 있는 동경기독교청년회관에서 대회를 개최하였다. 회장은 윤창석이다. 그들은 미국에 있는 한국인 동포들이 미국 정부의 원조를 받아 한국 독립문제를 평화회의에 제출하게 되었다는 소식을 전해 듣고 특별히 이번 대회를 개최하고 이에 상응하는 방법을 연구하였다. 그리고 여러 가지 불온한 내용으로 연설을 강행하였다. 이런 소식을 탐지한 서신전(西神田) 경찰서에서는 즉시 20여 명 경찰관을 현장에 투입하여 해산을 명령하였다. 일시에 큰 소란이 일어났다. 16시에 경찰청에서 많은 감찰(監察)을 파견하여 두 대의 자동차에 나누어 타고 현장에 투입되어 소란을 제압하였다. 회장 윤창석, 그리고 서춘(徐椿)·최근우(崔謹愚) 등 10여 명을 경찰청으로 압송하였다.[14]

2·8독립선언은 3·1운동의 전주곡일 뿐만 아니라 일제의 심장에서 전개한 또 다른 3·1운동이었다. 1919년 2월 8일 도쿄 한국유학생들의 독립선언은 재미동포들의 동향을 탐지한 데서 비롯되었다. 제1차 세계대전 종전 후 제국주의 열강은 처리 문제를 의논하기 위해 1919년 1월 18일 파리강화회의를 개최하였다. 이때 윌슨이 선언한 민족자결주의 원칙을 도쿄유학생들이 접하게 되었다고 보도했다.[15] 베이징『국민공보』에는 3·1운동 관련 기사가 2·8독립선언과 함께 게재되어 있다. 1919년 2월 11일 기사「고려인의 독립운동」에는 다른 신문, 예를 들면『민국일보』에는 보이지 않는 2·8독립선언 전개 과정에 대해 비교적 상세하게 다루고 있다.[16] 특히 2월 7일 오후 도쿄 조선청년회관(YMCA)에서 유학생 대회

---

14 『국민공보』1919년 2월 13일,「高麗人之獨立運動」.
15 김주용,「중국언론에 비친 3·1운동의 전개와 영향–창사『대공보를 중심으로–」, 90쪽.
16 『국민공보』1919년 2월 11일,「高麗人之獨立運動」, 3월 8일자에도 2·8독립선언에 대한 내용을 게재하였다. 2월 11일자에 보이지 않는 최팔용, 김철수, 김도연, 서춘, 최

를 개최하여 안건으로 조국 독립문제에 대한 열띤 토론을 개최하였다는 사실이 2월 13일에 기사로 게재되었다. 다만 2월 13일 보도된 기사 내용은 1919년 1월 6일 일본유학생들의 웅변대회를 말하는 것이며, 2월 7일에는 유학생 대표로 11명의 임시대책위원이 발표되었다는 사실에 비추어 볼 때[17] 기사의 정확성이 부족하다고 볼 수 있다. 이는 그만큼 2·8독립선언이 일본 경찰의 엄중한 감시를 피해서 계획되었기 때문이다.[18]

3·1운동의 주요한 원인 가운데 하나로 지목되는 것이 고종 독살설이다. 창사 『대공보』에서는 고종의 독살설을 제기하였으며, 그에 대한 자세한 기사도 게재하였던 반면,[19] 베이징 『국민공보』는 고종에 대한 이력을 자세하게 소개하였지만 독살설에 대해서는 커피와 우유를 마시고 복통을 일으켜 사망했다고만 썼다.[20] 고종의 갑작스러운 죽음을 불행한 일이라고만 여겼다.[21]

한편 『국민공보』는 3·1운동을 보도하면서 그 원인으로 한국에 대한 일본의 폭정을 들고 있다. 내용을 보면 다음과 같다.

> 기독교를 핍박하고 전도인(傳道人)을 적대시 하고 교인을 모함한 데라우찌 마사다케(寺內正毅)를 암살하려 했다면서 대대적인 검거 선풍을 일으켰다. 어느 정도 지식을 가진 사람이나 학생이라면 함께 포박하여 일망타진하려 했

근우, 김종원, 백관수 등의 이름이 보인다.

17 이윤상, 『3·1운동의 배경과 독립선언』, 한국독립운동사편찬위원회·독립기념관 한국독립운동사연구소, 2009, 74쪽.

18 강영심·김도훈·정혜경, 『1910년대 국외항일운동 Ⅱ-중국·미주·일본』, 한국독립운동사편찬위원회독립기념관 한국독립운동사연구소, 2007, 323~325쪽.

19 『대공보』 1919년 2월 21일, 「可警可骇韩王暴殂消息」.

20 『국민공보』 1919년 3월 17일, 「前韓皇暴崩」.

21 고종 독살설에 대한 연구는 이태진, 「고종황제의 독살과 일본정부 수뇌부」, 『역사학보』 204, 역사학회, 2009 등이 있다. 이 논문에서도 『윤치호일기』에 전하는 내용으로 고종의 독살 실체를 추적하였지만 명확한 결론을 내리지 못하고 '설'에 그쳤다고 볼 수 있다.

다. 그들에게 여러 가지 악형을 가했다. 심지어 불로 남자의 양물(陽物, 성기)을 지져버렸다. 한인들을 핍박하여 종교를 포기하도록 하는 야만적인 술책이었다. 전도를 하려고 하면 반드시 총독부의 허가서를 받아야 했다. 교회 설립도 반드시 보고와 승인을 받은 후에 가능했다. 이러한 일들은 너무 많아 일일이 기록할 수 없다.[22]

뿐만 아니라 일본제국주의가 강제 병합 이후 한국 문화의 정체성을 훼손하는 일이 비일비재하였음을 고발하였다. 특히 한인 자녀들에 대한 교육권을 제안하여 '민을 우롱하고' 있음을 지적하였다.[23] 일본의 학정과 폭정은 한국인들의 독립에 대한 의지를 결코 꺾지 못했다. 그 열망이 고스란히 도쿄 2·8독립선언과 3·1독립선언으로 모아졌다고 평가했다. 그래서 '망국인들의 분노'가 전 조선으로 확대하였다고 표현하였다.[24] 경제적으로 토지조사사업의 폐해나 산림령, 식량 약탈 상황 또한 그대로 묘사하였다.

> 1년에 쌀을 1,200만 석을 거둘 수 있으나, 한국 민족과 아무 상관없이 모두 일본 국유로 넘어간다. 또한 삼림법령(森林法令)에 의하여 국유로 넘겨진 산에서는 한국인이 재목이나 땔나무를 할 수 없다. 현재 한국에 1년 동안 거둘 수 있는 쌀은 1,200만 석이다. 한국민의 식량으로 필요한 것이 1,100만 석이다. 그 가운데 500만 석을 일본이 약탈하여 간다. 일본이 천방백계로 한국 민족의 이익을 침탈하는 것에 대하여 굳이 따질 필요조차 없다. 상기한 한 가지 방법만으로도 한국 민족을 충분히 사지에 몰아넣을 수 있다. 매년 병으로 죽고, 굶어 죽는 자가 10만 명에 달한다. 1년에 서북간도와 시베리아에 유랑하는 자가 30만 명에 달한다. 현재 서북간도와 시베리아, 그리고 중국 각지에 거주하면서 죽음의 문턱에서 신음하는 한국 민족이 모두 200만 명이라 한다. 이로써 한국 민족이 일본의 통치에서 벗어나는 것이 유리한가 유리하

---

22 『국민공보』 1919년 3월 7일, 「日本吞倂韓國後之惡政」.
23 『국민공보』 1919년 3월 8일, 「亡國人興感夢」.
24 『국민공보』 1919년 3월 29일, 「高麗亂事之擴大」.

지 않은가 하는 것은 불 보듯 뻔한 도리라 하겠다.[25]

일제 식민 통치의 결과 한인들이 토지에서 유리되어 타국으로 전전하는 모습을 생생히 묘사하였고, 비록 통계는 정확하지 않지만 3·1운동의 내적 원인을 비교적 명확하게 분석·게재한 것으로 볼 수 있다. 하지만 예외도 있다. 3월 27일자 '조선폭동의 원인'을 한국 기독교와 미국 선교사의 선동으로 보고 있다는 기사를 게재하였다.[26] 기사 제목을 '조선폭동의 원인'으로 적시한 것은 『매일신보』에 보이는 3·1운동 기사처럼 조선총독부에서 악의적인 3·1운동 왜곡 기사를 전파한 결과로 보여진다.[27]

3. 독립선언의 정당성

3·1운동은 서울에서 시작되어 빠르게 지방으로 확산되었으며, 인천·평양·원산 등에서 전국에서 치열하게 시위가 전개되었다.[28] 조선총독부는 2월 28일과 3월 1일 새벽 독립선언서를 발견하고도 그날 오후에 독립선언식을 개최하리라고는 예상하지 못했다.[29] 하지만 3·1운동이 전개되자 조선총독 하세가와 도시미치(長谷川好道)는 긴급회의를 열어 무력사용을 결정했다. 이러한 3·1운동의 전개 과정과 관련하여 『국민공보』에는 3·1독립선언과 안중근의 동생 안정근이 중국인들에게 보내는 편지글을 게재하였다.

---

25 『국민공보』 1919년 4월 13일, 「亡國子遺之亡國淚」.
26 『국민공보』 1919년 3월 27일, 「朝鮮暴動之原因」.
27 황민호, 「『매일신보』에 나타난 3·1운동에 대한 인식과 친일논리 - '기획기사'의 내용을 중심으로 -」, 200~201쪽.
28 국사편찬위원회, 『한민족독립운동사』 3-3·1운동, 1988, 266~268쪽.
29 김주용, 「중국언론에 비친 3·1운동의 전개와 영향-창사『대공보를 중심으로-」, 93쪽.

우리 한국 전국 각 부(府)의 인민들은 동시에 3월 1일 오후 2시를 기해 정식으로 가장 문명하고 가장 정중한 거동으로 독립을 선포하였습니다. 우리들은 독립선언을 예정한 시간에 전담 인원을 배치하여 각 우방 영사관과 일본 각 기관에 일제히 선언서를 전달하였습니다. 이로써 우리 거동의 광명정대함을 나타냈습니다. 아쉽게도 일본인들은 우리를 추호도 양해하려 하지 않고 압력을 남용하였습니다. 어제는 일본이 우리를 사람으로 대하지 않았습니다. 또한 어제는 우리가 아쉽게도 각성하지 못하였습니다. 오늘 우리는 우리의 피와 몸을 하느님께 바쳐 우리나라를 되찾는 보수로 삼아야 가능하다는 것을 깨달았습니다. 아아, 이번 3~4일간에 몸을 바쳐 순국한 이가 얼마인가! 오직 하나님만이 알 것입니다. 여기에 우리는 감히 맹세할 수 있습니다. 우리가 죽음으로써 이렇게 행동하는 것은 다른 욕심이 있어서가 아니라 우리 한국을 민족이 자결하는 세상으로 만들려는 굳은 의지 때문이라 하겠습니다. (중략) 1일부터 오늘까지 4일 동안 독립운동에 뛰어들었다가 구금된 이가 10,000여 명을 넘어섰습니다. 저 사람들을 어떻게 처치할 지 예상하기 힘듭니다. 교수형에 처할 지, 총살할 지 우리 모두는 두려워하지 않습니다. 다만 일본인들이 우리의 진의(眞意)를 날조하여 엄한 형벌로서 핍박하여 독립을 원하지 않는다는 자백서를 받아낼까 염려될 뿐입니다. 만약 우리가 염려한 사태가 발생한다 하더라도 귀 신문사 주필 여러분은 절대 미혹되시지 말기를 기원합니다. 멀리서라도 우리의 든든한 후원자가 되어 주시기를 바랍니다. 그렇게 되면 우리 2천만 동포는 진정으로 감격하여 눈물을 흘릴 것입니다. 다시 한번 간청합니다.

한국 건국 4252년 3월 4일 안정근 삼가 올림.[30]

기사에서는 한국인이 처한 상황을 중국에 호소하면서 일제의 식민통치와 3·1운동 전개 과정에서 나타난 일제의 야만성을 폭로하였다.[31] 그

---

[30] 『국민공보』 1919년 4월 1일, 「朝鮮獨立之宣言書」. 안정근이 연해주에서의 생활을 접고 상하이로 이동한 시기는 1919년 가을 무렵으로 알려져 있다. 그가 상하이로 오게 된 주요 배경에는 안창호와의 인연이 크게 작용한 것 같다(이재호, 「안창호와 안정근·공근 형제」, 도산학연구, 2004, 117쪽). 다만 이 글이 어떻게 안정근이 작성했으며, 중국인들에게 부탁한 글을 게재했는지는 좀더 규명해야 할 것이다. 1919년 10월 15일 상하이 임시정부에서 '천주교 동포에게 고함'이라는 글도 안정근이 작성했다는 조심스러운 견해(정운현, 정창현, 『안중근家 사람들』, 역사인, 2017, 174쪽)를 종합해 보면 안정근이 연해주에서 이미 작성한 것을 보낸 것이 아닌가 한다.

[31] 기미독립선언서(공약삼장 포함) 전체를 게재하였다(『국민공보』 1919년 4월 3일, 「朝

『국민공보』 표지

러면서 중국인들의 지속적인 관심을 호소했다. 뿐만 아니라『국민공보』에는 중국에 알려진 3·1운동의 실상과 중국에 와 있던 유럽인들이 폭로한 3·1운동 기사도 게재하였다.[32] 일제가 발표하는 내용은 허구이기 때문에 믿을 수 없다는 것이 주된 논조였다. 나아가 독립선언의 정당성과 독립선언서의 내용을 보도하기도 하였다.[33]

국내 3·1운동 소식과 함께 중국 현지와 관련된 색다른 소식도 전해졌다. 베이징에 파견된 하란사(河蘭史)[34]의 죽음 또한 3·1운동과 연결하여 보도하기도 했다. 기사에서는 이국 땅에서 숨을 거둔 한 여인의 애달픈 죽음을 사실적으로 묘사하였다.

> 최근 북경에 파견된 고려 애국 부인 한나사(韓娜莎, 河蘭史로서 본명 김난사 필자)는 조국의 독립운동이 실패하고 남편의 생사조차 확인되지 않자 울분하여 선혈을 몇 되 각혈하고 11일 오전 7시 부영(婦嬰)의원에서 한 많은 세상을 하직하였다. (중략) 1906년 웨슬리안 대학 문과에 입학하여 문학사 학위를 받고 귀국하였다. 1916년 감리교가 미국에서 대회를 개최하자 한국 대표로서 참석하였다. 이번 북경에 도착하여 육국반점(六國飯店)에 머물렀다가 3일 후에는 중국인 친구의 집으로 옮겨 2주간 머물렀다. 그녀는 동창생 한명과 함

鮮獨立運動之見聞」).
32 『국민공보』1919년 4월 3일, 「朝鮮獨立運動之見聞」.
33 『국민공보』1919년 4월 1일, 「朝鮮獨立宣言書」.
34 하란사의 본명은 김난사이다. 그의 남편 하상기(河相驥)와 결혼 후 미국에서 유학생활하였기 때문에 하란사로 불렸다. 하란사에 대한 연구로는 김성은, 「신여성 하란사의 해외유학과 사회활동」, 『사총』 77, 2012 ; 손정도와 하란사의 독립운동에 대해서는 김창수·김승일, 『해석 손정도의 생애와 사상 연구』, 넥세스, 1999, 135~142쪽 참조.

께 비밀리에 파리에 가서 평화회의에 한국의 사정을 알릴 계획을 세우고 있었다. 때마침 독립운동이 실패했다는 소식을 듣고 남편도 불상사를 당하지 않았을까 근심하다가 각혈하였다. 얼마 전에는 친구의 집에 가서 일본인의 잔인함을 크게 꾸짖었다. 들리는 바에 의하면 마음속 상처를 입고 얼마 지나지 않아 병원에서 한 많은 세상을 하직했다고 한다. 중국인 친구는 이미 전보로 한국에 있는 그녀의 가족에게 알렸다고 한다. 만약 며칠 사이에 답전을 받지 못하면 북경에서 자리를 마련하여 안장할 예정이라 한다. 오호, 망국인 유해여, 차마 눈뜨고 볼 수 없노라.[35]

하란사에 대한 기사는 한국독립운동사에서도 중요한 대목이다. 의친왕 이강의 해외 망명 등과 연계되어 있기 때문이다. 1875년 평양에서 태어난 하란사는 일본과 미국에서 유학하여 오하이오웨슬리언대학교(Ohio Wesleyan University)에서 1906년 한국 여성 최초로 문학사 학위를 받았다. 귀국 후 이화학당 총교사와 상동교회 영어교사로 활동하는 등 근대여성 교육을 이끄는 '신여성' 1세대였다. 특히 엄비(嚴妃)와의 인연으로 의친왕 이강과 독립운동을 논의하게 되는 처지가 되었다. 그는 베이징으로 망명하여 새로운 독립운동을 도모하려 했지만 뜻하지 않은 사고로 베이징에서 숨을 거두고 말았다. 하란사의 죽음에 대해서는 독살설도 제기되고 있다.[36]

한편『국민공보』에서는 1919년 4월 6일자부터 본격적으로 3·1운동이 전국에서 일어나고 있음을 보도하였다.[37] 이어서 3일 뒤 「고려독립운동

---

[35] 『국민공보』1919년 4월 3일, 「高麗婦人憂憤亡身」. 하란사에 대해서는 대한민국임시정부가 그의 순국 다음해에 상하이에서 추도식을 거행할 정도로 여성 애국자로서 칭송을 받고 있었다(『독립신문』1920년 1월 22일, 「三愛國女史의 追悼會」).

[36] 김창수·김승일, 『해석 손정도의 생애와 사상 연구』, 넥세스, 1999, 135~141쪽. 고혜령은 하란사의 죽음에 대해서 남편 하상기의 제적등본에 적시한 사망 원인이 폐렴이라는 의견을 제시하였다(고혜령, 「김난사(하란사)의 독립운동과 하상기」, 『3·1운동 100년 그리고 세계평화』, 3·1운동 100주년기념국제학술심포지엄 발표문, 2019, 65쪽).

[37] 『국민공보』1919년 4월 6일, 「高麗獨立之經過」.

의 경과」라는 글은 서울 및 개성 지방의 동영상 같은 3·1운동의 실상을 생생히 묘사하고 있다.

가) 서울 : 3월 1일 오후 학생 7,000~8,000명과 군중들이 서울 종로에 모여 몇 개 대오로 나누어졌다. 제1대는 덕수궁 대한문 앞에서 조선독립만세를 외치면서 대한문 안으로 밀고 들어갔다. 그들은 다시 대한문 앞 광장에 모여 독립을 역설하는 강연회를 가졌다. 다른 1대는 광화문 앞에서 독립만세를 높이 외치고 다시 남대문 정거장에서 만세를 앞 다투어 불렀다. 이어서 프랑스 영사관 앞까지 행진하였다. 또 다른 1대는 창덕궁 앞에서 독립만세를 불렀다. 다른 1대는 조선 보병대 병영으로 진입하려다가 뜻을 이루지 못하였다. 대한문 시위대에서 갈라져 나온 1대는 미국 총영사관 앞에서 독립만세를 불렀다. 다른 단체 약 3,000명은 총독부로 가려고 했지만 일본정(日本町)에서 저지당하면서 잠시 소강상태를 보였다. 군중들 가운데 주모자로 지목된 160명이 체포되었다. 이날 오후 8시경에 마포 전차 종점 부근에 약 3,000명이 모여 집회를 가졌다. 그리고 11시경에 기독교 부속 연희전문학교 부근에 학생 약 500명이 집합하였다. 2일 오후 종로 사거리에 2,000여 명이 모여 만세를 높이 외치며 종로경찰서 문 앞을 지나다가 경찰이 저지에 나서면서 큰 충돌이 있었다. 주모자로 지목된 20명이 체포되었다. 여기에 모인 시위대는 대부분 학생 혹은 각 교단의 교인들이었다.

나) 개성 : 기독교 부속 호사돈(豪斯敦)여자학교(好壽敦女學校: 필자) 학생 약 200명이 3일 오후 2시경에 3열 혹은 5열로 대오를 지어 찬송가를 부르며 만세를 높이 외쳤다. 당지 경찰서에서 나와 저지하려고 하자 약 3,000명 군중들이 사방에서 삽시간에 모여 들었다. 시위 대오를 저지하려고 하였지만 시위대는 말을 듣지 않았다. 학교 교장이 달려와서 중재하면서 큰 충돌을 가까스로 피할 수 있었다. 오후 5시 30분, 15~16세 이하 소년대가 선두에 서고 뒤에 300~400명 군중이 따라 붙으면서 독립만세를 불렀다. 해가 저문 후 약 2,000명 이상 군중들이 모여 조선독립만세를 높이 불렀다. 일본 경찰과 헌병들이 총검으로 저지하여 사상자가 적지 않았다. 개성 기독교 부속 한영서원(韓英書院) 학생 약 500명은 3월 4일 아침 학교 운동장에 모여 만세를 목청껏 외치고

독립 노래를 부르며 나팔 부는 활동을 전개하려는 찰나에 일본 경찰이 나타나 힘으로 제지하였다. 이때 군중 1,500명이 각자 태극기를 들고 학생들 모임에 합류하려고 하였다. 일본 경찰들은 총검으로 학생들을 위협하여 다수의 부상자가 발생하였다.[38]

서울과 개성에 이어 황해도 중화군에서 4,000여 명이 모여 시위운동을 전개하였으며, 부상자는 200여 명에 달했다고 전한다.[39] 또한 평안도 강서군에서도 약 3,000명의 군중이 만세시위에 동참하였으며, 선천군에서도 남녀 학생 1,000여 명이 모인 상황을 비교적 자세하게 보도했다. 또한 3·1운동이 시작된 지 10여 일이 지난 서울을 상황을 다음과 같이 보도하였다.[40]

> 오늘로 서울 상점들이 문을 닫은 지 13일째라 한다. 여러 신문의 보도에 의하면 수업을 하는 학교가 5곳 밖에 없다고 한다. 관립의학교 학생이 모두 199명인데 수업에 참가한 학생이 6명뿐이다. 공립실업학교 학생이 181명인데 수업에 들어온 학생이 1명뿐이다. 삭명여학교(索明女學校)의 학생이 231명인데 수업에 참가한 학생이 193명이다. 경명여학교(景明女學校)의 학생이 179명인데 수업에 들어온 학생이 111명이다. 공립고등여학교의 학생은 모두 203명인데 수업에 참가한 학생이 26명뿐이다.[41]

한국인들의 지속적인 만세시위운동에 대해 일제는 가혹한 방법으로 탄압의 강도를 높였다. 당시 행해진 일제의 탄압 가운데 『국민공보』는

---

38 『국민공보』 1919년 4월 9일, 「高麗獨立之經過」.
39 『국민공보』 1919년 4월 10일, 「高麗獨立之經過」.
40 박찬승은 3·1운동 당시 서울의 시위양태를 새롭게 조명하여, 동선 등을 비정하였다. 다만 이 글에서는 3월 중순 서울에서의 독립운동 시위상황을 분석하는 데는 미흡하였다(박찬승, 「서울 3·1운동의 재구성」, 『서울과 평양의 3·1운동』, 서울역사박물관, 2019, 242~257쪽).
41 『국민공보』 1919년 4월 12일, 「高麗獨立風潮未平」.

각 지역의 가옥을 파괴하거나 운동의 거점이었던 교회를 소각하는 행위에 대해 보도하고 있다.[42] 특히 인체에 가해지는 수치심과 모욕감이 극에 달했다고 표현했다.

> 가) 한국 학생을 가혹하게 학대한 소식이 입수되었다고 한다. 검거된 학생들은 한국 모 도시에서 나무로 된 십자가에 묶인 채로 참혹하게 채찍과 몽둥이 고문을 당했다고 한다. 이런 고문을 당하고 석방된 학생의 말에 의하면 "너희들의 주인 예수가 십자가에서 당한 고문을 너희들도 똑같이 받을 기회를 가진 것이다"라고 했다고 한다. 무릇 이런 혹형을 당하고 석방된 사람은 하나같이 온몸이 성한 데가 없고 상처가 심하여 도저히 움직일 수 없다고 한다. 상기 도시 부근에서 일본인에게 소각된 교회가 100개를 넘어선다. 다른 곳의 교회도 기구·창문·성경 등의 물건들이 파손되었거나 소각되었다. 한국의 독립운동은 이미 한반도의 각 지역에 그리고 산간벽지까지 파급되었다. 파견을 받아 소식이나 훈령을 다른 곳에 전하는 사람들은 기회를 보아가며 침착하게 움직이고 있다. 독립운동의 수령이나 선구자들은 대부분이 부녀자들이다. 이런 일은 대부분 이들이 맡아 하고 있다.[43]

> 나) 한국에 거주하는 어느 선교사가 친구에게 편지를 보내 한국인이 당한 참상을 서술했는데 도무지 끝까지 읽어 내려갈 수 없었다. 편지에서 이야기하기를 최근 1일 이래로 서울과 기타 지역에서 한인의 혁명 행동은 여전히 활발하게 전개되고 있다고 한다. 행동이 조직적이고 용감하기로 우리들의 상상을 초월한다. 일본인의 한인에 대한 잔악한 압박 행동은 인도주의가 눈감아 줄 수 있는 범위를 훨씬 뛰어 넘었다. 이것 역시 우리의 상상을 초월한다. 이런 광경을 친히 목격하지 않으면 믿을 수 없는 정도이다. 한인의 독립운동은 지극히 문명하고 평화롭기 그지없다. 입으로 목청껏 독립만세를 외쳤을 뿐이다. 그런데 일본 군관과 사병들은 노인이나 어린이들을 가리지 않고 총살하거나 잔인하게 매질했다.[44]

---

42 『국민공보』 1919년 5월 30일, 「韓京獨立之慘狀」.
43 『국민공보』 1919년 4월 20일, 「日本壓迫韓人之手段」.
44 『국민공보』 1919년 5월 4일, 「日本對待韓人之一斑」.

다) 한인 여학생이 감옥에서 모욕을 당하는 참상을 이야기하면 일본인의 야만스러움이 아프리카주의 흑인을 능가하고 있다. 검거된 여자는 모두 옷을 벗겨 알몸으로 일본 관리의 심문을 받는다. 일본 군인들은 여학생을 에워싸고 아무 거리낌 없이 모욕한다. 여학생들은 판결을 받은 후 감옥에서 일본인에게 간음과 학대를 당하는 비참한 일을 당하고 있다. 부인이 옷을 입지 않고 알몸으로 사람을 대하면서 수치심을 느끼지 않는 것은 세상에서 아마도 일본 부인들 뿐일 것이다. 구미(歐美)와 중국에서는 모두 부인의 정조를 소중하게 여긴다. 하물며 한국의 여학생은 군대가 되어 혁명 행동을 한 것도 아니다. 그들은 입으로 독립만세만을 불렀을 뿐이다. 그들의 행동을 보면 문명하며 질서가 있었다. 그들은 다만 하늘이 내린 자유와 독립을 요구하였을 뿐이다. 일본인 가운데 사람의 마음을 가진 자라면 오히려 그녀들을 존경하고 사랑해야 하지 이렇게 잔인하게 대하지 말았어야 했다. 우리같은 외국인들이 옆에서 보기에 너무나 안타까울 뿐이다. 한국 여학생들이 학교에서 집으로 돌아가면서 불법 행동이 없었는데 일본 군인들의 모욕과 간음을 당하였다.[45]

이렇듯 일제가 한국인들에게 가한 반인륜적·비인간적 행위는 상상을 넘어섬을 알 수 있다. 한인 여학생들이 감옥에서 모욕을 당하는 참상은 아프리카의 흑인 노예를 능가한다고 묘사했다.[46] 3·1운동의 참혹상에 대하여 한국의 여학생이 미국 윌슨 대통령과 파리강화회의 관련 인사들에게 보내려고 한 편지를 『자림보(字林報)』[47]의 베이징 주재원이 받았는데, 이를 『국민공보』에서 다시 게재하였다.

---

45 『국민공보』 1919년 5월 19일, 「日人對韓之四字評」.

46 최근 서대문형무소기념관에서는 3·1운동 당시 투옥되었던 애국지사들을 정리하여 자료집을 편찬했다(서대문형무소역사관, 『서대문형무소 3·1운동 수감자자료집』 1·2·3, 2019).

47 『자림보』는 『字林西報』(North China Daily News)라고도 하며, 전신은 『北華捷報』(North China Herald)였다. 일찍이 중국에서 가장 영향력 있는 영자 신문 가운데 하나였으며, 1850년 상하이에서 발간되었다. 상하이에서 발간될 당시 『北華捷報』는 주간이었으며 1864년 『자림서보』로 개명하여 발간되었다(方漢奇·張之華 主編, 『中國新聞事業簡史』, 55~56쪽).

정의와 인권 신장에 앞장서고 있는 파리평화회의 참석자 여러분! 하느님 앞에서 한국의 섬약한 여자들은 여러분들께 간곡한 부탁을 드립니다. 아녀자로 불행하게 당한 수치와 모욕을 누구한테 하소연할 수 있겠습니까. 누구한테 원조를 요청할 수 있겠습니까. 하늘을 향해 통탄할 뿐이었습니다. 지금 각지의 인민들이 모두 자유를 요구한다 들었습니다. 따라서 우리 한인은 남녀노소 할 것 없이 일어나서 우리가 받고 있는 압제에 대하여 알리고 한국의 독립을 호소하게 되었습니다. 공리(公理)가 신장되지 않고 인도(人道)가 없다고 호소하였습니다. 그러나 우리들은 도리어 구타를 당하고, 체포되어 투옥되고, 총검에 찔려 부상을 입고, 머리채를 잡혀 끌려가고, 가옥이 파괴당하고, 주말에는 예배를 보는 것을 금지 당했습니다. 검문을 통해 기독교인으로 확인되면 곤봉과 주먹질을 당하여 여러 사람이 피살되기도 하였습니다. 그러나 우리들은 오로지 두 손 들어 하늘을 향해 나라를 위해 자유와 공리를 요구했을 뿐입니다. 여러분들이 우리를 가엽게 여기여 한국의 독립을 승인하여 주십시오. 여러분들이 나서서 일본의 이러한 혹형과 불공정한 대우를 막아 주십사 부탁드립니다. 우리들은 이 호소문이 평화회의에 전달되지 못할 수도 있다고 생각합니다. 그러나 누군가 받아 보고 우리들의 고통을 애통하게 여겨 평화회의에 전달할 수 있지 않을까 생각합니다. 나이가 어리고 유치하여 틀린 내용이 한두 가지가 아니라 생각됩니다. 우리들에게는 아무런 권력도 없고 어디에 가서 억울함을 호소할 곳조차 없습니다. 다만 우리들의 노력이 하느님을 감동시키고 여러분들도 우리들의 목소리에 귀를 기울려 주십사 기도할 뿐입니다. 그리고 우리들이 끝까지 일본의 협박에 저항하지 못하고 핍박에 못이겨 '한일합병'을 청구하는 문서에 서명하게 된 것은 절대로 진심에서 우러나온 것이 아닙니다. 오로지 일본의 간교한 계략에서 비롯된 것입니다. 미국 대통령 윌슨님이여. 우리들은 당신을 자애로운 아버지처럼 생각합니다. 우리들의 독립선언을 귀담아 들으셔서 세계 각국에 알려 주십사 간곡하게 기도드립니다.

1919년 3월 10일 한국 여학생 삼가 올립니다.[48]

한편 일제는 3·1운동의 열기를 꺾기 위하여 병력을 증원하기로 결정하였으며,[49] 다른 한편으로는 파리평화회의에서 동화정책을 증명한다

---

48 『국민공보』 1919년 4월 11일, 「高麗女生呼籲書」.
49 『국민공보』 1919년 5월 1일, 「日本派兵赴韓之聲辯」.

는 미명하에 이완용(李完用)과 같은 친일파를 내세웠다고 보도했다.[50] 이 기사에서는 한국인들은 이미 동화되었다는 보고서를 올릴 목적으로 파리강화회의에 간다고 한다는 일본의 간교함을 지적하였다. 뿐만 아니라 평화적인 한국인들의 독립만세 시위에 대해 일제의 폭압적 진압과 구금 및 고문이 이어졌다.[51] 그 대표적인 것이 제암리 사건에 대한 보도였다.[52] 이 기사에서는 비록 간략하게 제암리 상황을 묘사하고 있지만 그 참혹한 광경은 목불인견이라고 했다. 다른 신문인 장사『대공보』에 실린 제암리 참상은 다음과 같다.

> 며칠 전 서양사람 모 박사(스코필드: 필자)는 수원군 제암리에서 일본헌병에게 교회당이 불타버렸다는 것을 보고했다. 70여 살의 노부부는 슬하에 세 명의 자식과 세 명의 손자가 있었다. 어느 하루는 일본 경찰이 돌진해 와서 송곳 끝으로 무자비하게 두 노인의 얼굴을 찔렀다. 고통은 참기 힘들었으며 일본은 또 그 자손들을 위협했다. 삼노끈으로 묶고, 몇 리를 몰고 갔다. 두 노인도 그 뒤를 따라갔고 산 아래에 이르게 되었다. 두 노인이 일본 헌병에게 묻기를: "그들은 어디로 갔습니까?" 일본 헌병이 대답하기를: "이 곳에서 총살당했다." 그 늙은 두 부모는 그 말을 듣고서는 대성통곡하며 무릎을 꿇고 일본헌병에게 애걸했다. 그들은 듣지 않았을 뿐만 아니라 오히려 두 노인을 위협해서 물러가게 했다. 두 노인은 끝까지 물러가지 않았고 일본 헌병은 총을 들고 칼로 아들과 손자의 배, 얼굴을 찔러 죽게 했다. 두 노인은 그와 같은 참

---

50 『국민공보』 1919년 4월 12일, 「高麗事日人將施手段」. 1919년 4월 2일 백작 이완용 명의로 경고문을 인쇄 발행하였다. "오호라 조선 동포여, 일반의 말 중에 죽음 가운데 생을 구한다는 말은 있다하나 지금에 조선인민은 사는 중에 죽음을 구하려 하는 것은 무슨 까닭인가. 얼핏 알아듣기 쉽도록 한마디를 하노니 제군은 잠깐 정신을 수습하고 상세히 음미하기를 바라노라. 조선독립이라는 선동이 허황된 말이고 망동이라 하는데 대하여는 각 유지와 인사들이 천언 만언으로 갖추지 아니함이 없는데도(하략)." 이러한 경고문은 만세의 정당성을 훼손하는 데 사용되었다(서울역사박물관, 『서울과 평양의 3·1운동』, 2019, 177쪽).

51 이윤상, 『3·1운동의 배경과 독립선언』, 10쪽.

52 『국민공보』 1919년 5월 30일, 「韓京獨立之慘狀」.

상을 보고 같이 죽여 달라며 울며 통곡했다.[53]

　이는 제암리 학살사건에 대한 전모이며, 스코필드 박사가 쓴 내용을 신문으로 기사화한 것이었다. 제암리 학살사건은 일제가 3·1운동을 어떻게 바라보고 있는가를 결정적으로 보여 주는 실례이다.[54] 제암리 학살사건에 대해서는 대부분의 중국 신문에서 다루고 있는데 기사화한 시점은 사건 발생 한 달 전후였다.[55] 제암리 사건과 같은 학살·살상 사건에 대한 세계적인 공분을 더 이상 좌시해서는 안되며 일본제국주의도 한인에게 잔인한 폭정을 중지해야 한다고 했다.[56]

4. 3·1운동의 영향 및 의의

　3·1운동의 전개 양상을 보면서 일제는 무단 통치에 대한 고민에 빠졌다고 『국민공보』는 보도하였다. 아울러 파리강화회의에 한국인 대표를 파견하는 상황도 자세하게 보도하였다. 1919년 4월 20일자 기사를 보면 파리강화회의에 독립청원을 지속적으로 추진하고 있음을 알 수 있다.

　　파견한 대표가 이미 파리에 도착하여 영국·프랑스·미국 등 각국 대표와 접촉하면서 파리평화회의에 참석하여 소원을 신소(伸訴)하려고 청원 중이라 한다. 각국 대표들은 대부분 동정을 표시했다고 한다. 그 가운데서 미국은 중대한 원조를 주겠다고 한다. 따라서 한국 대표들은 얼마 지나지 않아 청원서를 제출할 것이라고 한다. 그리고 본사의 특별 비밀 소식에 따르면 미국에 있는 한교(韓僑)들은 프린스턴대학 철학박사 이승만을 대표로 파리에 파견하여

---

53 『대공보』 1919년 7월 5일, 「某西人之朝鮮慘象談 我国人之殷鉴」.
54 김선진, 『일제의 만행을 고발한다』, 미래문화사, 1983, 144~147쪽.
55 제암리 관련 기사 분석은 제3장에서 자세하게 다루었다.
56 『국민공보』 1919년 4월 22일, 「公慎」.

청원하도록 했다고 한다. 이미 2월에 미국을 출발하여 프랑스로 향한 이씨는 미국에 거주한 지 10여 년이 되었다. 그는 윌슨 대통령과의 우의도 매우 두텁다. 미국의 지식인들은 대부분 그의 인격을 지극히 존중한다. 이번 걸음에서 그는 2천만 동포의 기대를 결코 저버리지 않으리라 생각한다.[57]

1919년 5월 13일과 14일에는 이틀 연속으로 고려인의 국권회복 청원서를 파리강화회의에 전달하는 기사가 게재되었다.[58] 한국의 유구한 역사가 일제의 침탈로 유린당하였으며, 파리강화회의에서 이를 바로잡아 줄 것을 기대하고 있다는 내용이었다. 6월 20일자에는 파리통신을 인용하면서 김규식 일행의 활동을 자세하게 보도하였다. 기사는 다음과 같다.

> 한국은 일본에 의하여 '합병'된 후로 한국의 지사들은 각 지역에서 단체를 설립하여 광복에 매진하였다. 그러나 일본의 강력한 폭압 아래에서는 언론기관을 설립할 수 없었다. 따라서 그들이 받고 있던 참혹한 고통에 대하여 대외에 알린 길이 없었다. 도탄 속에서 신음하던 2천만 한인들은 세상 사람들의 관심에서 벗어난 지 오래되었다. 그러나 한인들의 독립을 향한 뜻은 종래로 굽힌 적이 없었다. 근래에 들어 한국 지사들은 외국에서 유력한 단체를 설립하였다. (중략) 파리평화회의가 개최되자 국제적인 불평을 해소하고 세계의 영구적인 평화를 건설하려는 시기에 진입하였다. 한국의 지사들은 시기가 왔다고 판단하였다. 각 지역에서 하나같이 일어서서 회의를 개최하고 토론한 결과 대체로 두 가지 행동을 실천하기로 하였다. 하나는 대표를 평화회의에 파견하여 한국 독립을 청원한다. 다른 하나는 사람을 국내로 파견하여 각 지역에서 인민에게 연락하여 일본에 반항하는 독립운동을 전개하고 유럽에 파견된 대표들을 성원하는 활동을 전개한다. 평화회의에 파견된 대표는 모두 4명이다. 미국에서 출발하는 이는 이승만·민찬호·정한경이다. 중국에서 출발하는 이는 김규식이다. (중략) 김규식은 배에서 이들과 약소 민족의 문제에 대하여 많은 토론을 벌였다. 한국에 대하여 동정을 표시하는 이가 적지 않았다. 한 달여 동안 함께 배를 타고 파리에 도착하였다. 미국에서 오기로 한 3

---

57 『국민공보』 1919년 4월 20일, 「高麗赴法代表請願獨立」.
58 『국민공보』 1919년 5월 13일, 「高麗人復國請願致巴黎和會書」.

명 대표는 도착하지 않았다. 알아보니 비자 문제 때문에 올 수 없게 되었다고 한다. 망국한 사람에게 세상은 이렇게 힘든 것이었다. 김규식은 파리에 머물면서 각국 언론 매체와 프랑스 재야의 수많은 유명 인사들과 접촉하였다. (중략) 일본과 관계 때문에 윌슨 씨는 공개적인 장소에서 만나지 못할 것 같다. 미국이 이러한 태도이니 다른 나라와 오죽하랴. 평화회의의 주도권은 5개 강국에게 있다. 일본이 그 가운데 하나이다. 영국과 프랑스는 인도와 베트남 때문에 나서기를 꺼리고 있다. 그러나 한국 혁명이 발발한 후에는 유럽의 정계가 지극한 관심을 보이고 있다. 영국과 프랑스 신문에서는 모두 논평을 하고 있다. 한국 임시정부의 수립 상황에 대하여 전문적인 보도를 하였다. 이들 나라의 성원이 대단하다. 김규식의 발언은 사람을 충분히 감동시키고 있다. 미국과 상해에서 김규식에게 보내온 전보 가운데 세 가지가 주목된다.[59]

한국의 독립운동이 결코 무력적인 방법이 아니며 평화적인 방법임을 알리면서 동시에 일본의 야만성을 폭로하기 위함이었다는 것을 강조하고 있다.[60] 이 평화회의에 대한 회의적인 기사도 게재하였다.[61] 특히 김규식의 활동은 대한민국임시정부의 지시로 이루어진 것이었으며, 무엇보다도 평화회의 대표의 활동이 성공적이든 아니든 그것과 상관없이 한국의 독립운동이 성공할 것이라고 진단하였다.[62] 혼재된 기사 게재는 한국독립운동에 대한 인식의 한계일 수도 있다. 이어서 『국민공보』는 6월 24일자에 김규식이 신한청년당 명의로 파리강화회의에 보내는 서신을

---

[59] 『국민공보』 1919년 6월 20일, 「韓國獨立運動與和平會議」.
[60] 이 기사 외에도 파리강화회의에 대한 한인들의 관심이 컸다는 기사들이 게재되었다 (『국민공보』 1919년 6월 21일, 「韓國獨立運動與和平會議」). 김규식의 외교활동은 그가 영문으로 작성하여 각국 대표들에게 전달한 독립청원서에 잘나타나 있다. 청원서 제목은 '일본으로부터의 해방 및 독립국가로서 한국의 재편성을 위한 한국국민과 민족의 주장'으로 1919년 4월 파리강화회의 의장 클레망소에게 발송된 후 동년 5월 12일 윌슨 대통령 및 로이드 조지 영국 수상에게 14일에는 각 대표단에 각각 발송·배부되었다(최덕규, 「파리강화회의(1919)와 김규식의 한국독립외교」, 『서양사연구』 25, 2015, 142쪽).
[61] 『국민공보』 1919년 6월 18일, 「韓人請願難達到」.
[62] 『국민공보』 1919년 6월 21일, 「韓國獨立運動與和平會議」.

게재하였다.⁶³ 한국이 원동 평화의 핵심이며, 한국이 평화롭지 못하면 원동 지역의 모든 민중들도 불행하고 결국 일본은 만주와 시베리아를 침략하여 동북아 평화의 가장 큰 적으로 등장할 것임을 경고하는 내용이었다. 이는 그가 프랑스 파리로 출발하기 전에 치밀하게 활동 계획을 세웠으며, 그 핵심에 각국의 동정과 지원을 획득하기 위한 선전 및 홍보 활동이 자리하고 있음을 알 수 있는 대목이다.⁶⁴

한편 3·1운동을 지켜보던 중국인들은 자성의 목소리를 내었다. 『국민공보』에서는 서양 언론사가 한국과 중국을 비교하는 기사를 1919년 5월 24일부터 26일까지 3일에 걸쳐 게재하였다. 주요 내용은 다음과 같다.

> 가) 1894년 청일전쟁이 끝나서 오늘에 이르기까지, 일본이 한국을 강점하기까지 한국의 역사를 보면 지금의 중국 상황과 다른 점이 얼마나 될까. 내분이 끊이지 않고 국세(國勢)가 무너졌다. 관료가 부패하여 권세와 이권 다툼에만 열을 올린다. 외부의 세력은 침략을 위해 음모궤계를 일삼는다. 당파들은 서로 다투고 국가의 권리를 아주 쉽게 외국에 내준다. 이들은 외국 원조를 끌어들여 이에 의거하여 경쟁 상대를 제거하기에 여념이 없다. 그 결과 망국의 화를 자초하였다. 오늘날 한인들은 어떠한 원망과 울분을 가지고 있는 것일까. 공정한 안목을 가진 사람이 한국의 역사를 읽는다고 하면 독립을 상실한 원인의 절반은 일본이 무력으로 정복한 탓이고 다른 절반은 한국 인민이 나라를 팔아넘긴 간교한 음모를 보고만 있은 데 있다. 이는 의문의 여지가 없는 확실한 사실이라 하겠다. 지금 중국의 사정이 위에서 살펴본 한국의 사정과 다를 바 없다고 하겠다. 중국의 내부가 분열되고 외부 세력이 내지를 10마일 이상 침투하였다. 매일같이 여러 신문에 실리는 북경 전보를 접하다 보면 이런 사정을 익히 알 수 있을 것이다. 과도기적인 시대라고 하지만 이러한 현상의 위험도에 대해서는 능히 짐작할 수 있을 것이다. 30년래의 역사를 보면 믿음이란 조금도 없고 오로지 갑국(甲

---

63 『국민공보』 1919년 6월 24일, 「新韓靑年黨致和平會議書」.
64 정병준, 「1919년-파리로 가는 김규식」, 『한국독립운동사연구』 60, 2017, 101쪽.

國)이 을국(乙國)과 싸워 서로 쟁탈을 도모했던 역사라 하겠다.[65]

나) 오늘날 중국의 주권은 이미 풍전등화라 하겠다. 그러나 두 가지 일만은 주의를 돌려야 한다. 하나는 중국 관리와 중국 인민의 문제는 경계선을 나누어야 한다는 것이다. 중국 인민의 평화와 자급자족하는 문제는 부패한 관리와 다르다. 지난 몇 년 동안에 발생한 사실이 우리들에게 가져다 준 교훈으로 충분하다. 인민의 우매와 비겁함은 관료들에 비해 절대 심각하지 않다고 하겠다. 자세히 살펴보면 이런 일들은 비참하기 그지없다고 하겠다. 그들의 수효가 억 명에 이르나 모래알처럼 갈라져서 힘을 발휘하지 못하고 있다. 그들의 잘못이 아니다. 모두가 외부 세계의 압박으로 저항할 힘이 없고 국민의 권리를 상실했을 뿐이다. 탐관오리들은 탐학에만 전념하고 외국의 침략을 일삼으니 백성이 병들고 나라가 욕을 당하게 되었다. 이웃 나라 한국이 20세기 아시아의 좋은 보기라 하겠다.[66]

다) 지금의 중국 미래는 모든 사람이 강가에서 손발이 꽁꽁 묶여 물에 빠진 사람이 구원을 요청하여도 어떻게 할 수 없는 상황이라 하겠다. 중국인민과 함께 지낸 바 있고 중국을 동정하는 사람이라면 중국의 광명한 역사에 감탄하고 찬란한 성과에 존경을 표한다. 그런데 오늘의 중국 상황에 대해서는 지극히 애처롭게 비통하게 생각하고 분개한다. 이 모든 것을 피할 수 있다. 한인들의 소장(訴狀)은 사람들을 감동시키기에 충분하다. 이를 널리 배포하여 각 지역의 관아(官衙)·회관(會館)·사원(寺院)·학교 등에 붙여야 할 것이다. 만약 중국의 희망이 조금이라도 남아 있다고 하면, 옛 사람들의 기세가 조금이라도 남아 있다고 하면, 기필코 일어나서 그들의 속박과 약탈에 저항할 것이다. 오늘날 국민은 나라를 지배하는 자를 따른다. 그러나 중국인은 그렇게 못하고 있다(중국인의 행동을 보면 그렇게 할 희망이 매우 적다). 기타 각국은 각자의 책임을 다한다. 또한 각국은 하나로 단합하기를 시도한다. 일본도 여기에 속해 있다. 이것은 여러 가지 국제 문제가 복합적으로 어울려 생긴 결과라 하겠다. 그러므로 동방의 희망은 파리에 집중되었다 하겠다. 만약 세계적인 결합이 새로운 국제 사상을 바탕으로 한다면 중국은 그런대로 희

---

[65] 『국민공보』 1919년 5월 24일, 「西報論高麗與中國之比較」.
[66] 『국민공보』 1919년 5월 25일, 「西報論高麗與中國之比較」.

망을 가질 수 있다. 그렇지 않으면 한국이 중국의 본보기가 될 것이다. 그러므로 세계 인구의 4분의 1을 차지하는 인민의 운명은 금후 6주에 달렸다 하겠다.[67]

『국민공보』가 이들 기사를 게재한 것은 중국인들이 향후 어떠한 길을 가야 하는지 3·1운동과 한국독립운동이 그 길을 제시하고 있음을 밝히기 위해서였다. 한국의 처지가 결코 중국과 다르지 않으며, 중국 역시 외세의 끊임없는 간섭과 침략을 받아 왔기 때문에 3·1운동과 같은 전 국민적 저항이 필요하다고 역설한 것이다. 이것은 5·4운동 당시 베이징 대학의 교수들이 학생들에게 강연했던 것과 일맥상통하는 내용이다.[68] 특히 한국독립운동의 열기가 식지 않았다는 것을 자국의 영토인 상하이에서 임시정부가 수립되었다는 사실과 함께 크게 보도하였다.[69] 다만 창사『대공보』가 임시정부 수립 과정과 수립 현황에 대해 많은 지면을 할애하였던 것에 비해서『국민공보』는 임시정부 수립에 대해 많은 지면을 할애하지 않았다. 각 신문마다 논조는 약간 다르지만 3·1운동과 임시정부의 연동 관계는 명확하게 파악하였던 것 같다.

5. 맺음말

중국에서 활동했던 한국독립운동 단체는 1920년 상하이에서 대한민국임시정부가 제1회 독립선언 기념식을 거행한 이후 해마다 3·1운동을 기념하고 있었다. 그만큼 3·1운동에 대한 독립운동가들의 인식은 거의 절대적이었다고 할 수 있다. 또한 중국인들과 공동으로 항일전선을 구

---

67 『국민공보』1919년 5월 26일, 「西報論高麗與中國之比較」.
68 최용수, 「조선 3·1운동과 중국 5·4운동의 비교」, 『국사관논총』 49, 1993 참조.
69 『국민공보』1919년 6월 21일, 「韓國獨立運動與平和會議」.

축하는 데에도 3·1운동이라는 거대한 민족적 함성은 중요한 밑바탕이었다. 그리고 중국인들에게 비친 3·1운동은 인류의 보편적 가치를 실현한 한국인들의 몸부림이라고 해도 결코 과장된 표현이 아니다.

이 글에서는 베이징에서 발간한 『국민공보』 기사 가운데 3·1운동 관련 기사를 어떠한 형태로 게재하였는지를 정리하려 했다. 먼저 3·1운동의 원인으로 민족자결주의를 비중 있게 다루었으며, 전개 과정에서 나타난 일제의 야만성에 관한 기사를 비교적 많이 게재하였다. 2·8운동에 대한 부분은 창사 『대공보』에 게재된 것과 유사하지만 비교적 자세하게 2·8독립선언의 과정을 다루었다. 또한 『매일신보』에 보이는 왜곡된 3·1운동 사실을 지양하고 보다 명확한 논조의 글과 정보를 실었다. 일제의 폭정으로 3·1운동이 일어날 수밖에 없다는 결론에 도달하였다. 뿐만 아니라 『국민공보』는 3·1운동과 관련된 특이한 부분도 게재하였다. 대표적으로 중국으로 망명하여 의친왕과 독립운동을 도모하고자 했던 하란사의 죽음을 그의 생애와 함께 비교적 자세하게 소개하였다.

3·1운동 전개 과정에서 일제가 한국인들의 인체에 가한 반인륜적 처사에 분개하는 기사가 많았다. 각 지역의 가옥을 파괴하거나 운동의 거점이었던 교회를 소각하는 행위를 지속적으로 보도하였다. 그 가운데에는 제암리 학살 사건도 포함되어 있었다. 그러면서 이러한 학살 속에서도 한인들의 혁명의 열기는 결코 식지 않았다고 논평하였다.

특히 3·1독립운동과 파리강화회의 임시정부와의 연계성을 확인하는 기사가 눈에 많이 띄었다. 김규식이 치밀하게 준비하여 활동했던 파리강화회의와 김규식의 구미세력에게 보냈던 편지 내용을 그대로 게재하였다. 이는 한국의 독립운동이 결코 무력적인 방법이 아니며 평화적인 방법이었음을 알리는 동시에 일본의 야만성을 폭로하기 위함이었음을 강조한 기사였다.

또한 3·1운동이 중국인들에게 어떠한 메시지를 의미하는지 자문하는 기사도 게재하였다. 한국의 처지가 결코 중국과 다르지 않으며, 중국 역시 외세의 끊임없는 간섭과 침략을 받아 왔기 때문에 3·1운동과 같은 전 국민적 저항이 필요하다고 역설한 것이다. 요컨대 『국민공보』 기사는 무엇보다도 기본적으로 비폭력적이고 평화적인 독립선언을 전개하였음에도 일본제국주의는 가혹한 탄압으로 일관하였음을 충분히 엿볼 수 있었다. 중국인들이 바로 본 일본제국주의 학살의 실상, 나아가 중국 지식인들이 3·1운동에 대한 역사적 의미와 인식을 통해 3·1운동 100주년의 현재적 의의를 다시 밝히는 데 이 글의 목적이 있다. 향후 중국인들뿐만 아니라 다른 외국 언론에 보이는 3·1운동의 실상을 알 수 있는 연구가 지속되기를 기대한다.

〈부록〉『국민공보』 3·1운동 기사 일람표

날짜	제목	날짜	제목
1919/2/11	高麗人之獨立運動	4/13	亡國子遺之亡國淚
2/13	高麗人之獨立運動	4/20	日本壓迫韓人之手段
2/21	可警可骇韩王暴殂消息	4/20	高麗赴法代表請願獨立
3/06	免韓人	4/20	公憤
3/07	日本吞併韓國後之惡政	5/01	日本派兵赴韓之聲辯
3/08	亡國人興感夢	5/04	日本對待韓人之一斑
3/17	前韓皇暴崩	5/13	高麗人復國請願致巴黎和會書
3/27	朝鮮暴動之原因	5/19	日人對韓之四字評
3/29	高麗亂事之擴大	5/24	西報論高麗與中國之比較
4/01	朝鮮獨立之宣言書	5/25	西報論高麗與中國之比較
4/03	朝鮮獨立運動之見聞	5/26	西報論高麗與中國之比較
4/03	高麗婦人憂憤亡身	5/30	韓京獨立之慘狀
4/06	高麗獨立之經過	6/18	韓人請願難達到
4/09	高麗獨立之經過	6/20	韓國獨立運動與和平會議
4/10	高麗獨立之經過	6/21	韓國獨立運動與和平會議
4/11	高麗女生呼籲書	6/21	韓國獨立運動與和平會議
4/12	高麗獨立風潮未平	6/24	新韓青年黨致和平會議書
4/12	高麗事日人將施手段		

제3장

해외 언론의 제암리 보도의 기억 양태와 시대적 상이성

1. 머리말

2023년 5월 17일 일본의 한 목회자가 사망하였다. 그의 사망 소식은 한국 언론에도 집중적으로 보도되었다. 그는 제국주의 일본의 침략전쟁에 대한 사죄와 반성의 상징적인 인물이기도 했다. 그의 이름은 오야마 레이지(尾山令二)였다. 그의 인생에 대한 한국 언론의 보도 가운데 하나를 인용하면 다음과 같다.

> 오야마 목사는 1945년 일제 패전 뒤 아시아 각국에 사죄운동을 전개한 바 있다. 일본 최초의 사죄운동이었다. 그는 경기도 화성 제암리교회가 일제에 의해 교회가 불타고 집단 학살을 당한 사건과 관련, 1967년 직접 제암리를 방문했다. 이후 제암리학살사죄위원회를 발족해 1,000만 엔을 모아 제암리 교회 재건과 순교기념관 건립을 지원하는 등 사죄를 행동으로 옮겼다. 2014년에는 위안부 할머니 수요집회에 참석해서도 직접 사죄했다.[1]

---

[1] 『국민일보』 2023년 5월 17일, 「"그만하랄 때까지 사죄"…오야마 레이지 목사 별세」.

오야마 레이지 목사가 사죄의 행동을 지속적으로 전개하였던 '제암리 제노사이드'[2]는 1919년 4월 15일 경기도 화성시(옛 수원군)에서 3·1운동 기간에 일어난 비극적 사건이었다. 이 지역은 다른 지역과 마찬가지로 3·1운동이 지역 전체에서 일어났다. 하지만 만세운동의 양태는 차이점이 있다. 그 가운데 하나가 서신면과 우정면에서 일어났던 일본 순사 타살 사건이었다. 이 타살에 대한 보복으로 제암리와 고주리, 인근 화수리·화산리 일대에서 학살이 일어났다.[3] 1919년 3월 말부터 보름 동안 화성시 남부 지역에서 전개되었던 시위 양상을 제압하기 위해 조선군 중위 아리다(有田)는 강력한 탄압 방식을 택했다. 전면적인 전쟁의 개시라고 여겼던 것이다. 제국 일본은 한반도 전역에서 벌어진 3·1만세운동의 현황을 시시각각으로 파악하였다. 그만큼 조선총독부 정치의 폐해와 실정이 독립만세운동으로 이어졌다고 판단했다.[4] 다만 이러한 인식은 곧바로 식민통치의 위기 의식으로 확산되어 강력한 진압과 탄압 형태로 표출되었다.

1919년 4월 15일 오후 3시 이후 화성군 향남면 제암리 주민 가운데

---

[2] 필자는 한국근대사에서 일어난 학살 사건을 유엔에서 정한 '제노사이드'로 규정되어야만 제국 일본의 반인간적 만행이 국제법과 국제사회에서 공감대를 얻을 수 있다고 의견을 개진하였다(김주용, 「1920년 간도 한인(조선인) 제노사이드에 동원된 한인 경찰 −순응, 협치, 제국의 대변자−」, 『지방사와 지방문화』 24권−2, 2021 참조). 따라서 제암리 학살사건도, 제암리 제노사이드로 정명하는 것이 바람직하다고 여겨진다. 이 글에서는 화성시의 추모행사 이름인 '제암리, 고주리 학살추모제'와 같은 행사명 이외에는 '제암리 제노사이드'로 표기하였다.

[3] 2013년 7월 주일한국대사관 창고를 이전하는 과정에서 일제강점기 독립운동, 관동대지진, 강제 동원 등으로 피살된 인물들의 명단이 수록된 3·1운동 피살자 명부 등이 발견되었다. 3·1운동 시 피살자 명단 가운데 화성시 관련 인물은 48명이었다. 제암리와 화수리, 화산리에서 학살당한 인물들이 명단에 포함되어 있었다. 이들은 대부분 일본순사들의 보복 행위로 희생당한 인물들이다. 화성시 관련 3·1운동 명부에 실린 인물에 대한 연구는 김도형, 「3·1운동시 피살자 명부를 통해 본 화성지역 3·1운동」, 『화성연구』 1, 화성시, 2019 참조.

[4] 신효승, 「일제의 제암리학살사건과 미국 선교사 기록의 형성 과정」, 『학림』 41, 2018.

15세 이상 남자들을 교회당에 집합시켰으며, 수비대는 이들을 감금하고 23명을 현장에서 학살하였다. 이른바 '제암리 제노사이드'[5]가 발생하였다. '제암리 제노사이드'는 선교사들의 노력으로 전 세계에 타전되면서 화성 지역의 3·1운동이 '제암리'로 각인되었다. '기억하는 역사'가 살아 있는 역사이듯이 제암리를 포함한 화성 지역의 3·1운동을 외국에서는 과연 어떻게 바라보았으며, 그 실상이 어떠했는지 밝히는 것은 대단히 중요한 일이다.

타자의 시선에 대한 제암리의 실상을 알 수 있는 것은 주로 사진자료이다. 특히 외국인 선교사들의 사진자료는 임시정부에 전달되어, 전 세계에 전파되기도 하였다. 3·1운동이 지니고 있는 역사성, 즉 한국독립운동사에서뿐만 아니라 한국 근현대사를 관통하면서 대한민국의 정체성을 가장 잘 나타내고 있는 역사적 사실이라는 점은 이와 같은 외국 언론 보도를 통해서도 충분히 짐작할 수 있다.

역사적 기억에 영향을 미치는 요소들은 정치적·현재적·학술적 영역에서 유래한다. 특히 20세기 동북아시아에서 일어났던 전쟁과 학살에 대한 기억은 각국의 현재적 입장에 따라 달랐다. 이러한 점에서 제노사이드 문제는 민족의 감정적 문제를 벗어나 국제사회에서 용인하고 있는 기준에 따라서 처리해야 할 것이다. 1919년 4월 15일 제국 일본이 자행

---

[5] '제암리 학살' 사건에 대한 연구는 해방 이후 꾸준히 이루어졌다. 2000년 이후 대표적인 연구 성과는 다음과 같다. 성주현, 「제암리 학살사건에 대한 재조명」, 『수원문화사연구』 4, 수원문화사연구회, 2001; 김승태, 「일제의 제암리교회 학살·방화사건 처리에 관한 소고」, 『한국독립운동사연구』 30, 독립기념관 한국독립운동사연구소, 2008; 이지영, 「제암리학살사건의 전개와 성격」, 충북대 석사학위논문, 2008; 이동근, 「제암리 학살사건을 통해 본 일제의 폭력성과 식민지 인권」, 『수원역사문화연구』 5, 수원박물관, 2015; 신효승, 「일제의 제암리학살사건과 미국 선교사 기록의 형성 과정」, 『학림』 41, 2018; 홍민지, 「역사교육방법론연구: 제암리학살사건을 중심으로」, 수원대 석사학위논문, 2019; 조성운, 「해방 이후 국사교과서의 제암리 학살사건 서술의 변천」, 『한국독립운동사연구』 78, 2020.

하였던 '제암리 제노사이드'는 스코필드(Frank William Schofield, 한국명 석호필(石虎弼))·노블(W. A. Noble) 등 선교사들의 문어(文語)를 통해 전 세계로 전파되었다. 또한 지리적으로 근접한 중국의 주요 언론에도 제암리 제노사이드가 다루어졌다. 해방 이후 일본 시민단체에서는 저들 선배들이 자행한 제암리 제노사이드에 대한 참회의 뜻으로 제암리교회를 재건해 주었다. 하지만 제암리 주민들은 1919년 4월 15일 학살에서 완전히 자유로운 상태가 아니었다. 일본 정부의 공식적인 반성과 사과도 없었으며, 특히 수용 가능하지 않은 상태에서 일본 시민단체가 화해를 강요한 것은 아닌지 검토해 볼 필요가 있다.

이 글에서는 제암리 제노사이드에 대한 기억의 시대적 상이성을 살펴보기 위해 타자의 시선으로 먼저 중국 신문에 나타난 3·1운동의 전개양상 등을 조명해 보고자 한다. 나아가 화성 지역 3·1운동의 전체상과 제암리 보도의 특징을 분석하였다. 또한 '다시 기억하기'로 해방 이후 한국 언론의 제암리 보도실상과, 가해의 주체였던 일본사회의 '강제된 용서'의 의미를 되새기면서 인류의 보편적 가치 실현의 과제를 검토하고자 한다. 또한 지자체의 '독점적' 현창사업과 그 문제점도 아울러 파악하였다. 이 글이 동북아 미래세대에 대한 평화연대의 소통의 공간으로서 제암리 제노사이드 현장으로 재탄생되는 데 밀알이 되기를 기대해 본다.

2. 중일 언론의 화성 지역 3·1운동과 '제암리 제노사이드' 보도 양태

화성지역 3·1운동에 대해서는 먼저 1919년 4월 12일자 『익세보』의 기사가 주목된다. 이 기사는 4월 4일 저녁 9시에 화성시(당시 수원군) 화수리에서 2,000여 명이 모여 독립운동을 전개하였다는 사실을 보여 주고 있다. 뿐만 아니라 일본경찰관 1인이 유탄에 맞아 숨졌다고 했다.[6] 다만 이 기사의 오류는 경찰관이 유탄을 맞고 숨졌다고 하는 데 있다. 당시 일본 경찰들은 시위대의 구타로 숨졌다.[7]

이후 『익세보』는 4월 26일자에 송산면에서 전개된 독립운동 기사를 게재하였다.[8] 이 기사에서는 일본 경찰에 체포된 한인이 79명이며, 그 가운데 7명이 순국하였

『익세보』 표지

다고 했다. 송산면 독립만세운동 당시 체포된 한인은 175명이었으며, 6명이 순국하였다는 사실로 보아 정확한 수치에서는 다소 틀린 점을 알 수 있다.[9] 이러한 기사는 『익세보』[10]와 『민국일보』[11]와 거의 동일하다. 이 기사의 통신처가 국내에서 활동하고 있던 중미(中美) 통신원이었기 때문에, 동일한 기사일 수밖에 없었다. 『시사신보(時事新報)』에도 동일한 기사가 있다.[12] 『시보(時報)』에는 송산면의 만세운동 상황을 다음과 같이 보도하였다.

---

6 『益世報』 1919년 4월 12일, 「최근의 고려」.
7 화성시, 『역주 3·1운동 재판기록』, 2015, 164~166쪽.
8 『益世報』 1919년 4월 26일, 「조선독립운동 최근상황」.
9 화성시, 앞의 책, 25~27쪽.
10 『益世報』 1919년 4월 30일, 「조선의 독립운동」.
11 『民國日報』 1919년 4월 28일, 「조선의 독립운동」.
12 『時事新報』 1919년 4월 28일, 「조선의 독립운동」.

수원 근교에서 29일 오후 3시에 1,000여명이 모여 독립운동을 전개하였다. 野口 경찰부장이 자전거를 타고 그곳으로 급히 달려가다가 굴러 떨어져 죽었다. 일본 군경에 의해 죽은 수원 독립당이 4명이고 부상자가 20여명이며 수많은 사람들이 체포되었다.[13]

위와 비슷한 내용의 기사는 『시사신보』에도 보인다.[14] 이후 『시사신보』에서는 송산면에서 숨진 노구치 경부의 기사도 게재하였다.[15] 또한 수원과 진위 두 군의 서쪽 경계 해안선 각 지역에서 지난 달에 2,000~3,000명이 독립운동을 전개하였다는 기사도 있다.[16] 화성 지역에 대한 중국의 언론 보도는 주로 우정면, 장안면의 시위와 송산면 시위에 집중적으로 나타났다. 시위 양상이 격렬하였으며, 두 명의 일본경찰이 시위 과정에서 숨졌다는 사실이 크게 부각된 결과라고 보여진다.

1919년 6월 1일 『시사신보』에는 제암리 학살에 대한 자세한 기사를 게재하였다. 일부 인용하면 다음과 같다.

> 수원에서 남쪽으로 50리 떨어진 곳에 기독교를 믿는 마을이 있었다. 한인 몇 명이 일본군대에 의하여 교회당에 갇혔다. 일본군은 4면에서 교회당에 불을 질러 한인을 그대로 불태워 죽였다. 나는 이런 소문을 듣고 과연 이러한 일이 있을까 도저히 믿지 못했다. 세상에 어찌 이런 잔인무도한 일이 또 있으랴. 나는 이 소문의 진위를 파악하기 위하여 이튿날 기차를 타고 수원으로 갔다. 군경들의 저지를 받을까 염려하여 길을 에둘렀다. 산길을 택하여 피해를 입은 마을로 향했다. 군경의 이목을 피하기 위해서였다. 마을 부근에 거의 다다라 한인들을 보고 이런 일이 있었냐고 물었다. 한인들은 대부분 머뭇거리며 대답을 피하였다. 두려워하는 기색이 역력하고 모른다고 대답하였다. 마

---

13 『時報』1919년 4월 9일. 이 기사에서 언급한 노구치 사망은 남양 지역, 즉 사강시장에서 전개되었던 만세운동에서 발생한 일이다.
14 『時事新報』1919년 4월 9일, 「한인의 독립운동」.
15 『時事新報』1919년 4월 23일, 「한인의 독립운동 열기의 만연」.
16 송산 지역을 언급한 것으로 사료된다.

을에 들어서니 많은 일본군 장교들이 그곳에서 살펴보고 있었다. 나는 앞으로 다가가서 그들에게 말을 건넸다. 다행히 그들의 허락을 받고 계속 들어가 볼 수 있었다 마을은 이상하게 조용했다. 불에 탄 민간인 가옥과 교회당을 제외하고 나머지는 80여 채였다. 여기저기에 한인들이 땅에 주저앉아 있었다. 이전에는 사람이 북적하고 번화하던 마을이 하루 사이에 잿더미로 변했다. 어제는 부모 자식 한집에서 오순도순 살았는데 지금은 과부와 고아들이 산자라 풀 속에서 기아와 추위에 허덕이게 되었다. 그들의 처참한 모습을 더 이상 볼 수 없었다. 얼마 지나지 않아 일본군 장교들이 이곳을 떠났다. 그제야 한인들은 비로소 나한테 당한 일을 알려주었다. (하략)[17]

제암리 사건에 대한 전모이며, 스코필드 박사가 직접 방문하여 기록한 내용을 기사화한 것이었다. 제암리 사건은 일제가 3·1운동을 어떻게 바라보고 있는가를 결정적으로 보여 주는 실례이다.[18] 일제가 제암리에 가한 폭력적인 탄압에 대해서『대공보』에서는 다음과 같이 보도하였다.

며칠 전 서양사람 모 박사(스코필드:필자)는 수원군 제암리에서 일본헌병에게 교회당이 불타버렸다는 것을 보고했다. 70여 살의 노부부는 슬하에 세 명의 자식과 세 명의 손자가 있었다. 어느 하루는 일본 경찰이 돌진해 와서 송곳 끝으로 무자비하게 두 노인의 얼굴을 찔렀다. 고통은 참기 힘들었으며 일본은 또 그 자손들을 위협했다. 삼노끈으로 묶고, 몇 리를 몰고 갔다. 두 노인도 그 뒤를 따라갔고 산 아래에 이르게 되었다. 두 노인이 일본 헌병에게 묻기를: "그들은 어디로 갔습니까?" 일본 헌병이 대답하기를: "이 곳에서 총살 당했다." 그 늙은 두 부모는 그 말을 듣고서는 대성통곡하며 무릎을 꿇고 일본헌병에게 애걸했다. 그들은 듣지 않았을 뿐만 아니라 오히려 두 노인을 위협해서 물러가게 했다. 두 노인은 끝까지 물러가지 않았고 일본 헌병은 총을 들고 칼로 아들과 손자의 배, 얼굴을 찔러 죽게 했다. 두 노인은 그와 같은 참

---

17 『時事新報』1919년 6월 1일,「일본이 한인을 대하는 수단」. 신문 원문에 泗汝은 중국인이 음역하여 발음으로 쓰원, 즉 수원을 말한다.
18 김선진,『일제의 만행을 고발한다』, 미래문화사, 1983, 144~147쪽.

상을 보고 같이 죽여 달라며 울며 통곡했다.[19]

3·1운동을 전면적 전쟁으로 인식한 제국주의 일본의 만행에 대해 중국인들은 자성의 목소리를 내었다. 베이징대학교의 천두슈(陳獨秀) 등이 대표적이다. 『국민공보』에서는 서양 언론사가 한국과 중국을 비교하는 기사를 1919년 5월 24일부터 26일까지 3일에 걸쳐 게재하였다. 주요 내용은 다음과 같다.

> 1) 오늘날 중국의 주권은 이미 풍전등화라 하겠다. 그러나 두 가지 일만은 주의를 돌려야 한다. 하나는 중국 관리와 중국 인민의 문제는 경계선을 나누어야 한다는 것이다. 중국 인민의 평화와 자급자족하는 문제는 부패한 관리와 다르다. 지난 몇 년 동안에 발생한 사실이 우리들에게 가져다 준 교훈으로 충분하다. 인민의 우매와 비겁함은 관료들에 비해 절대 심각하지 않다고 하겠다. 자세히 살펴보면 이런 일들은 비참하기 그지없다고 하겠다. 그들의 수효가 억 명에 이르나 모래알처럼 갈라져서 힘을 발휘하지 못하고 있다. 그들의 잘못이 아니다. 모두가 외부 세계의 압박에 의하여 저항할 힘이 없고 국민의 권리를 상실했을 뿐이다. 탐관오리들은 탐학에만 전념하고 외국의 침략을 일삼으니 백성이 병들고 나라가 욕을 당하게 되었다. 이웃 나라 한국이 20세기 아시아의 좋은 보기라 하겠다.[20]
>
> 2) 지금의 중국 미래는 모든 사람이 강가에서 손발이 꽁꽁 묶여 물에 빠진 사람이 구원을 요청하여도 어떻게 할 수 없는 상황이라 하겠다. 중국인민과 함께 지낸 바 있고 중국을 동정하는 사람이라면 중국의 광명한 역사에 감탄하고 찬란한 성과에 존경을 표한다. 그런데 오늘의 중국 상황에 대해서는 지극히 애처롭게 비통하게 생각하고 분개한다. 이 모든 것을 피할 수 있다. 한인들의 訴狀은 사람들을 감동시키기에 충분하다. 이를 널리 배포하여 각 지역의 官衙·會館·寺院·학교 등에 붙여야 할 것

---

19 『대공보』 1919년 7월 5일, 「某西人之朝鮮慘象談 我国人之殷鑒」.
20 『국민공보』 1919년 5월 25일, 「西報論高麗與中國之比較」.

이다. 만약 중국의 희망이 조금이라도 남아 있다고 하면, 옛 사람들의 기세가 조금이라도 남아 있다고 하면, 기필코 일어나서 그들의 속박과 약탈에 저항할 것이다. 오늘날 국민은 나라를 지배하는 자를 따른다. 그러나 중국인은 그렇게 못하고 있다(중국인의 행동을 보면 그렇게 할 희망이 매우 적다). 기타 각국은 각자의 책임을 다한다. 또한 각국은 하나로 단합하기를 시도한다. 일본도 여기에 속해 있다. 이것은 여러 가지 국제 문제가 복합적으로 어울려 생긴 결과라 하겠다. 그러므로 동방의 희망은 파리에 집중되었다 하겠다. 만약 세계적인 결합이 새로운 국제 사상을 바탕으로 한다면 중국은 그런대로 희망을 가질 수 있다. 그렇지 않으면 한국이 중국의 본보기가 될 것이다. 그러므로 세계 인구의 4분의 1을 차지하는 인민의 운명은 금후 6주에 달렸다 하겠다.[21]

『국민공보』가 이러한 기사를 게재한 것은 중국인들이 향후 어떠한 길을 가야 하는지 3·1운동과 한국독립운동이 그 길을 제시하고 있음을 밝히기 위해서였다. 한국의 처지가 결코 중국과 다르지 않으며, 중국 역시 외세의 끊임없는 간섭과 침략을 받아 왔기 때문에 3·1운동과 같은 전국민적 저항이 현실적으로 필요하다고 역설할 수밖에 없는 상황이었다. 이는 5·4운동 당시 베이징대학의 교수들이 학생들에게 강연했던 것과 일맥상통하는 내용이다.

『익세보』는 1919년 5월 5일자에 "4월 25일 수원군에서 일본인에 의해 예배당이 전소되었다. 교인 40여 명이 일본인에 의해 참살당했다. 비참하기로 이보다 더할까"[22]라는 기사를 게재하였다. 4월 25일은 4월 15일의 오기이다. 이처럼 중국 언론은 제국 일본의 폭압적 잔악성에 초점을 두었다.

중국 언론에 비해 일본 언론이 '제암리 학살' 사건을 다룬 것은 극히

---

21 『국민공보』 1919년 5월 26일, 「西報論高麗與中國之比較」.
22 독립기념관 한국독립운동사연구소, 『중국신문한국독립운동기사집(3)-3·1운동편』, 117쪽.

일부라고 여겨진다. 1879년 1월 25일 일본 오사카에서 창간된 오사카 아사히(大阪朝日) 신문은 일본 동서 지역의 대표적인 언론이었다. 이 신문은 오사카, 교토, 고베 등 배달이 편리한 인근 지역에는 당일 배포하고 그 외의 지역은 다음날 조간과 함께 배달하는 방식을 취했다.[23] 이 신문의 1919년 4월 제암리 사건 관련 기사는 다음과 같다.

> 지난번에 경관 두 명을 참살한 경기도 수원군 향남리에서 15일 야소교회당에 다수의 교도가 집합하여 소요를 일으켜서 우리 보병 및 오사카에서 파견된 보조헌병 및 경관이 출동하여 해산을 명령했으나 점점 난폭한 행동을 벌여 결국 발포하였다. 폭민 측에 사망자 20명 부상자 다수를 낳았다. 또한 부근 민가 10여 채가 불탔다. (하략)[24]

또한 『오사카 마이니치 신문』 1919년 4월 19일자에 「군대 경관에게 반항 폭행하다, 조선 수원군 소요 사망자 20명」이라는 기사를 게재하였다.[25] 『오사카 아사히 신문』과 내용은 대동소이하다. 주로 일본 공권력에 무모하게 대항한 한인들의 행위에 초점을 둔 것 같다.

3. '제암리 제노사이드' 기억, 선양 및 기념사업

1) 해방 이후 '제암리 제노사이드' 다시 기억하기

해방 이후 한국 언론에서는 제국 일본의 식민지배에 대한 참상을 보도하기 시작하였다. 친일의 군상, 침략의 상흔 등이 보도되었으며, 제암

---

[23] 윤소영, 「일본 신문자료를 통해 본 3·1운동-오사카 아사히 신문과 오사카 마이니치 신문을 중심으로」, 『유관순연구』 20, 2015, 169쪽.
[24] 윤소영 편역, 『일본신문 한국독립운동기사(1)3·1운동편(1)-대판조일신문』, 독립기념관 한국독립운동사연구소, 2009, 221쪽.
[25] 윤소영 편역, 위의 책, 290쪽.

리 제노사이드는 대표적인 예였다.

> 3·1운동 당시의 수원 제암동 교회 방화 학살 사건을 영구히 기념하고자 그 준비중이던 건비위원회에서는 사건 발생 당일인 지난 16일에 현지에서 수원 군민 각 단체 대표 유가족 5백여 명이 참집한 아래 추도식을 성대히 거행하였는데 식중(式中) 비 후면에 색인 이주홍서 박세영 작의 추도시는 읽는 사람으로 하여금 더한층 비분의 눈물을 머금게 하였다.[26]

1948년 『자유신문』에서는 「수원 참살 사건」이라는 제목의 기사를 통해 일제강점기 학살과 탄압, 강제 징용에 대한 사례 가운데 '제암리 학살' 사건을 다시 한번 환기시켰다.[27] 그리고 미국에서 발행한 『국민보』[28]에도 '제암리 학살' 기사가 실렸는데, 일제의 만행을 과장되게 보도하였다. 기사 내용은 다음과 같다.

> 불에 태운 예배당이 47처요, 불에 소화된 학교가 둘이오, 불에 태운 민가가 715인데, 이 중에 제일로 참혹한 데가 경기 수원 제암리인데 여기서는 일본 중위 한 놈이 동네 사람들을 무슨 유시가 있다하고 예배당 종을 울리고 예수교인과 천도교인을 예배당에 모아놓고 밖으로 문을 잠그고 불을 놓아 생사람 22명을 불에 학살을 하고, 창문으로 달아나는 사람은 총으로 쏘아 죽이고 여자와 어린아이들까지 창으로 찔러 죽이고 부근 촌락 인민까지 1,000여 명을 학살하였다.[29]

이 기사에서는 제암리 부근 주민 1,000여 명이 학살되었다고 했지만

---

26 『자유신문』 1946년 5월 4일, 「堤岩洞사건 기념비」.
27 『자유신문』 1948년 8월 17일, 「白堊殿 변천사, 학살·탄압·강제로 징용(2)」.
28 『국민보』에는 해방 전에도 제암리 제노사이드에 대해 보도하였다. 당시 기사에서는 제2차 세계대전의 폐해와 그 손실에 대해서 언급하면서 물질뿐만 아니라 인명 피해의 현상을 설명하였다. 나아가 대한의 독립을 위해 필요한 군사정책과 자금 확보를 강조하였다(『국민보』 1942년 9월 16일, 「독립금 출연독려」).
29 『국민보』 1959년 2월 25일, 「3·1절을 맞이하여 기념함」.

피해자 관련 숫자를 과장되게 표시한 것 같다. 1960년대 언론 기사는 제암리가 '학살'의 상처를 딛고 새로운 마을로 거듭나고 있다고 했다. 당시 『동아일보』에는 제암리 학살의 생존자였던 전동례의 근황을 마을 상황과 대비하여 보도하였다. 내용은 다음과 같다.

> 한 가운에 선 석탑은 대석까지 합쳐 석자나 될까? 네모진 대석 정면에는 희생된 29명의 남녀 이름이 적혔다. 약간 피라미드 식으로 솟아 오른 탑 정면에는 전 대통령 이승만 씨의 글씨로, 「3·1운동순국기념탑」이라 쓰였다. 월탄 박종화 씨가 지은 비명을 읽어 보면 마침내 음력 3월 16일 오후 1시경 일경들은 돌연 부락을 습격하여 청년 27명과 여인 2명 도합 29인을 무기로 위협하여 예배당에 감금하고 출입문을 봉쇄한 위에 석유를 뿌려 불을 질렀다. 불길은 두렁바위를 사르듯 하늘을 떨쳤고 순국열사의 기막힌 곡성은 아득히 구천으로 사라진 채 예배당은 한 줌 재로 화해버렸다. 석탑에서 불과 15미터 거리에 있는 안상균(49)씨 집을 찾아 안 씨와 어머니 전동례(65)씨를 만났다. 29명의 희생자 중 아직도 생존해 있는 유족으로는 고 안지눈씨의 부인인 전 씨 할머니와 고 안상룡씨 부인인 김순이 알머니 뿐이다. 재건된 제암교회 장로로 일을 맡아 보고 있다는 전 씨 할머니는 죄다 적어 갔는 걸요 하며 좀처럼 옛날 이야기를 꺼내지 않는다.[30]

1960년대 해방 이후 제암리에 대한 기억은 교과서에서 주로 다루었다.[31] 특히 정부의 반일감정이 교과서에 그대로 투영되어, 사건의 역사적 의미 서술은 약화되고 역사적 단순 사실만을 강조하는 서술로 변화하였다. 이는 '제암리 제노사이드'의 연구가 위축되거나 축소되는 결과를 야기하기도 했다. 다행스럽게도 2000년 이후 다양한 시각에서 '제암

---

[30] 『동아일보』 1962년 3월 1일, 「己未年 虐殺의 마을 두렁바위에 새봄은 오다 올해야 비로소「4H클럽」·「協組」생겨 再建의 鼓動 倭警들에 襲擊·닥치는 대로 監禁 禮拜堂서 靑年 29名燒殺 집집마다 放火·줄곳 監視의 網」.

[31] 조성운, 「해방 이후 국사교과서의 제암리 학살사건 서술의 변천」, 『한국독립운동사연구』 78, 참조.

리 학살' 사건을 다루는 연구 성과들이 나오기 시작하였다.[32]

한편 일본인들의 제암리 관심은 자국 중심의 역사가 반영된 기억이었다.[33] 1960년대 가지야마 도시유키의 『이조잔영』은 귀환자가 일본인의 억압된 기억에 대응하는 방법을 문학적 작법으로 표출한 것이다. 체험적 기억이 공공기억으로 이월되는 이 작품의 특징은 식민지의 기억이 공공의 기억에서 은폐될 수밖에 없음을 강조한 것이다.[34] 당시 한일협정을 체결하고자 했던 양국 정부의 분위기를 역사적 사건으로 순치하고자 했던 작품의 의도가 한국에서 연결되었던 것이다. 따라서 1965년 2월 가지야마를 초청한 조선일보사에서는 그를 친한파 작가로 포장하는 데 주력하였던 것이다. 이러한 외교적 해결 방안을 모색하고 있던 한일 양국에서는 가지야마와 그의 작품을 과거의 잔인성에 대해 가해자 스스로가 인정하는 매개체로 활용하였다.[35] 이러한 일본 작가의 시도와는 달리 직접 제암리를 찾아 수십 년간 용서를 실천한 인물이 오야마 레이지였다.

목사 오야마 레이지는 1919년 제암리 제노사이드 이후 일본인 가운데 처음 제암리 땅을 밟은 이였다. 오야마는 1967년 처음 제암리에 방문한 이후 교회를 새로 건축해야 한다고 하면서 1천만 엔 모금 운동을 일본 내에서 전개하였다.[36] 1938년도에 개축된 기와지붕의 예배당을 보면서 오야마는 교회를 새로 건축해야 한다고 결심하였으며, 모금된 1천

---

32 조윤정, 「제노사이드, 기억, 죄책감 – 가지야마 도시유키(梶山季之)의 「이조잔영(李朝殘影)」에 재현된 제암리 교회 학살의 의미 –」, 『인문과학연구』 43, 2021 ; 홍민지, 「역사교육방법론연구 : 제암리 학살사건을 중심으로」, 수원대학교 대학원 석사학위논문, 2019 참조.

33 조은정, 위의 글 참조.

34 조윤정, 위의 글, 131쪽.

35 조윤정, 위의 글, 139쪽.

36 이하 서술은 제암리 교회 목사였던 강신범 목사와의 인터뷰를 통해 정리하였다(2024년 2월 28일 유선통화).

만 엔으로 제암리 감리교단과 제암리 교회의 절충으로 교회와 유족회관을 건립하였다. 1970년 9월 20일 준공되었다. 초기에는 유족들의 반대가 심했다. 일본인의 자금을 받지 않겠다는 것이었다. 이는 일본 정부의 공식적인 사과가 없었기 때문이었다. 일본인 오야마 레이지는 2019년 3·1운동 100주년 때 대규모 일본 '사죄단'을 이끌고 제암리를 방문하였다.[37] 이 방문에서 오야마 레이지뿐만 아니라 일본 시민단체도 제국주의 일본의 한국 침략을 통렬하게 반성한다는 입장문을 발표하였다.[38] 이러한 인식은 2019년 오야마가 화성시청을 방문하여 당시 서철모 시장에게 '사죄'의 뜻을 전달하고자 하였으나, 화성시는 일본 정부의 의견이 아니기 때문에 공식적으로 거부하였다. 당시 신문기사를 인용하면 다음과 같다.

> 일본인 사죄단은 "일본의 과거 침탈을 깊이 사죄합니다. '이젠 됐어요'라고 말씀하실 때까지 계속 사죄하겠습니다"라는 플래카드를 들고 예배당 바닥에 엎드려 절하며 사죄했다. 오야마 목사는 "1967년 처음 사죄 방문한 이후 3·1운동과 4·15 제암리 학살사건 100주년을 맞아 꼭 사죄하고 싶어 교인들과 다시 오게 됐다"며 "기독교인들의 사죄보다 중요한 건 일본 정부와 정치인들의 사죄인데 그들은 아무도 사죄하지 않고 있다. 바라는 점이 있다면 (우리처럼) 사죄하는 일본인이 있다는 걸 (한국인들이) 기억해줬으면 좋겠다"고 덧붙였다. (하략)[39]

그리고 각 언론사에서는 오야마 레이지의 한국 방문에 대해 앞 다투어 보도하였다. 특히 "용서하는 사람이 축복"이라는 메시지를 전달하기

---

37 KBS, 2019년 2월 27일, 「日, 기독교 신자 10여 명, 제암리 교회 찾아 '사죄'」.
38 『연합뉴스 TV』 2019년 2월 28일, 「일본 기독교인들, 제암리 학살현장서 사죄의 눈물」.
39 『세계일보』 2019년 2월 27일, 「"일본인 용서해달라" 종교인 사죄… '곤란하다'며 거절한 화성시장」.

도 했다. 1919년 4월 제암리 제노사이드 당시 생존해 있던 사람들은 이미 세상을 떴다. 1967년 오야마 레이지가 제암리를 찾았을 때는 생존자 전동례 등이 남아 있었지만 2019년에는 누구도 생존해 있지 않은 상태였다. '강요된 용서'와 너그러운 용서 사이에 피해자들은 일본 정부의 공식적인 사죄 또는 사과를 받지 못했다.

오야마 레이지는 종교인이다. 인류의 역사에서 사회적 유대와 공통성의 감정을 촉진하는 가장 견고한 사회적 기제가 종교이다.[40] 기독교의 동정심(compassion)도 강도를 만나 피 흘리며 고통받고 있는 사람의 아픔을 나의 내장이 끊어지는 듯한 (나의) 아픔으로 느낄 수 있을 때 일어나는 감정이다. 말하자면 종교란 인간의 연장능력(extendibility)을 감정의 교류를 통해 발휘하면서, 서로 간에 사람다움을 세워나간다는 말이다.[41] 이러한 점에서 오야마 레이지는 인류의 평화공통체를 실현하는 것을 몸소 실천한 인물이라고 할 수 있다. 이러한 점은 그의 아들에게서도 나타났다.[42] 하지만 보다 근원적인 문제는 종교의 힘으로 역사의 트라우마를 진정 치유할 수 있는가이다. 제암리 교회는 상징적 공간이다. 지금도 한국 기독교의 성지 순례 장소의 하나이다. 하지만 그곳에서 순국했던 많은 이들은 천도교인들이었다. 따라서 진정 용서와 화합, 평화의 길이 모색되기 위해서는 제암리 교회 공간이 배려와 포용의 혼합 공간으로 기능해야 한다.

이러한 기조가 형성될 때 오야마 레이지가 추구했던 동북아의 평화 공간으로 제암리가 자리매김하지 않을까 한다. 제암리 교회 퇴임 목사

---

[40] 박일준, 「동북아시아 감수성 기획: 동북아 심포이에시스의 정치와 종교」, 『인문논총』 6, 2023, 76쪽.
[41] 박일준, 위의 글, 77쪽.
[42] 『국민일보』 2023년 7월 27일, 「일 과거사 사죄 부전자전」.

인 강신범이 일본에서 특강할 때 공통적으로 받았던 질문, 즉 "역사교육을 다시 배워야 한다. 역사의 사실을 감출 수 없다"는 것과 그의 답변, "진정한 아픔은 진정한 역사적 성찰을 통해 해결되지 않을까"라는 명제는 시기적으로 아직 유효하다. 이 시대는 차별과 갈등, 혐오와 전쟁이 아직도 상존한다. 이러한 현상을 타개하고 동북아 평화공생체 담론의 장으로 제암리가 전 세계인들에게 다가서기를 기대한다.

2) 지자체 주도의 현창사업

제암리 3·1운동순국기념관(이하 순국기념관)은 2001년 3월 1일 화성시 향남읍 제암리길 50에 설립되었다.[43] 건립 목적은 제암리 사건뿐만 아니라 당시의 3·1운동 정신과 수원, 화성 지역 주민들의 독립만세운동 참여 상황을 널리 알림으로써 선열들의 애국정신과 넋을 숭앙하고 사적지, 관광지로서의 위상을 높이어 지역의 역사적 의미를 대내외에 널리 홍보하는 데 있었다.

순국기념관은 건립 이후 화성문화원의 위탁으로 운영되었으며, 2021년 이후 화성문화재단에서 운영에 관여하고 있다. 다시 말하면 순국기념관 관장을 문화원장이 실질적으로 겸임하고 있는 형국이었다. 넓은 의미에서 순국기념관은 시청각교육실, 제1전시관(제암리관), 제2전시관(경기, 전국관), 제암교회, 교회사택, 23인 상징조형물, 23인 순국묘지, 3·1정신교육관, 3·1운동순국기념관으로 구성되어 있다.

조직 구성은 운영부와 전시연구부가 있는데 열악한 상태였다. 화성시의 독립운동 위상을 고려할 때 기념관의 확대 조직이 필요하다.[44] 현재

---

43 본 장은 제암리 3·1운동순국기념관의 홈페이지 및 이혜영 학예연구관의 구술을 통해 작성하였음을 미리 밝혀둔다. 홈페이지에는 기념관 조직에 대해 전혀 정보가 없었기 때문에 담당 직원의 구술을 통해 파악할 수 있었다.
44 다행스러운 것은 2019년 3·1운동 100주년을 기념하여 화성시에서는 화성시독립운동

는 전시뿐만 아니라 독립운동 교육에도 관심을 돌리고 있는 실정이다. 순국기념관은 2017년 10월 독립기념관에서 추진하고 있는 독립운동 현충시설 박람회에 처음으로 참가하였다.[45] 독립기념관에서는 2010년부터 같은 행사를 진행한 것과 달리 순국기념관이 2017년에 처음 참가하게 된 것은 화성시 선양사업의 현주소를 알려 주는 것이라 여겨진다.

화성시에서는 2016년부터 제암리 사건이 발생했던 4월 15일에 세계평화연대를 이끄는 평화도시임을 선언하는 추모제를 개최하였다. 2016년 제1회 추모제는 제암리와 고주리를 비롯하여 화성시에서 일제에게 희생당한 사람들을 기리기 위해 다양한 행사로 이루어졌다.[46]

먼저 제암리, 고주리를 비롯한 학살 사건 희생자에 대한 헌화와 분향으로 추모제가 시작되었다. 헌화와 분양이 끝난 뒤에는 학살 사건의 진상을 알리는 영상이 상영되었으며, 내외빈들의 축사와 추모공연이 뒤를 이었다. 특히 독립유공자 후손들이 평화선언 조항을 낭독하는 등 화성시가 평화의 도시라는 것을 천명하였다. 다만 '풍선 소녀상'을 행사장에 설치한 것에 대해서는 여러 의견이 있었다. 일제강점기 피해 사례에 대해 다양한 접근이 필요하다는 데 공통된 의견을 개진하였지만 행사 성

기념관(이하 기념관) 건립을 구체화시키는 것으로 알려져 있다. 그리고 2024년 4월 15일 기념관이 개관되었다. 아직 전국적으로 알려지지 않았으며, 전 세계 평화기념관으로 자리매김하기 위해서는 지자체뿐만 아니라 화성시민들의 적극적인 관심과 참여가 절실하다.

45 『화성인터넷신문』 2017년 10월 20일, 「화성시, 독립기념관 제암리 3·1운동」.
46 당시 수많은 언론 매체에서 화성시에서 추진한 추모제에 관심을 보였다. "화성시는 그동안 3·1절 행사와 같이 개최했던 제암리 학살사건 추모식을 사건당일 사건현장에서 열기로 하고 올해 처음으로 4월 15일 제암리 교회에서 개최한다고 11일 밝혔다. 이번 추모제는 '그날의 희생을 너머, 다시 평화를 말하다'라는 주제로 순국선열을 위로하고 숭고한 희생정신을 기리는 시간을 가질 계획이다. 전체기사 본문배너 추모공연과 평화의 봉화 봉수식, 평화도시 선언문 낭독, 민중들의 독립운동을 담은 마당극 '해야해야' 공연 등으로 진행된다. 추모제에는 국가보훈처장과 제암리 학살을 세계에 알렸던 스코필드박사 기념사업회 관계자, 자매결연도시 단체장, 희생자 유가족 등 1천여 명이 참석할 예정이다."(『연합뉴스』 2016년 4월 11일).

격에 따라 설치하는 것이 바람직하다는 것이 대체적인 견해였다.

2017년 제2회 제암리, 고주리 학살사건 추모제에서는 제암리, 고주리와 같이 학살의 아픈 역사를 가진 프랑스 오라두시와 필리핀 마닐라시의 대표단을 초청하고 평화액자 수여식과 평화도시 선언문이 담긴 평화의 책을 함께 오픈하는 퍼포먼스를 선보이며 평화연대를 맺었다.[47] 또한 화성시는 추모제와 함께 한국과 중국, 프랑스, 끝나지 않은 역사 기획전을 개막하고 제암리 학살 사건에 대해 아직까지 공식적인 인정과 사과를 하지 않은 일본 정부에 진심어린 반성을 촉구했다.

제암리, 고주리 학살 사건 추모제는 벌써 10년 가까운 세월 동안 이어졌다. 제노사이드라는 반인류적 행위에 대한 가해국가의 반성과 평화연대를 모색하기 위한 발걸음이다. 또한 제암리, 고주리에 국한된 희생자만이 아니라 화성시 내지 경기도 지역의 학살 희생자에 대한 추모 행사로 규모를 확대할 필요가 있다.

한편 전국 독립운동 관련 기념관 가운데 사적지를 중심으로 문화공연을 지속적으로 추진하고 있는 경상북도독립운동기념관에서는 〈락〉이라는 실경 뮤지컬을 선보이고 있다. 실경 뮤지컬 〈락〉은 일제 강점기 단식으로 순국한 향산 이만도 선생의 며느리이자 독립운동가인 김락 여사의 일생을 통해 안동의 유림과 민중이 보여 준 항일애국, 보국충절의 정신을 느낄 수 있는 뮤지컬이다. 특히 이 뮤지컬은 폐쇄된 무대 대신 실제 활동이 일어났던 건물을 배경으로 한다는 데에서 현충사적과 연결한 좋은 예라고 할 수 있다.[48]

2017년 4월 15일 순국추모제 당시 수원대학교에서 공연을 기획하여

---

[47] 『노컷뉴스』 2017년 4월 18일, 「화성시, 4.15제암리 학살사건 추모제 열어」.
[48] 김희곤, 「효율적인 현충사적 관리·활용방안」, 『국내 항일독립운동 및 국가수호 사적지 관리와 활용』, 독립기념관 학술심포지엄 발표집, 2010, 186~187쪽.

시연하였다. 이 공연은 약 2년간 제작 준비과정을 거쳐 사랑을 품고 희망을 찾는 제암리 주민들의 삶을 통해 어려운 시대를 살아가는 현대인들에게 사랑과 용기를 전달하는 취지로 제작되었다.[49] 나아가 이 공연 주체는 2017년 10월 25일 벨칸토 아트센터 대극장에서 동일한 공연을 제공하였다.[50] 제암리 현장에서 생생한 그날을 묘사한 공연은 지역민들에게 또 다른 시사점을 주기에 충분하였다.

3·1운동 100주년이었던 2019년 '제암·고주리 학살 사건' 추모제는 인근 지역인 수원시와 오산시 단체장이 모두 참석하여 3·1운동 100주년 기념 사업 교류 방안을 모색하였다. 당시 수원시장이 이 행사에 참석한 것은 처음이었다.[51] 이 행사에서 단체장들은 1919년 당시 제암리에서 일어난 제국 일본의 '제노사이드'에 대한 기념과 기억의 공유를 추진할 것을 협의하였다. 하지만 그 후 화성, 수원, 오산의 협치가 구체적으로 어떻게 진행되었는지는 확인하지 못했다. 그리고 '추모제'의 성격이 지나치게 관 주도의 정치적 이벤트로 전락한 점이 없지 않다.[52] 따라서 화성 시민이 적극 참여하는 방안, 즉 학생들의 직접 참여를 독려하는 방향으로 추모제를 진행할 필요가 있다. 무엇보다도 정치인과 광복회원들의 상시적인 참여와 함께 화성 지역 중고생들의 참여는 후속 세대들에게 추모제의 정신을 전달하는 데 공감의 장으로서의 계기를 마련하는 마중물로 작용할 것이다.

---

49 『OBS뉴스』 2017년 4월 15일, 「제암·고주리학살사건 추모제, 문화행사 풍성」.
50 『경기일보』 2017년 10월 15일, 「수원대학교 순수창작극 제암리-꺼지지 않는 불꽃」.
51 『뉴스타운』 2019년 4월 16일, 「염태영 시장, 화성 '제암·고주리학살사건추모제' 참석」.
52 2023년 4월 15일 행사도 이 범주에서 크게 벗어나지 않았다.

4. 맺음말 : 평화공생체 담론의 장

　중국의 경우 남경대학살기념관은 1937년 12월 13일부터 일제에 의해 자행되었던 대표적인 현장 위에 세워진 공공 기억의 공간이다. 1년간 700만 명 이상의 관람객이 방문할 정도로 중국의 대표적인 '다크 투어리즘'의 상징이다. 같은 '학살'이면서 규모 면에서는 비교 불가라고 할 수 있지만, 가해자가 같고 시기가 제국주의 시대라는 점에서 공통점을 보이고 있는 화성 지역의 '제암리 제노사이드'를 주제로 시대정신과 공생, 평화를 주제로 한 다양한 콘텐츠 개발이 시급하다.

　사적지는 다른 의미로 문화유산이기도 하다. 화성 지역에 산재해 있는 독립운동사적지는 화성시민뿐만 아니라 한국인들에게도 소중한 역사적 공간이자 기억해야 할 대상이다. 3·1운동 당시 전 세계가 공분했던 제암리 사건 현장을 비롯해 화성 전역에서 자행되었던 학살과 탄압의 현장은 독립운동의 역설적 공간이다. 시공간은 기억을 소환하고 그것을 기념할 때 비로소 의미를 지닌다.

　2024년 4월 15일 제암리 순국기념관 앞에 '화성시독립운동기념관'이 건립되었다. 제한된 공간 속에 축소된 기억을 기념하는 작업은 용이하지 않다. 뿐만 아니라 가해자의 용서와 그 용서를 받아들이는 피해자의 수용력은 다르다. 아직까지 동북아에서는 제국주의 전쟁의 가해자가 피해자에게 정부 차원에서 진정한 용서를 실행한 적은 없는 것 같다. 화해와 평화의 선순환은 어떠할 때 가능할까. 제암리 제노사이드 기억과 공간에 대한 화성 지역민들의 연대의식이 선행되어야 할 것이다.

　'우리 고장'에 대한 맹목적 관심과 사랑이 아니라 한국독립운동사에서 화성 지역의 독립운동사적지가 왜 의미가 있고 중요한지 보다 높은 차원에서의 관심이 필요하다는 것이다. 예를 들면 제노사이드는 전 세계가 관심을 가지고 있는 비인간적인 행위였다. 나치의 유대인 학살뿐만 아니라 남경대학살 등 제국주의 시대 이러한 만행들로 수십만 명, 수백만 명이 인간의 존엄성을 상실한 채 죽어갔다. 이에 대한 국제적인 시각을 바로 제암리 등에도 적용시켜야 한다. 화성시 차원에서 많은 관심을 보이지만 정작 지역민들에게는 먼 이야기이다. 이에 대한 적극적인 홍보가 필요하다. 최근 일제강점기 독립운동사 및 지배정책사에 대한 관심이 영화로 제작되었다. 대표적으로 영화 〈암살〉이 천만 명의 관객을 돌파할 정도로 이제 독립운동사는 진부한 영화 소재가 아니라 새로운 소재를 갈망하는 영화계에 단비와도 같은 원천이 되어 가고 있다.[53]

둘째 지방 정부가 추진하기 어렵거나 민감하게 여기는 제암리 제노사이드 활용은 민간 차원에서는 자유롭게 다루어도 좋다는 점을 인정해야 할 것이다. 독립운동사적지에 대한 지역민들의 자발적인 관심을 끌어내기 위해서는 직접 참여하는 프로그램 개발이 필요하다. 지자체가 지원하기 어려운 것은 화성시문화재단, 화성문화원 등을 통해 시민대학에 사적지에 대한 강좌를 개설하여 직접 답사를 통해 사적지에 대한 이해도를 제고하는 것이다. 나아가 일본 시민단체와의 지속가능한 연계를 통해 제암리 제노사이드의 실상을 한일뿐만 아니라 동북아, 나아가 전 세계에 알리는 위한 연대 프로그램으로 작동시킬 필요가 있다.[54] 과거를 소환하는 이유는 현재를 성찰하고 미래를 설계하는 자양분으로 활용할

---

[53] 2024년 2월 개봉된 영화 〈파묘〉에서는 직접 독립운동을 언급하지 않았지만 독립운동가들의 이름을 주연 배우들의 이름으로 사용하였다. 이 영화 역시 천만 영화로 기록되었다.

[54] 일본 리츠메이칸 대학의 국제평화뮤지엄은 일본의 침략과 아시아의 고통, 나아가 전 세계에서 현재도 고통받고 있는 인류에 대한 메시지를 전달하고자 2023년 상설전시를 교체하였다. 대주제는 '평화 그리고 평화'이다. 국제평화뮤지엄이 한국의 근현대 기념관 또는 박물관들에게 '나만' 알리지 말고 타자의 입장까지 알리고 있다는 점에서 시사하는 바가 크다.

수 있기 때문이다. 그 자양분은 동북아 평화 공생의 토대가 될 것이다. 오야마 레이지 목사의 수십 년간의 노력이 진정한 빛을 발하기 위해서는 한일 양국의 깨어 있는 시민들의 평화연대가 절실하다.

| 제4장 |

『구망일보』, 『해방일보』의 3·1운동 다시 기억하기

1. 머리말

　한국독립운동단체들은 3·1운동을 다시 기억하기 위해서 해마다 행사를 거행하였다. 한국독립운동의 총사령부라고 할 수 있는 대한민국임시정부는 1920년 3월 1일 독립선언기념식을 성대하게 거행하였다. 이후 임시정부의 독립선언기념식은 고난의 이동 시기였던 1932년 5월 이후에 간헐적으로 생략된 경우가 있었지만 해방 때까지 그 명맥을 유지하였다. 그만큼 3·1운동이 지닌 역사적 의미를 결코 잊지 않기 위함이었던 것이다. 대한민국임시정부만의 3·1절 기념식이 아니었다.

　1938년 10월 10일 후베이성 우한에서 창립된 조선의용대는 그 다음 해부터 3·1절 기념식을 거행하였으며, 1919년 3월 1일을 다시 기억하기 위한 여러 수단을 동원하였다. 언론 기고, 연극, 기념식 등을 통해 독립선언의 역사적 의미와 현재 항일투쟁을 점검하는 계기로 활용하였다.

　3·1운동은 중국 전역의 언론에서도 큰 관심을 가졌다. 이 장에서는 당대의 기사는 아닐지라도 1930년대 후반, 40년대에 걸쳐 조선의용대

의 3·1운동에 대한 다시 기념하기를 기사화했던 『구망일보』와 『해방일보』의 기사를 다루었다. 이념적 대결과 진영논리가 아니라 아픔을 공유했던 한중 간의 언론은 이 문제를 어떻게 다루었는지를 살펴보고자 했다. 1932년 제국 일본의 상하이 침공 이후 중국 내에서는 구망운동이 거세게 전개되었다. 후일 조선의용대원으로 활동했던 정율성(鄭律成)은 상하이와 난징에서 구망운동을 적극적으로 전개하였다. 1936년 봄 그는 난징 지역 항일조직인 5월 문예사의 단원으로 활동하였다. 이 단체에 가입하게 된 것은 그의 매부인 박건웅(朴健雄)의 권유와 김성숙의 소개에 의해서였다.[1] 문예사는 남경에서 활동하고 있던 구망조직 가운데 비교적 규모가 큰 편이었다.[2] 문예사 운영에 관여한 뤄칭(羅靑)은 정율성에 대해 5월문예사에서 없어서는 안될 존재라고 평가했다.[3]

문예사 창립식 때 주최자인 조우취타오(鄒趣濤)는 정율성을 초청하여 니에얼(聶耳)이 작곡한 의용군행진곡을 부르게 한 후 대회의 개막을 선포하였다.[4] 이어 뤄칭(羅靑)은 5월 문예사의 목적과 사업 방향을 설명하였으며, 특히 정율성의 경력과 조국을 떠나 중국에 와서 혁명운동에 종사하고 있는 그의 애국주의정신과 국제주의 정신을 따라 배워야 한다고 청중들에게 소개하였다.[5] 정율성의 열정적인 태도와 성격으로 5월문예사 활동에도 활력과 생기가 돌았다고 했을 정도였다. 5월문예사 발기인 가운데 하나였던 조우취타오(鄒趣濤)는 시를 지어 정율성에게 주었으며,

---

[1] 난징에서 정율성은 매부인 박건웅에게 많이 의지하였다. 김성숙과 김산 역시 박건웅의 소개로 만나게 된다.
[2] 1937년 '7·7사변'으로 인한 중국의 위기를 극복하기 위해 공산당과 국민당의 영향 하에서 조직된 통일적 군중단체로 각 지역에서 구망협회가 성립되었다. 이들 단체는 군중 속에 침투하여 항일 역량을 결집시키는 데 주력하였다.
[3] 丁雪松, 『作曲家 鄭律成』, 遼寧人民出版社, 2009, 13쪽.
[4] 김엽, 『조선의용군사』, 연변인민출판사, 2006, 51쪽.
[5] 정설송, 앞의 책, 13쪽.

이것은 '5월의 노래'라는 제목으로 탄생되어 5월문예사의 노래가 되었다. 또한 정율성은 매부인 박건웅을 통해 독립운동을 전개하기 위한 방법론과 국제 정세를 바라보는 안목을 키워나갔다. 또한 1937년 9월 박건웅을 통해 김성숙과 두쥔후이(杜君惠) 부부를 소개받았다. 조선의용대원으로 활약했던 그의 매부 박건웅과 김산의 정신적 스승이었던 김성숙과의 교류를 통해 정율성은 중국의 구망과 한국의 독립운동을 등치시켰다. 이처럼 한국독립운동가들의 활동 그 가운데 조선의용대의 활동 그 중에서도 3·1절 기념식 행사는 중국 혁명과의 연대 의식을 제고시키는 추동력의 하나였다.

이 글에서는 『구망일보』와 『해방일보』에 게재된 조선의용대의 3·1운동 다시 기억하기에 관한 기사를 검토하여 그 특징을 도출하고자 한다. 독립운동가들에게 3·1운동이 어떠한 의미였으며, 특히 중국인들에게 3·1운동의 세계사적 의미 부여를 하였다는 점을 부각시키고자 하였다.

2. 『구망일보』의 창간과 조선의용대

중국에서는 '만주사변(9·18)'과 '7·7사변'을 경험하면서 애국주의 신문들이 발간되기 시작하였다. 이것은 중국이 항일과 민주를 요구하는 시대적 배경에 부응한 것이라고 할 수 있다.[6] 또한 기존 신문들, 예를 들면 상해에서 발간된 『신보』 역시 당시 국민당 정부의 외교 정책을 비판하거나 애국주의를 함양하는 기사를 게재하는 방향으로 논조가 바뀌고 있었다. 그만큼 중국의 상황은 급변하고 있었다. 『구망일보』 역시 이러한 시대적 흐름을 안고 발행되었다.

---

6 方漢奇, 張之華 主編, 『中國新聞社業簡史』, 中國人民大學出版社, 1983, 275쪽.

1937년 8월 24일 상하이에서 창간된 『구망일보』는 1931년 9월 18일 이른바 '만주사변(9·18)' 이후 중국이 일제의 침략을 받고 있는 당시 상황을 대변한 신문이다. 이 신문은 상하이 구망협회[7]의 기관지로서 발간되었으며, 궈모뤄가 사장이며 편집장은 샤옌(夏衍)이다. 창간 당시 비용은 공산당과 국민당이 공동으로 부담하였으며, 이후에는 국민당 관련 인사들이 퇴출되면서 점차 공산당의 영향하에서 발간되었다. 각 정치 세력의 항일주장과 활동을 주로 내보냈으며, 투항과 분열 등에 대한 반대 기사도 지속적으로 실었다. 그러나 일제의 상하이 점령으로 1937년 11월 22일 제85호로 신문이 정간되었으며, 광저우(廣州)에서 1938년 1월 1일 복간되었고 그해 10월 21일 정간되는 등의 우여곡절을 겪었다.[8] 그리고 조선의용대와 본격적인 연관을 맺기 시작한 구이린으로 구망일보사가 이전하면서 2년간 발행되었다. 조선의용대와 『구망일보』가 공동항일투쟁의 공통분모를 찾게 된 것은 구망일보사 사장 궈모뤄의 활동과 연관이 있다고 할 수 있다.[9] 국공합작파인 궈모뤄는 조선의용대의 활약에 깊은 인상을 받았다고 할 정도로 한국인의 항일투쟁을 높이 평가하였다.[10]

1938년 10월 25일 우한이 함락되자 조선의용대는 대본부를 구이린으로 이전하였다.[11] 총대장 김원봉(金元鳳)을 비롯한 조선의용대원들은 동녕

---

7 상하이 구망협회는 1937년 '7·7사변'으로 인한 중국의 위기를 극복하기 위해 공산당과 국민당의 영향 하에서 조직된 통일적 군중단체이다. 이 단체는 군중 속에 침투하여 항일 역량을 결집시키는 데 주력하였다.
8 全國圖書館文獻縮微複製中心 編, 『中文報紙縮微品目錄』, 1996, 19쪽. 해방 후 1945년 10월 10일 상하이에서 『건국일보』로 계승 발간되었다.
9 궈모뤄는 한국에 대한 관심과 열정을 표했다. 그가 조선의용대원 윤세주의 순국에 대해서 언급한 것도 이와 같은 맥락에서 이해할 수 있다.
10 궈모뤄는 일제가 우한을 점령할 때 조선의용대가 끝까지 저항하면서 대적표어 및 구호를 거리 곳곳에 써놓았고 이에 대한 감동을 받은 것 같으며, 조선의용대의 애국적 행동을 높게 평가하였다(金德泉 編, 『石正烈士資料集』, 1993. 독립기념관 소장자료).
11 김영범, 『혁명과 의열』, 경인출판사, 2010, 219쪽. 『구망일보』 1939년 1월 21일자에는 조선의용대가 구이린에 도착한 시기를 11월로 비정하였다.

가(東靈街) 1호에 본부를 두었다. 이후 일제의 빈번한 공습으로 동녕가에서 시가원(施家園)으로 본부를 이전하였다.[12] 여기에서 조선의용대는 중국과의 연합항일과 관련한 문제를 토론하고 업무상 경험과 교훈을 서로 교환하여 업무수행상의 장단점을 서로 공유하기 위해 간행물을 출간해야 한다는 데 공통적인 입장을 견지하였다.[13] 1939년 1월 15일 『조선의용대통신』은 이러한 배경으로 간행되었다. 즉 한중이 서로 연합항일 공작을 올바르게 전개하기 위한 토론의 장, 경험 교류의 장, 상호 비평의 장으로 『통신』이 나온 것이다.[14]

구이린은 한중 양국의 공동항일투쟁을 논의할 만큼 문화도시이자 혁명의 도시이기도 했다. 유자명(柳子明)과 바진(巴金)이 문화생활출판사를 중심으로 교류했으며[15], 중국 군사위원회가 이전한 곳으로 양국간 공동항일전선을 구축하는 데 내외적 조건이 부합되는 곳이기도 하다. 이곳에서 조선의용대는 구망일보의 판매 보급책 역할을 담당하였다.[16] 당시 조선의용대는 구망일보사[17] 앞에서 "우리는 고향을 만리밖에 두고 부모처자들을 일본제국주의자들의 구두발 밑에서 구해내고자 중국항일전쟁

---

[12] 독립기념관 『국외독립운동사적지 실태조사보고서』 6, 52쪽. 현재 동녕가 1호는 칠성공원의 화교를 지나면 바로 오른쪽에 위치한다. 건물은 철거되었으며 원모습을 찾을 수 없다.

[13] 염인호, 『조선의용대. 조선의용군』, 88쪽.

[14] 『조선의용대통신』은 조선의용대 본부에서 발행한 기관지로서 약 3년간 지속적으로 발간되었다. 이 기관지는 조선의용대의 활동과 이념을 파악할 수 있는 중요한 사료라고 할 수 있다. 『조선의용대 통신』 관련 연구로는 염인호(「중국 桂林에서 전개한 조선의용대 대본부의 항일운동(1938.11~1940.3)」, 『한국사학보』 35, 2009), 김영범(「『朝鮮義勇隊通訊』의 旣影印刊物에 누락되었던 號·期·面들」, 『한국독립운동사연구』, 2021), 박동환(「《朝鮮義勇隊(通訊)》의 발간과 주도세력 분석」, 『한국근대연구』 99, 2021)의 최근 연구가 주목된다.

[15] 유자명, 『한 학명자의 회억록』, 독립기념관 한국독립운동사연구소, 1999, 293~294쪽 참조.

[16] 김엽, 『조선의용군사화』, 73쪽.

[17] 구망일보사 건물은 1984년 10월 8일자로 구이린시 문물보호단위로 지정 공포되었다 (독립기념관, 『국외독립운동사적지 실태조사보고서』 6, 2006, 76쪽).

에 참가한 조선의용대 전사들이다. 우리는 지금 국제의무신문판매대를 통해 민중들의 마음을 전달하는『구망일보』를 판매하고 있다"[18]라고 선전하였으며, 그 효과로『구망일보』독자들이 점차 증가하기 시작하였다.

3.『구망일보』의 3·1운동 다시 기억하기

1) 1939년 3월 1일 기사

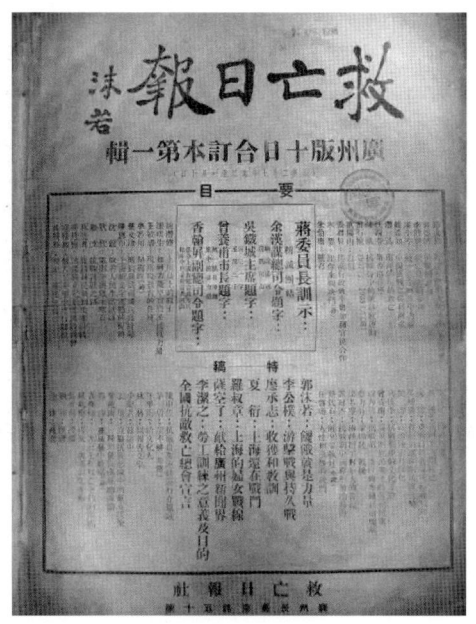

『구망일보』표지

1939년 3월 1일 구이린에서 거행된 조선의용대 3·1운동 20주년 기념식[19]에 대한『구망일보』기사는 6편이었다. 그 가운데 3편은 3·1운동 기

---

18 김엽,『조선의용군사화』, 73~74쪽.
19 이날 기념식 식순은 정확하게 파악할 수 없다. 다만 구망일보에 실린 기사를 분석해

념식과 직접적인 기사이며 3편은 기념식이 끝난 후 구이린 신화희원에서 공연한 연극 〈조선의 딸〉에 관한 것이었다. 먼저 첫 기사인 「3·1운동 제20주년 기념일을 맞이하여 삼가 중국 동포에게 고함」이라는 기사의 주요 내용은 1919년 3월 1일을 "일본제국주의 압박 아래 신흥하던 조선민족이 망국노의 족쇄를 부숴버리고 민족의 독립과 자유를 쟁취하기 위해 일치단결하여 거국적 반일애국운동을 일으킨 날"[20]로 명징화하였다. 그 위대한 날을 기념하기 위해 해외 독립운동가들의 결연한 의지를 나타낸다는 것이었다. 그리고 다음과 같이 1939년 3월 1일의 특색을 정리하였다.

> 금년의 3·1운동 기념일은 예년과는 다른 의미를 지니고 있습니다. 지금 중국 민족의 항일 전쟁이 승리를 향한 새로운 전기를 맞이하고 있습니다. 일본제국주의자들은 이미 총체적 붕괴의 길로 접어들었습니다. 우리 조선민족도 항일의 가치를 높이 들고 중국 항전에 동참하고 있습니다. 우리 조선민족 모두는 비장한 결의를 다지며 오늘을 기념할 것입니다. 예년과는 다른 의미를 지닌 금년 3월 21일을 맞이하여 뜨거운 피가 솟구치는 흥분과 감격을 억누를 수 없습니다. 위대한 3·1운동은 조선민족의 선혈로 쓰인 동방 혁명 역사의 영광스러운 한 장입니다. 반만년의 유구한 역사와 찬란한 문화를 가진 조선민족은 망국 후 10년간 이어진 일본 제국주의의 악독한 압박과 착취를 더 이상 견딜 수 없었습니다. 일본제국주의자들의 총칼은 조선인들의 육체를 만신창이로 만들고 조선인의 생명을 앗아갈 수 있었지만 결코 조선 민족의 영혼을 말살할 수 없었습니다. 조선민족은 망국 후 10년간 와신상담 끝에 마침내 1919년 3월 1일 정의의 분노를 폭발시켰습니다.[21]

위의 인용문은 3·1운동의 역사적 의미와 위대성을 중국인들에게 전

보면 기념사 위주의 기념식이 거행된 것 같다.
20 『구망일보』 1939년 3월 1일, 「3·1운동 제20주년 기념일 맞이하여 삼가 중국 동포에게 고함」.
21 『구망일보』 위와 같음.

달하고자 한 것이다. 특히 전 국민이 한반도 전역에서 참여하였음을 강조하였다. 비록 제국 일본의 군사 탄압으로 소기의 목적을 달성할 수 없었지만 3·1운동을 통해 한민족의 독립 자존과 불굴의 정신을 발휘하였으며, 이는 한민족의 앞날에 자유를 보장받을 수 있는 기틀이 되었다고 했다. 이러한 3·1운동 이후 한민족은 해외로 망명하여 줄기차게 독립항전을 펼쳤으며, 현재는 중화민족과 함께 일본파시스트를 물리칠 것을 호소하였다. 그리고 중국인들에게 다음과 같이 강조하였다.

> 3·1대혁명 20주년 기념을 맞이하여 우리는 다시 한번 중화민족을 향하여 엄숙히 맹세합니다. 조선민족과 중화민족은 동일한 전선에 서서 생사를 같이 할 동맹자입니다. 우리는 조선민족 항일투쟁의 선봉으로 중국 항전에 직접 참가할 신성한 사명을 띠고 있습니다. 우리는 3·1대혁명 당시 뜨거운 피를 흘렸던 선열의 정신을 이어받아 최후의 승리를 쟁취하는 그날까지 분투할 것입니다. 조국 광복을 위해 중화민족의 완전한 해방을 위해, 중한 두 민족 자손만대의 영광된 발전을 위해 동방민족의 영구하고 진정한 평화를 위해 인류의 정의와 공리를 선양하기 위해 우리는 피와 살을 아낌없이 희생으로 바칠 것입니다.[22]

조선의용대는 3·1운동 20주년을 기념하면서 한중 공동항일투쟁을 호소하였으며, 피압박 민족 간의 연대를 강조하였다. 조선의용대의 국제연대 의식은 지속적으로 강조되었다. 조선의용대장 김원봉은 중국의 항전을 아시아 피압박 민족 해방운동의 구심적 가치로 설정하는 한편, 조선의용대와 대만의용대 등 각 민족 무장대오의 존재는 동아시아 약소민족해방을 담보하는 반제국주의 투쟁의 역량을 일제 패망 후 동양평화를 보장하는 국제연대로 규정하고 있었다.[23]

---

[22] 위와 같음.
[23] 한상도, 『한국독립운동과 동아시아 연대』, 역사공간, 2021, 73쪽.

한편 조선의용대 이론가인 이달(李達)[24]은 자신이 겪은 3·1운동 당시를 회상하는 글을 『구망일보』에 게재하였다. 그가 기억하는 3·1운동의 상황은 크게 세 가지였다. 첫째는 태극기의 등장이었다. 1910년 8월 29일 이후 국내에서는 공식적으로 태극기를 휴대하거나 게양할 수 없었다. 이달은 유년기 동안 한 번도 보지 못한 태극기를 3·1운동 당시 직접 목도한 것이다.[25] 이달에게 태극기는 일반 농기(農旗)와는 달랐기 때문에 그 인상도 강렬했다. 둘째는 '대한독립만세'라는 구호의 등장이었다. 시위대가 이 구호를 선창하면서 시내를 행진하였던 인상이 어린 이달에게는 꽤 오래 남았던 것 같다. 셋째는 시위대를 향한 일경(日警)의 무자비한 탄압과 총격이었다. 그러면서 결코 굴하지 않는 시위대에 대한 인상도 남았다. 이달은 결론적으로 자신에게 3·1운동의 인상이 분노와 참통(慘痛)한 기억이라고 했다. 이러한 기억이 확대되어 자신이 조선의용대에서 활동하고 있음을 강조하였다.

「조선의 3·1절을 기념하며」라는 기사에서는 가슴 벅찬 3·1운동기념식과 이달 자신의 기억을 소환한 것과는 달리 3·1운동을 기념하면서 새로운 독립운동의 추동력을 발휘해야 한다는 강한 의지를 선언하였던 것이다. 무엇보다도 지난 20년간 한민족의 투쟁은 단 하루도 그친 적이 없었다고 평가하면서 이 과정에서 각 독립운동단체들도 그 세력이 확정되었다고 했다. 또한 아쉬운 점과 독립운동을 추진하면서 발생했던 문제점과 앞으로 더욱 강력한 독립운동을 전개하기 위한 연대, 융합적 형태도 적시하였다. 이를 보면 다음과 같다.

> 과거 30년에 걸친 민족해방 투쟁의과정에서 조선민족은 아쉽게도 각 혁

---

24 이달은 조선의용대의 이론가로서 조선의용대통신에도 중요한 글은 게재하였다.
25 『구망일보』 1939년 3월 1일, 「3·1운동과 나」.

명당 세력을 하나로 결집시키는 역량의 단결과 통일을 이루지 못하였다. 조선혁명자들은 자신들과 마찬가지로 민족해방 투쟁을 전개하고 있는 중국과 대만인민의 역량과의 연계에 주목하지 못하여 스스로 혁명세력을 약화시키는 결과를 초래하였다. 따라서 3·1운동 20주년을 기념하는 뜻 깊은 오늘을 맞이하여 우리는 조선의 각 당파가 연대하여 조선민족통일전선을 구축하고 한걸음 나아가 중국, 조선, 대만 항일연합전선을 성립시키기를 희망한다. (중략) 조선인민의 투쟁역량이 증대될수록 그만큼 우리의 투쟁역량도 덩달아 증대된다는 사실을 명심해야 할 것이다. 두 민족의 역량을 긴밀하게 결합시킬 때 최후의 승리는 반드시 실현될 것이다.[26]

위의 기사를 작성한 사람이 누구인지 명확하지 않다. 다만 기사 말미에 '鳴'이라고 되어 있다. 기사의 내용을 보면 중국인과 한국인이 연대하여 공동항일투쟁 전선을 구축해야 한다는 것이다. 특히 "조선인민의 투쟁역량이 증대될수록 그만큼 우리의 투쟁역량도 덩달아 증대된다"라고 적시한 점으로 보아 기사 작성자를 중국인으로 짐작할 수 있다. 중일전쟁이 발발한 이후, 중국 역시 국제적인 동지가 필요하였을 것이며 한국인들이 그 대상이 되었음을 알 수 있는 기사이다.

2) 1940년 3월 1일 기사

구이린에서 1년 반을 보낸 조선의용대는 1940년 3·1운동 기념식을 오후 2시 시가원 53호에 위치한 조선의용대 본부 강당에서 기념대회를 결정하기로 했다.[27] 조선의용대의 구이린 생활은 주로 중국군사위원회의 활동과 연계되었다. 특히 조선의용대 첫 본부였던 동녕가 1호가 일본군의 폭격으로 망실되었다. 조선의용대는 다음 본부를 시가원(施家園) 53호로 정했다.[28]

---

26 『구망일보』 1939년 3월 1일, 「조선의 3·1절을 기념하며」.
27 『구망일보』 1940년 2월 28일, 「조선의용대 3·1독립운동기념식 준비」.
28 구이린시 시가원 일대는 조선의용대만이 아니라 동방전우사도 함께 있어 이곳에서

이 시기 『구망일보』에는 중국에서 활동하고 있던 한국독립운동단체의 3·1절 21주년 기념식 행사 소식도 기사화했다. 특히 충칭 중앙사에서 보내온 전문에서 한국독립운동 단체들이 왜 3·1운동기념식을 거행하고 있는지 그 역사적 필연성에 대한 소식이었다.[29] 뿐만 아니라 이 해에도 조선의용대원 이달(李達)이 정리한 「조선혁명사상 3·1운동의 의의」라는 글도 게재되어 있었다. 그는 1939년에는 자신이 경험한 3·1운동을 『구망일보』에 실었는데, 1940년에는 한국독립운동사에서 3·1운동이 지닌 성격과 위상을 나름대로 정리하였다. 그 가운데 중요 부분을 인용하면 다음과 같다.

> 첫째 3·1운동은 반제국주의, 반봉건적 민주주의 운동이라는 의미를 지니고 있다. 조선은 일본제국주의에 의해 망국의 운명을 맞은 그 순간까지도 여전히 봉건전제왕국의 상태를 벗어나지 못하고 있었다. (중략) 3·1운동의 투쟁대상은 당연히 조선민족에 대한 도살과 약탈을 일삼는 일본제국주의였다. 그러나 이와 동시에 조선민족의 진보와 발전을 가로막는 반봉건적 전제정치 역시 혁명의 직접 대상이었다. 따라서 3·1운동에 내재된 정치적 의미는 반제국주의, 반봉건적 민주주의 정신이었다고 할 수 있다. 바꾸어 말하면 민족의 자유독립과 민주공화국의 건립이 3·1운동 당시 민족자산 계급 중 진보분자들의 정치적 목적이었다. 이는 당시 공포된 독립선언서의 내용을 통해서도 알 수 있다. 둘째 3·1운동은 결코 쇄국적인 한 민족의 다른 민족에 대한 보복 투쟁이 아니라 제국주의의 압박을 받는 피압박 민족의 반제국주의 투쟁이었다. 이러한 점에서 볼 때 3·1운동은 국제혁명의 의의를 지니고 있다고도 할 수 있다.[30]

잡지를 간행하였는데, 해바 이후 여러 차례 도시계획을 추진하면서 개발이 진행되어 예전의 모습을 확인할 수 없다. 시가원의 거리 규모는 500미터 정도이며, 지적도 등 세부 자료를 확인해야 정확한 위치 확인이 가능할 것으로 보인다(독립기념관, 『국외독립운동사적지 실태조사보고서』 6, 56쪽).
29 『구망일보』 1940년 2월 29일, 「여천에서 활동중인 조선 각 혁명단체의 3·1운동 21주년 기념식」.
30 『구망일보』 1940년 3월 1일, 「조선혁명사상 3·1운동의 의의」.

이달은 3·1운동의 미숙성과 함께 국제성을 언급하였다. 그리고 그는 3·1운동 자체가 지닌 특징을 국제적 반제국주의 운동이라고 규정하고 있다. 결론적으로 그는 3·1운동을 한국독립운동사상 가장 중요하고도 영광스러운 역사의 한 장면이었다고 평가했다.

한편 중국인 왕지셴(王繼賢)은「3·1운동과 조선의용대」라는 글에서 3·1운동의 전개 과정, 역사적 의의, 조선의용대의 성립과 3·1운동의 상관성에 대해 비교적 자세하게 언급하였다.[31] 또한 그는 3·1운동의 실패 원인으로 국제 정세의 불리함이 아주 중요하다고 역설하였다. 즉 외부로부터 아무런 도움도 받을 수 없었던 한국독립운동의 열기가 제국주의 일본의 총칼에 무참하게 무너졌다고 판단하였다. 이러한 인식은 한국독립운동의 국제연대를 강조하는 것으로 표출되었다.

> 조선의용대 동지들은 중국항전이야말로 조선이 독립을 쟁취하는 데 절대적으로 유리한 외재적 환경을 제공할 것으로 굳게 믿고 있다. 1919년 3·1운동 당시의 국제정세와 중국항전이 개시된 지 2년 반이 지난 지금의 정세는 엄청난 차이가 있다. 4억 5천만의 중국 동포들은 조선민족의 가장 충실하고 믿을 수 있는 친구이다. 중한 두 민족의 합작은 일본파시스트 군벌집단의 붕괴와 멸망을 앞당기는 원동력으로 작용할 것이다.[32]

그는 조선의용대원들 가운데 3·1운동에 직접 참여하였던 경험이 있으므로 이러한 경험을 토대로 한국독립운동에서 제2, 제3의 3·1운동이 발생할 수 있다고 전망하였다. 그의 이러한 견해는 3·1운동 때 순국한 한국의 선열들을 기리는 조선의용대원들의 지속적인 활동으로 나타난

---

31 왕지셴은 조선의용대원으로 활동한 중국인이다. 특히 그는 『구망일보』, 『조선의용대통신』에 지속적으로 한국독립운동 관련 글을 게재하였다.
32 『구망일보』 1940년 3월 1일, 「3·1운동과 조선의용대」.

것이라고 할 수 있다.

중국에서 언론 활동을 통해 한국독립운동을 실상을 알리는 데 주력하였던 안병무는 「3·1대혁명운동의 회고와 조선민족해방운동의 전망」이라는 글에서 제국주의 일본의 몰락은 시간문제이며 빠른 시기에 나타날 수 있다고 인식하였다.[33] 그의 글은 대략 세 가지 특징으로 나누어 볼 수 있다. 먼저 3·1운동이 지닌 특수성을 들 수 있다. 그는 3·1운동은 엄청난 동원력과 행동의 기밀성에 있다고 보았다. 즉 모든 한민족이 계급과 직업, 남녀노소의 구분 없이 민족적 혁명운동에 동참하였다는 점과 1918년 가을에서 겨울 사이에 계획되었던 3·1운동을 제국주의 일본이 전혀 간파하지 못하였다는 점에서 그 특징을 찾고 있다.[34] 두 번째로

---

[33] 안병무는 1912년 중국 요녕성 출신으로 본적은 평안남도 안주군이다. 그는 1930년 군사학을 배울 목적으로 상하이로 건너갔다. 상하이에서 도산 안창호를 만난 이후 본격적인 독립운동에 헌신하였다. 1939년 3월 중국군 제5군 정치부가 있는 광시성(廣西省) 취앤현(全縣)으로 가서, 중국군사위원회 궤이린행영 정치부(桂林行營政治部) 소속 제5군 소교(小校) 겸 '일본어 비서'에 임명되어, 일본군을 상대로 한 대적 선전공작의 책임을 맡게 되었다. 또 중대 정치지도원들과 하사관교육대에서 초급 일본어와 대적선전 표어쓰기, 선전구호 부르기 등을 가르쳤다. 11월 10일 자로 정치부 소속 정치공작단원에 임명되어, 정치부 제3조에서 대적 선전공작에 참여하였다. 이 사이 행영정치부에서 간행하는 『건군(建軍)』에 일본의 실정을 고발하는 글을 발표하였다. 이해 겨울에는 난닝(南寧)에서 가까운 천강전선(遷江戰線)에 파견되어 일본군을 상대로 선전활동을 벌였다. 1940년 4월 1일자로 제3조 소교로 발령받고, 일본 측 신문·전보·통신 등을 도청 번역하여 적정(敵情) 판단 자료로 제공하였다. 이어서 궤이린시 근교에 있는 중국육군군관학교 제6분교의 일본어 교관에 임명되었고, 1940년 9월 궤이린의 청년서점에서 『일본제국주의 발굽 하의 조선(日本帝國主義鐵蹄下的朝鮮)』이라는 중국어 저작을 출판하였다. 1941년 8월 중국군관학교 교관직을 사임하고, 장시성(江西省) 상라오(上饒)에 있는 광복군 징모분처(徵募分處)에 합류하였다. 징모분처에는 한국독립당 제8구당부(區黨部)도 겸하였고, 김문호·신정숙·이지일 등이 중심인물이었다. 일주일에 두 차례 상라오 라디오방송에 출연하여 한국어와 일본어로 대적선전활동을 벌였다. 또 중국 제3전구 정치부에서 운영하는 유격간부훈련반에서 일본어와 적정연구 과목의 강의도 하였다. 미국과 일본 간의 태평양전쟁이 시작된 직후인 1941년 12월 징모분처를 떠나 1943년 10월까지 전선일보사(前線日報社)에서 근무하였다. 1942년 여름 일본군의 공격을 피해 푸젠성(福建省) 북부지역의 젠양(建陽)으로 피신하여, 전선일보 자료실 주임에 임명되어, 신문을 복간하였다. 1943년 중국군 제3전구 사령부를 따라 상라오로 돌아와, 그해 10월 구이저우(貴州)를 거쳐 충칭(重慶)으로 갔다(독립기념관, 한국독립운동사인명사전, 안병무 참조).
[34] 물론 이러한 관점이 현재 3·1운동 연구의 시각에서는 실제 역사적 사건과 차이가 있

는 3·1운동의 한계성을 지적하였다. 운동 주체인 한민족의 역량이 미성숙하였다는 점, 국제사회의 원조를 받지 못하였다는 점, 국제 여론이 우호적이지 않았다는 점을 들었다. 세 번째로는 3·1운동을 통해 한민족의 혁명 역량이 제고되고 있다고 판단하였다.

> 중국 동삼성에는 지금 4~5만 명의 조선독립군이 활동하고 있다. 조선 망국의 시기의 의병운동과 3·1대혁명운동 전후 군사 운동에 뿌리를 두고 있는 이들 조선혁명군은 9·18 사변 이후에는 중국의 동북의용군과 긴밀히 연계하여 지금도 부단히 활동을 전개하고 있다. 이들 조선혁명군의 배후에는 2백여 만명에 달하는 동삼성 거주 조선 이민들이 든든한 후원자 역할을 하고 있다. 조선혁명군은 장래 조선 혁명세력이 국내로 反攻을 개시할 때 유력한 무장 세력으로서 그 역할을 다하게 될 것이다.[35]

안병무는 3·1운동을 한국독립운동사에서 가장 기념비적인 혁명운동 기념일로 평가하였다. 제국 일본의 총칼에 굴하지 않았던 조선 민중들의 저항은 실패와 한계 속에서도 질적, 양적 팽창을 거듭하였다고 했다.

4. 『해방일보』와 조선의용대

1941년 5월 16일 창간된 『해방일보』는 중국 중앙 서북국(中央 西北局)의 공식 기관지였다.[36] 1947년 3월 27일 종간되었으며, 총 2,130호를 발간했다. 『해방일보』의 성격은 창간호 발간사에 명확하게 나타나 있다. 발간사 첫머리에 "본보의 사명은 무엇인가, 전국인민이 단결하여 일본제

다고 볼 수도 있다.
35 『구망일보』 1940년 3월 1일, 「3·1대혁명운동의 회고와 조선민족해방운동의 전망」.
36 『解放日報』가 이전 중공의 발행지를 통합하여 창간한 과정은 염인호, 2008, 「해제」, 『중국신문 한국독립운동기사집(1)−조선의용대(군)−』, 독립기념관 한국독립운동사연구소, 14~15쪽 참조. 현재 상해시당위 기관지로 하루 55만부를 발행하고 있다.

국주의에 승리하는 것이며 이는 중국공산당의 노선이며, 이것이 본보의 사명이라"[37]고 명시했다. 또한 국공단결을 위해 힘써야 하며 이것이 일본과 치르는 전쟁 이외의 또 하나의 전쟁이라고 주장했다. 이를 위해 세계인민과 중국인민이 협력하여 반파시스트전쟁에 동참한다면 마침내 광명 세계가 도래한다는 것으로 발간사를 끝맺었다.

『해방일보』는 신화통신사(新華通迅社)와 통합되면서 연안의 상황을 보도하는 중요한 매체가 되었다. 『해방일보』 사장 친팡셴(秦邦憲)은 신화통신사 사장도 겸하였다. 초대 편집장은 후베이성 대오(湖北省 大悟) 출신의 양송(楊松)이 맡았다.[38] 1942년 5월 연안의 정풍운동(整風運動)이 시작되면서 『해방일보』는 당중앙의 지시로 새로운 판짜기에 들어갔다. 바로 정치적 입김이 신문 발행에도 작용한 것이다.[39] 마오쩌둥(毛澤東)의 정풍운동에 관한 연설은 『해방일보』에 자세하게 실렸으며, 민족해방 임무를 완성하기 위해, 민족의 적을 타도하기 위해 혁명적 문예공작을 추진해야 한다고 했다. 나아가 중국은 인민 해방투쟁 가운데 두개의 군대가 있다고 강조했다. 하나는 주더(朱德)총사령이며, 다른 하나는 루쉰(魯迅)총사령이라는 것이다.[40] 이러한 정풍운동을 거치면서 지면의 배치와 내용에도 큰 변화가 있었다.

『해방일보』는 발간 초기에 국민당 지구 신문처럼 매일 사설을 한 편씩

---

37 『解放日報』창간호 1941년 5월 16일자, 「사론-창간사」.
38 진방헌은 1907년 강소성 무석에서 출생했다. 그는 1924년 무석진보청년단체에 참가하였으며, 1925년 중국공산당에 입당했다. 1926년 소련에서 유학하였으며 1930년 12월 중국공산당청년단 중앙선전부부장을 역임하는 등 선전과 언론활동에 발군의 실력을 보였다. 하지만 1946년 비행기 사고로 유명을 달리했다. 양송은 1907년 호북성 황안에서 태어났으며, 1926년 중국공산주의청년당에 가입하였으며, 1927년 소련에서 유학하였다. 1931년부터 1933년까지 블라디보스톡 태평양직공회중국부 주임을 역임하고 1938년 중공중앙비서장겸 선전과 과장을 지냈다(方漢奇 主編, 앞의 책, 528쪽).
39 염인호, 앞의 글(해제), 16쪽.
40 朱鴻召, 2007, 『延安日常生活的歷史』, 廣西師範大學出版社, 108쪽.

실었다. 제1면에는 국내외 소식과 사설, 제2면에는 국제 소식, 제3면은 국내 소식 가운데 후방 소식, 제4면은 변구 소식이었는데 정풍운동 후에 국제 소식은 대폭 축소되었고 중공의 각 근거지 소식 등 전황 상보가 실렸다.[41] '外' 보다는 '我'를 중시했다. 이러한 가운데에서도 한국 관련 기사가 꾸준히 게재된 것은 연안에서 활동했던 조선의용대(군)와의 관계가 절대적이었을 것이다.

『해방일보』에 실린 한국 관련 기사는 조선의용대(군)와 관련된 기사가 눈에 띠게 많다. 반소탕전에 희생당한 윤세주를 비롯한 조선의용대원들의 추도식 장면을 생생하게 보도함으로써 한중 항일공동투쟁 뿐만 아니라 동방 피압박민족의 유대를 강화한다는 측면에서 상당한 파급 효과를 거두었을 것이다. 그다음에는 한국독립운동사의 일반론에 관한 한국인의 원고를 그대로 게재한 경우를 들 수 있다. 이림(李林)의 「조선민족해방운동사」를 연이어 게재할 정도로 한국독립운동에 대한 관심을 표명했다. 3·1운동 기념식 및 국내에서 조선인들의 항일운동이 고조되고 있다는 기사를 게재하여 연안 지역 항일투사들의 항전의식을 제고하려고 했던 것 같다. 이밖에도 식민지 조선의 현황을 보도하고 있었다. 예를 들면 조선총독 미나미(南次郞)의 경질 소식이라든가 일제의 전시동원체제 구축 등 태평양전쟁의 전황과 일제의 총동원체제 관련 소식들을 실었다.

5. 『해방일보』의 3·1운동 다시 기억하기

중국의 진보적 신문『해방일보』에는 비교적 상세한 3·1운동 기사가 실려 있다. 1943년 3월 1일자 기사는 중국 각지에서 거행된 3·1운동 24

---

41 염인호, 앞의 글, 16~17쪽.

주년 기념식 상황을 상세하게 보도하였다. 특히 충칭에서 거행된 대한민국임시정부의 3·1운동 기념식 행사를 소개하였다. 이 행사는 2월 28일 충칭시 생활운동규범구 대강당에서 혁명사진 전시회와 함께 거행되었다. 이때 참석한 한중 인사는 300여 명이나 되었다. 당시 기념식 개회사는 쓰투더(司徒德)[42]가 맡았다. 그는 "한국혁명은 이제 연합국 반침략전쟁의 한 축을 이루게 되었다. 한국혁명의 앞날은 광명으로 가득하다. 오늘 이 자리를 통해 한국 혁명 성공을 미리 축하해도 좋을 것이다"라는 간단한 개회사를 하였다.[43] 사도덕에 이어 펑위샹[44]이 치사(致辭)하였다. 그의 치사 내용은 중국과 한국이 공동으로 제국주의 전쟁에 참여함으로써 승리를 거둘 수 있으며, 그것이 곧 한국의 독립으로 연결될 수 있다는 것이었다. 다음으로 연단에 오른 임시정부 외무부장 조소앙은 다음과 같이 역설하였다.

3·1운동 당시 2백만 명의 한인이 반일운동에 동참하였지만 중국의 정신적

---

42 司徒德은 1943년 잡지 『자유동방』을 창간하여 사장으로 활동하였다. 본사는 충칭 상청사 232호에 있었다. 이 자지에는 송경령(宋慶齡)·손과(孫科)·장계(張継)·소력자(邵力子)·장도번(張道藩)·오철성(吳鐵城)·장서만(張西萬)·양한조(梁寒操)·김규식·이우방·양순부·조소앙 등이다. 임시정부 요인으로 김규식과 조소앙이 참여하였다.
43 『해방일보』 1943년 3월 1일, 「중한문화협회 중경에서 한국 3·1운동 24주년 기념식 거행」.
44 중국 군벌 가운데 한 사람이며, 국민정부에 합류하여 한국광복군 성립식에도 참석한 인물이다. 펑위샹(冯玉祥, 1882년 11월 6일-1948년 9월 1일)의 본명은 펑지산(冯基善)이다. 허베이 창저우 창현 태생으로, 어려서부터 바오딩(保定)에서 자랐다. 펑위샹은 병영에서 자랐다. 열여섯 살 때 펑위샹은 입대하여 위안스카이가 건설한 신군에 참가했다. 신해혁명 때, 부대를 이끌고 루안저우 봉기에 참여했다. 1924년 10월 펑위샹은 베이징 쿠데타를 일으켜 차오쿤 직계 정부를 전복했다. 9·18사변 이후 차하얼 항일동맹군 총사령관과 제3, 6전구사령관이 되었다. 1937년 7월 중일전쟁 이후 그는 군사위원회 부위원장 자격으로 단결을 호소했다. 항전 승리 후, 반내전을 견지하고, 중국 국민당 혁명 위원회를 조직하기 시작했다. 펑위샹은 1947년부터 내국인의 애국민주운동을 적극 지지했습니다. 이후 중국인민협상회의 주비공작에 참여하였다가 1948년 서거하였다. 중화민국시대 서북군의 통솔자와 서북 최고의 군정수뇌부 가운데 한명이었다(바이두 참조).

인 동정 외에는 외부로부터 어떠한 도움도 얻지 못하였다. 동맹국들이 하루속히 한국 임시정부를 승인해주기를 바란다. 유럽의 망명정부들이 동맹국으로부터 승인을 얻을 때마다 이를 지켜보는 한인의 마음은 착잡하기만 하다. 한국 혁명지사들은 일본인들에게는 심장에 놓인 폭탄과 같은 존재이다. 수시로 폭발할 수 있는 존재들로 여겨진다.[45]

조소앙은 중국과 연합국이 하루속히 대한민국 임시정부를 승인해 줄 것을 청하였다. 그의 이 같은 언사는 1922년 10월 신규식이 호법정부의 쑨원을 만나서 이야기 한 이후 임시정부의 숙원이었다. 이 기념식은 한국 청년들이 한국 가곡을 합창하는 가운데 정오 무렵 마감되었다.

다음날인 3월 1일 같은 장소에서 한교(韓僑) 300여 명이 모인 가운데 오전 10시부터 3·1절 24주년 기념행사를 거행하였다. 임시정부 내무부장 조완구의 개회사에 이어 김규광(김성숙)의 연설이 있었다. 이어서 한국청년회 대표 안원생, 한국애국부인회 대표 방순희 등의 치사가 있었다. 충칭에서는 한중 양국 인사들의 3·1절 기념식과 한인들의 기념식이 따로 거행되었던 것이다.[46]

한편 1943년 3월 1일 조선의용군의 활동 중심지인 옌안[47]에서도 기념

---

45 『해방일보』 1943년 3월 1일, 「중한문화협회 중경에서 한국 3·1운동 24주년 기념식 거행」.
46 『해방일보』 1943년 3월 2일, 「연안에서 활동중인 조선우인들 3·1혁명 기념식 거행」.
47 옌안은 팔로군의 근거지이자 조선의용군 계열의 인사들이 활동했던 거점이었다. 1944년 팔로군은 비교적 안전한 이곳에 조선혁명군정학교를 건립하고 화북 각지에 있는 의용군 대원들을 결집시켜 군사훈련과 정치학습을 실시하기로 결정하였다. 옌안에 조선의용군들이 도착한 시기는 1944년 4월 7일이다. 조선의용군의 시급한 문제는 인적자원의 확보였다. 그것도 훈련받은 숙련된 인적자원이 필요했다. 군사훈련과 정치학습을 실시하기 위한 학교 건립이 절실했다. 조선군정학교 옌안총교의 건교사업은 6개월간에 걸쳐 진행되었으며, 정식 개학은 1945년 2월 5일에나 가능했다. 이 학교는 타이항산청년학교의 학생들과 진서북, 진찰기, 기열료 의용군에서 온 학생들로 구성되었다. 이 학교는 조선독립동맹과 의용군 총교이고 태항산, 산동, 신사군 지구에 있는 학교들은 이 학교의 분교들이다. 이 학교는 옌안에서 동쪽으로 8리 정도에 위치하고 있으며, 산기슭에 위치한 나가평이라는 곳에 자리잡고 있었다. 건너편에는 노신예술학원이 있었는데, 나가평은 자그마한 수공식 종이공장이 하나 있었으며,

식이 거행되었다. 주지하듯 옌안에는 이미 1942년부터 조선의용군들의 활동하고 있었으며, 일부는 타이항산 지구로 이동하면서 독립운동을 전개하였다. 이날 옌안 청년구락부에는 태극기와 함께 한반도 그림이 걸려 있었다. 기념식장 사방 벽에는 한글과 중국어로 쓰인 '3·1혁명을 기념하여 조선인민의 투쟁 정신을 발양하고 조국해방을 쟁취하자', '중한 민족이 단결하여 일본제국주의를 타도하자'라는 표어가 나붙어 있었다.[48]

오후 1시 정각 '조선의용군이여 전진하라'라는 합창이 울려 퍼지고 개회가 선언되었다. 바로 조선혁명 선열을 애도하는 묵념이 3분간 이어졌다. 대회 주석을 맡은 왕웨이(王巍)가 간단한 개회사를 하고 이어서 김두봉(김백연)이 연단에 올라서 다음과 같이 연설하였다.

> 전 세계 파시스트 세력은 이미 멸망의 길로 접어 든 반면 반파시스트 진영의 역량은 날이 갈수록 증대하고 있다. 특히 소련 홍군이 거둔 위대한 승리는 전 세계 피압박민족에게 엄청난 흥분을 안겨주었다. 한민족의 해방은 시간문제일 뿐이다. (중략) 현재 세계 정세는 우리에게 유리한 방향으로 전개되고 있다. 그러나 최후의 승리를 쟁취하는 순간까지 우리는 결코 긴장을 늦추거나 노력을 게을리 해서는 안된다. 승리는 쟁취하기 위해 모든 한민족이 단결하여 조선민족통일전선을 건립해야 한다.[49]

김두봉의 연설에 이어서 중국인 등발, 오로의 연설도 한민족의 대동단결을 언급하는 내용이었다. 이날에는 인도네시아인, 일본인 무전강 등이 참석하여 24주년 3·1절을 축하하였다. 이날 행사는 오후 4시에 산회되었고, 저녁에는 간단한 축하 행사도 거행되었다.

대부분 한인 독립운동가들이 거주하고 있었다(김주용,「정율성의 생애와 항일민족운동」,『동국사학』 51, 2011 참조).
48 『해방일보』 1943년 3월 2일,「연안에서 활동중인 조선우인들 3·1혁명 기념식 거행」.
49 위와 같음.

타이항산에서는 화북조선독립동맹·화북조선의용군·화북조선혁명학교 등이 합동으로 3·1운동 24주년 행사를 거행하였다. 이날 무정(武亭)은 축사에서 3·1운동의 교훈을 잊지 말고 더욱 한민족이 단결하여 독립을 쟁취할 때까지 지속적인 투쟁을 전개해야 한다고 강조했다. 뒤이어 최창익이 3·1운동의 경과를 보고한 뒤 조촐한 만찬과 축하 공연이 펼쳐졌다.[50]

1944년 3·1절 기념식 관련 언론 보도는 좀 이색적이다. 화북조선독립동맹에서는 3·1절 25주년을 맞이하여 향후 2개월을 확대 선전 기간으로 설정하였다. 그리고 다음과 같은 내용을 각 하부 단위에 통고하였다.

> 첫째 3·1절은 조선독립운동 역사상 가장 위대하고 영광된 혁명기념일이다. 각 분명은 이날을 기념하여 성대한 기념식을 개최하는 동시에 각 항일근거지와 적 점령구역에 거주하는 중국 인민을 향해 3·1운동 이래 조선민족의 반일투쟁 상황, 특히 현재 우리 동맹과 의용군의 활동상황을 널리 선전해야 할 것이다. 둘째 3월 1일부터 2개월간 화북의 모든 조선 거류민과 적국 내 조선사병을 대상으로 공황상태에 빠진 독일과 日寇의 상황, 현재 현지 거류민의 비창한 실상을 근거로 확대 선전공작을 전개한다.[51]

특히 3·1운동의 위대한 정신을 널리 선전하여 민족적 자존감을 제고시키고 조국 독립에 대한 열망과 의지에 대한 믿음을 한민족에게 확고하게 심어 주고자 하였다.

『해방일보』에는 연안 지역에서 1944년 3·1운동 기념식이 거행되었는지에 대한 기사가 보이지 않는다. 다만 화북조선독립동맹이 25주년 3·1운동 기념식을 거행하였다는 기사가 실려 있다. 태항산에서 거행된 3·1

---

50 『해방일보』 1943년 3월 10일, 「太行 조선독립동맹 등 3·1운동 기념식 개최」.
51 『해방일보』 1944년 2월 15일, 「화북조선독립동맹, 3·1절을 기념하여 향후 2개월을 확대선전기간으로 설정」.

운동 기념식에는 무정의 연설, 김창만의 연설 등이 있었다.[52]

한민족이 해방된 해인 1945년 3월 1일에도『해방일보』에는 어김없이 3·1운동 기념식 행사 장면이 실렸다. 연안에서 활동하고 있던 조선독립동맹은 나가평 조선혁명군정학교에서 기념식을 거행하였다. 이날 기념식 중앙에는 3·1독립운동 민족대표의 한 명인 의암 손병희의 대형 초상화가 걸려 있었다. 이날에도 김두봉은 제국 일본의 대한제국 강점의 야만성과 폭압성이 3·1운동의 직접적 원인이 되었다고 강조하였다.[53] 한편 오카노 스스무(岡野進)[54]는 다음과 같이 3·1운동의 의의와 향후 민족운동의 방향성을 강조하였다.

> 당시 조선과 소련은 공히 혁명의 단계에 있었다. 그러나 소련 혁명은 성공하고 조선혁명은 실패하였다. 그러나 조선 혁명이 실패한 원인은 당시 조선의 통치자는 강력한 무력을 갖춘 일본제국주의였다. 그러한 반면에 조선인민은 통치자에 맞설만한 자체적인 무력을 갖추지 못하였다. 또한 당시 조선에서는 엄격한 기율과 조직을 갖추고 혁명을 영도할만한 중심조직이 존재하지 못하였다. 그러나 현재 조선혁명의 내외적인 상황은 그때와는 확연히 다르다. 첫째 현재 日寇의 세력은 엄청나게 약해져 있다. 둘째 조선인민은 이미

---

52 『해방일보』1944년 3월 4일, 「화북조선독립동맹 3·1혁명절 기념식 거행」.
53 『해방일보』1945년 3월 3일, 「연안에서 활동중인 조선독립동맹 동지들 3·1독립운동 기념식 거행」.
54 노자카(1892~1993)는 가명 오카노 스스무(岡野進)와 린저(林哲)로 일본 공산당의 창시자이자 주요 지도자 중 한 명으로 1940~1945년 중국 옌안에서 5년 넘게 생활하며 일본군 포로를 개조 교육하는 일본공농학교 창설에 참여해 일본 인민반전동맹을 이끌었으며, 중국 침략 일본군에 대한 다양하고 생산적인 정치선전사업을 벌여 일본군을 와해시키는 역할을 했으며, 일본 제국주의를 물리치는 데 크게 기여했다. 옌안(延安)에 있는 동안, 노자카 참조(野坂三)는 또한 '일본문제연구실'의 업무를 이끌었고, 『해방일보』에 일본 문제에 관한 많은 사설을 쓰고, 일본의 정치, 경제, 사회 상황을 소개하는 칼럼을 썼으며, 일본에 관한 많은 서적 자료를 번역 출판하여, 중국 공산당의 대일 연구에 귀중한 자료를 제공하고, 많은 일본 연구 인재를 양성했다. 5년 넘게 옌안에서 겪은 경험을 통해 노자카는 중국 공산당 지도자와 항일 근거지에 대한 독특한 관찰을 통해 마오쩌둥에 대해 "이론을 교조로 생각해 본 적이 없으며, 그는 이론을 실제 정책의 지도 방침에 항상 적용했다"며 "농민과 민중의 목소리에 귀를 기울이는 것을 좋아했다"라고 말했다(바이두 참조).

무장역량을 갖추었고 혁명을 영도할만한 조직도 완비되었다. 무엇보다도 혁명성공 시기가 성숙되었다. 또한 조선혁명을 지지하고 원조하는 외부의 도움도 기대할 수 있다.[55]

오카노 스스무는 국제 정세와 한민족의 내적 투쟁력이 제고되었다고 해도 민족적 단결이 선행되지 않는다면 혁명을 성공하기는 어렵다고 판단하였다. 따라서 민족적 단결이 이루어진다면 최소 2~3년 이내에 조국광복을 쟁취할 수 있을 것으로 판단하였다.

조선혁명군정학교 기념비

6. 맺음말

근대 제국주의 일본의 식민지 통치에 저항했던 민족의 서사 가운데 3·1운동은 가장 강렬한 사건이었다. 『구망일보』와 『해방일보』에서는

---

[55] 『해방일보』 1945년 3월 3일, 「연안에서 활동중인 조선독립동맹 동지들 3·1독립운동 기념식 거행」.

1919년 당시의 상황을 기사화한 것이 아니라 1930년대 말 1940년대 초반 제2차세계대전의 소용돌이 속에서 한국인들이 어떻게 3·1운동에 대하여 기억하고 기념하는지에 대한 관심을 기사화한 것이다. 따라서 이 글에서는 타자의 시선으로 3·1운동의 역사적 위상을 재정립하고자 하였다. 즉 3·1운동의 인식에서 『구망일보』와 『해방일보』의 차이점과 공통점을 정리하면 다음과 같다.

첫째, 『구망일보』의 3·1운동 다시 기억하기는 3·1운동에 직접 참여했던 인물들의 회고담과 함께 3·1운동의 역사적 의의를 특징적으로 다루었다. 예컨대 이달이 직접 3·1운동을 목도하고 혁명가의 길을 가게 되었다는 경험담과 이를 한 단계 발전시킬 수 있는 방안으로 민족해방운동의 방략을 제시하고 있다는 점이다.

둘째, 『해방일보』는 한국독립운동 세력들의 3·1운동에 대한 기억과 소환, 기념식 행사를 주로 게재하였다. 이는 『구망일보』의 경우도 마찬가지이지만 『해방일보』는 충칭(重慶)에서 거행된 대한민국임시정부의 3·1절 기념식 진행 상황을 비교적 자세하게 소개하였다. 뿐만 아니라 독립운동 노선이 다른 조선의용군의 3·1절 기념식 상황도 김두봉의 연설문을 소개할 정도로 많은 지면을 할애하였다.

셋째, 두 신문에서는 한국독립운동 세력이 3·1절을 소환하고 기리는 진정한 의미에 대해서 공통점을 가지고 있었다. 무엇보다도 3·1운동이 폭발하게 된 원인에 대해서 이를 식민통치의 폭압성으로 진단하였으며, 한국독립운동 세력은 3·1운동을 기점으로 민주공화정을 지향하면서 한중 공동항일투쟁 세력을 형성하는 데 중요한 역할을 하였다고 보았다.

마지막으로 항전에 참여했던 중국 측의 현실적 문제를 해결하기 위함이라는 특징적 보도 태도를 지적할 수 있다. 중국의 내부 결속을 위해 중국 항전에 참여한 중국인들에 대한 메시지였다. 중국인들은 3·1운동

이후 한국의 독립운동에 대한 지대한 관심을 보였다. 적어도 언론에서는 말이다.

요컨대 『구망일보』와 『해방일보』는 국공합작이 추진되면서 국민혁명군 팔로군의 항전 독려와 그 위상을 높이는 기사를 많이 게재하였다. 따라서 조선의용대의 활동은 이들이 중국인들에게 항전을 홍보할 수 있는 실질적 대상이자 상징적 우호 단체였다. 그래서 『구망일보』와 『해방일보』의 기자들은 조선의용대의 각종 행사 가운데 3·1운동 기념식 행사에 대해서 지대한 관심을 가질 수밖에 없었다. 이를 통해 중국의 항전 회복력을 극대화시키고 나아가 한중 공동항일투쟁을 전 세계에 홍보할 수 있었다.

제2부

한인(조선인) 제노사이드와 해외 언론

| 제1장 |

창사 『대공보』의 경신참변에 대한 보도의 성격

1. 머리말

 1920년 10월 2일 새벽 대규모의 마적단과 한인들이 북간도 훈춘 영사분관을 습격했다는 전문이 경원 일본군 수비대에 접수되었다. 이른바 '훈춘사건'이 세상에 공식적으로 알려지는 순간이었다. 3·13운동 이후 지속적으로 성장해 온 북간도 지역 한인 독립운동단체에게 훈춘사건은 크나큰 재앙이기도 했다. 이 사건을 빌미로 일제는 대규모의 병력을 간도에 파견하였다. 일제의 '간도출병'은 독립운동의 책원지인 간도 지역을 '쇄토'하려는 치밀한 계획이자 반인류적 행위의 상징처럼 화석화되었다. 훈춘사건과 '간도출병'은 쌍생아처럼 각 언론에 보도되었다. 특히 국내에서는 『매일신보』가 선봉이 되어 일본군의 간도출병을 정당화하는 다양한 기사를 게재하였다.[1]
 훈춘사건과 '간도출병'에 대해서는 일본 연구자들에 의해 논의가 본

---

1 국내 발행 『매일신보』의 보도 양태에 대해서는 황민호, 「1920년대 초 재만독립군의 활동에 관한 『매일신보』의 보도 경향과 인식」, 『한국민족운동사연구』 50, 2007」 참조.

격적으로 진행되었으며, 한국과 중국의 학자들이 그 논의를 심화시키는 방향으로 연구가 전개되었다.[2] 그에 비해 '간도출병'의 폐해와 북간도 한인사회를 유린한 경신참변에 대해서는 덜 주목하다가 2000년 이후 '간도출병'으로 인한 경신참변의 폐해를 집중 조명하는 연구들이 나왔다.[3] 하지만 중국 현지에서 발생한 사건임에도 불구하고 중국 측 언론 보도에 대해서는 거의 다루지 않았다.[4]

필자는 여기에 주목하면서 경신참변[5]에 대해 비교적 소상하게 보도하고 있는 창사『대공보』[6](이하『대공보』)의 신문기사를 분석하여 훈춘사건과 경신참변의 전개와 그 영향을 파악하고자 했다.『대공보』는 1915년 발행된 이후 1919년 5.4운동을 계기로 신문의 틀이 크게 바뀌었다. 무엇보다도 백화문을 채택하였으며, 문화운동의 중심에서 당시 많은 신문들이 군벌들의 지배하에 있었지만『대공보』는 외부의 영향력에서 자유롭기 때문에 보다 객관적인 논조의 기사를 많이 내보낼 수 있었다. 특히 외세에 대한 중국에 대한 간섭에 중점을 둔 기사들을 독자들에게 보임으로써 중국이 놓여 있는 현실, 즉 신해혁명 이후 공화제에 목말라 있던 중

---

2 東尾和子,「琿春事件と間島出兵」,『朝鮮史研究會論文集』14, 1977; 김동화,『중국조선족독립운동사』, 느티나무, 1991; 김주용,「日帝의 間島地域 通信支配體制構築에 관한 연구」,『史學研究』71, 2003.

3 김춘선,「경신참변연구」,『한국사연구』111, 한국사연구회, 2000; 박민영,「경신참변의 분석 연구」,『국사관논총』103, 2003; 김주용,「1920년 제국주의 일본군의 간도침략과 한인 대학살」,『만주연구』31, 2021.

4 김춘선의 연구나 김동화의 연구에서는『길장일보』를 주로 인용하였는데 주로 5회 정도의 기사를 분석하여 게재하였다.

5 경신참변, 경신년대토벌, 간도참변, 간도출병, 간도사변 등으로 쓰이고 있다. 상해임시정부기관지『독립신문』에서는 간도사변으로 통칭했으며, 중국에서는 경신참변, 간도참변이라는 용어가 혼용되었다. 본고에서는 광란의 학살현장 즉 제노사이드라는 측면을 부각한다는 의미에서 경신참변으로 사용하였다.

6 『대공보』는 천진, 상해 등에서도 발간되었다. 장사『대공보』는 1915년 9월 1일 창간되었으며, 1917년 12월 12일부터 세 차례 휴간을 하였으며, 1947년 11월 30일 정간되었다. 이처럼『대공보』는 1915년 창간한 이래 한국독립운동에 관련된 기사를 지속적으로 게재하였다.

국인들에게 국가의 운명에 대한 길잡이 역할을 수행하였다.[7] 따라서 이 글에서는 일제가 대륙 침략을 본격적으로 시도하려 했던 그 시발점이라 할 수 있는 경신참변에 대한 관심, 나아가 이를 중국의 안위와 연결시켜 상세하게 보도했던 『대공보』의 기사를 분석하려 했다. 『대공보』에는 훈춘사건과 경신참변, 청산리대첩 관련 기사가 38건이다. 이 가운데 중복된 기사를 제외하면 30건의 기사가 약간의 시차를 두고 비교적 상세하게 다루어졌다.

먼저 이 글에서는 먼저 훈춘사건에 대한 기사 분석, 특히 중국 측에서 한인과 일본을 바라보는 인식을 통해 중국 대응의 일단을 살피려 했다. 둘째 '간도출병'과 일제가 저지른 한인사회에 대한 반인류적 만행을 언론의 생명인 생생한 보도를 통해 분석하고, 셋째 독립운동 기사를 분석해서 한국독립운동에 대한 시각을 교정하려 했다. 『대공보』에서는 훈춘사건이 진행되면서 중국에서 자행하고 있는 일본제국주의의 침략의 본질에 대해서 중국의 대응이 필요하다고 역설했다. 요컨대 이 글의 목적은 『대공보』에 실린 기사를 통해 훈춘사변과 경신참변의 경과를 중국인의 눈으로 다시 조명함으로써 일제가 교묘하게 포장한 훈춘사건과 연동된 간도침략과 경신참변의 실상을 재정립하려는 데 있다.

2. 훈춘사건과 중국의 인식

1919년 3·13운동을 기점으로 북간도 지역 독립운동 세력들의 국내 진공작전은 더욱 치밀하게 진행되었다. 국경선 부근을 중심으로 독립군 세력의 압박이 커지자 일제는 대륙 침략의 구실을 만들기 시작하였다.

---

[7] 喩春梅, 「長沙 大公報與五四新文化運動」, 『湘潭大學學報』 제35권 제3기, 2011, 134쪽.

1920년 4월 28일 봉천일본총영사 아카츠가(赤塚)는 장쮜린(張作霖)에게 서북간도 일대에 중국 군대를 증파하여 '불령선인단체'의 단속을 요구하였다. 그해 5월부터 8월까지 서북간도에 대한 치안 유지가 한반도의 안정을 위해 가장 필수적인 요소라고 인식한 일제에 의해 봉천회의가 세 차례 열렸다.[8] 봉천회의는 항일독립운동단체의 '토벌'에 초점을 두었다. 하지만 자발적인 협조가 어렵다고 판단한 일제가 장작림을 강요하는 수준에까지 이르렀으며 보다 확실한 방법은 일본군의 출병이었다. 바로 '훈춘사건'이 조작되는 시점이다.

1920년 8월에 일제는 '간도지방불령선인초토계획'에 의거하여 간도지역에 출병하여 독립군을 '토벌'하기로 결정했다.[9] 하지만 중국령에 대규모의 군대를 파견하기 위해서는 그에 적합한 명문을 찾아야 했다. 두 차례에 걸쳐 진행된 훈춘사건은 일제가 마적을 이용하였다는 데 그 특징이 있다고 할 수 있다. 1920년 10월 2일 두 번째 훈춘사건은 마적 장강호가 대규모의 인원으로 훈춘영사관을 공격한 것을 말한다.[10] 이때 훈춘영사분관에 있던 일본인 섭곡 일가족과 상가 수십 채가 불탔다.[11] 훈춘사건이 발생하자 일본 내각에서는 10월 7일 간도출병을 결정하였으며,[12] 조선총독부는 훈춘사건을 '과격파 불령선인'의 소행으로 몰고 가려고 언론에 적극 주문하였다.[13]

---

8 김춘선, 앞의 글, 142쪽.
9 황민호·홍선표, 『무장투쟁과 외교활동』-한국독립운동의 역사 22-, 106쪽.
10 박창욱은 2차 훈춘사건의 주역은 마적두목 장강호가 아니라 왕순이었다고 한다. 김춘선도 중국 당안자료에 의하면 훈춘사건에 한인들이 참여하지 않았다고 한다(김춘선, 앞의 글, 147쪽).
11 조동걸, 「1920년 간도참변의 실상」, 『역사비평』 겨울호, 1998, 50쪽.
12 『日本外交年表竝主要文書』上, 516쪽. 각의 결정서에는 '자위상 영사관 및 거류민을 보호하기 위해 현재 경찰력으로는 감당하기 어렵기 때문에 불가피하게 군대를 파견한다'고 명시되어 있다.
13 황민호, 「1920년대 초 재만독립군의 활동에 관한 『매일신보』의 보도 경향과 인식」,

이러한 분위기는 중국 언론에도 그대로 반영되었다. 『대공보』의 훈춘 사건 보도기사는 10월 10일자에 처음으로 나온다.[14] 「훈춘 일본영사관이 훼손된 진상, 조선인들의 복수」라는 기사 제목 역시 한인과 연관되어 있음을 알 수 있다. 이 기사는 10월 2일밤 영사관 일부가 불탔는데 한당(독립군)이 오랫동안 러시아에 머물러 있으면서 이번에 국내의 독립군과 결합하여 훈춘사건을 일으켰다는 것이 주요 골자였다. 특히 10월 4일자 동경전보를 인용하여 중국인과 한인, 중국관리와 병사로 조직된 마적단체가 훈춘영사관을 습격하였으며, 이는 일본외무성에서 발표한 것이라고 했다.[15] 이러한 일제의 태도에 대해 『대공보』에서는 일제가 훈춘사건을 지나치게 과장하고 있음도 지적하였다.

> 2일 마적 단체는 훈춘 일본영사관을 습격했다. 그곳에 거류하고 있던 사람들이 강탈당했고 일본 교민 사상자도 10명이나 되었다. 이 단체의 목적을 조사해보니 일본에게 해를 끼치기 위해서였다. 그 지도자는 러시아 계통의 사람인데 한국인도 몇 명 포함되어 있다고 들었다. 그 행동을 보면 남자뿐만 아니라 부녀자까지도 처참하게 죽였다. 이는 결코 마적들의 단순한 행동이 아니라 부득이 과격파의 색채를 띠고 있는 사람들의 소행이라고 여겨진다. 다시 습격을 당했고 민심은 떠들썩했다. 본 사령부는 군사를 보내 도와줄 필요가 있다고 생각하여 국경 수비대 일부를 그날 급히 그 지방에 파견하였다.[16]

조선군사령부의 출병 선언이라고 하지만, 이 기사에서는 훈춘사건에 한인 독립운동가들이 참여했다는 것을 명확하게 증명하지 못하고 추론하는 선에서 그치고 있음을 알 수 있다. 중국도 이 문제가 심각하다고

『한국민족운동사연구』 50, 2007, 143쪽~145쪽.
14 『대공보』 1920년 10월 10일, 「琿春日領館被毁之眞相, 朝鮮人復讎擧動」.
15 위와 같음.
16 『대공보』 1920년 10월 11일, 「日本竟在琿春自由行動」.

판단하여 도윤 타오빈(陶彬)을 현지에 파견하는 등 빠르게 대처하였다.[17] 중국으로서는 일제가 훈춘사건을 빌미로 간도 지역을 중심으로 통신선을 신속하게 설치하고 있으며, 자국 영토에서 벌어지고 있는 한국독립운동 세력과 일본군과의 충돌을 좌시할 수 없다는 점을 명확하게 인식하고 있었다. 하지만 이를 해결하기에는 넘어야 할 산이 많았다.[18] 특히 훈춘사건을 통해 일제가 '간도출병'을 단행한다는 일본 각의 결정이 있자『대공보』는 1920년 10월 16일자와 17일자에 걸쳐 간도출병은 시베리아 출병의 비난을 완화시켜 국민적 관심사를 훈춘 문제로 집중하려 했다고 주장했다. 또한 그 연장선상에서 일제가 아홉 가지 조건을 중국 중앙정부에 제기할 예정이라고 했다. 이를 정리하면 다음과 같다.

> 첫째 일본군대는 영원히 동구에 주둔할 권리가 있다. 둘째 육도구(룡징: 필자 주), 두도구, 백초구, 국자가 4개의 상업도시는 일본이 전문적으로 조계를 관리하도록 한다. 셋째 경찰을 동불사, 훈춘, 화룡, 흑정자 4곳에 배치하고 반드시 이곳에 일본인을 거주시켜야 한다. 넷째 천보산 은동광은 별도의 주문이 필요하다. 다섯째 중일이 정한 잡거 지역 조약을 폐기하고 이후 연길에 있는 개척민의 소송에 대하여 일본과 공동으로 심의한다. 여섯째 일본영사관과 일본인의 손해에 대해 배상한다. 일곱째 중국군과 경찰 관리를 처벌한다. 여덟째 중국 중앙정부는 반드시 스스로의 잘못을 인정하는 성명서를 발표한다. 아홉째 훈춘사건의 사후 처리에 대해서 중일이 회동하여 처리한다.[19]

『대공보』는 일본이 훈춘사건을 처리하면서 자신들의 입장을 보다 명확하게 관철시킨다고 지적했다. 위에 열거한 아홉 가지 조건은 주권국가로서는 지키기 힘든 것이었다. 특히 첫 번째 요구사항인 군대주둔 문

---

17 延邊朝鮮族自治州檔案局 編,『琿春事件 "庚申年討伐"』, 1985, 16쪽.
18 김주용,『일제의 간도 경제침략과 한인사회』, 선인, 2008, 81~83쪽.
19 『대공보』1920년 10월 17일,「日本對于琿春案之嚴酷條件」.

제는 중국의 주권을 유린하기에 충분하다고 할 수 있는 사안이다. 뿐만 아니라 룽징 이하 4곳을 일본 조계지로 한다는 것은 중국 내 일본군이 마음대로 중국 영토를 활용하기 위함임은 두말할 필요도 없는 것이다.[20] 중국군과 경찰 관리를 처벌하라는 것은 중국 수비대와 경찰력의 힘으로는 한국독립운동 세력을 막을 수 없다는 논리를 내세워 일본군의 '출병'을 정당화하려는 것이었다.[21] 이에 대해서 『대공보』는 자국 입장의 논리를 내세웠다. 한인독립운동가들과 일제에게 문제가 있으며, 그 모든 것이 중국에서 발생하고 있음을 지적하면서 중국인들에게 경각심을 요구하였다.

> 훈춘사건은 본래 한당(독립운동가: 필자)이 일본 정치에 불평을 들고 일어난 것이다. 우리나라 중국영토는 이미 재난을 당했다. 또 트집을 잡아 분풀이하려고 중국에 군대를 보내어 여러 가지 무리한 요구를 하고 있다. 일본 정부는 이치에 맞지 않음을 알고 있지만 고의로 이 일(훈춘사건: 필자)을 확대하여 동아시아의 과격파를 토벌한다는 명목으로 눈과 귀를 혼란시켰으며, 그 방법은 심각할 정도였다.[22]

중국으로서는 일제의 주장을 완전히 무시할 수 없는 상황이었으며, 장작림의 입장에서도 한국독립운동 세력은 우호적일 수 없었다. 위의 『대공보』의 기사 역시 한국독립운동 세력이 훈춘사건을 일으켰다고 했지만 결코 일본의 입장을 옹호하지 않았다. 그것은 중국이 처한 위치와도 무관하지 않다. 훈춘사건을 의제로 중국과 일본은 베이징·펭텐·훈춘 세 곳에서 교섭을 벌였다. 일제는 중국에 공동 출병과 일본인 보호 카드

---

20 『日本外交年表竝主要文書』上, 516쪽.
21 『대공보』1920년 10월 17일, 「琿春事後之雜迅」.
22 『대공보』1920년 10월 18일, 「日本進兵我國之措詞」.

로 압박하였으며, 중국은 공동 출병에 대해서 거절하였다.[23] 이렇듯 『대공보』에서는 일제가 조작한 훈춘사건의 발생 원인을 한국독립운동 세력에서 찾았는데 이것은 당시 일본의 선전과 조작이 어느 정도 '성공'한 것으로도 볼 수 있다.[24]

3. 보복의 억지 그림자, '간도출병'

1920년 10월 추위와 함께 찾아온 일본군들의 무자비한 탄압은 3·1운동 이후 불길과도 같이 번진 만주 지역 독립운동의 열기를 무참하게 꺾어 놓았다. 특히 간도 지역 독립군에 대한 '토벌 계획'은 일제가 봉천군벌인 장작림과의 회의를 통하여 골격을 세웠다. 앞서도 언급했지만 1920년 5월부터 8월 사이에 조선총독부·조선군사령관·관동군사령부·시베리아파견군·펑톈총영사 등이 3회에 걸쳐 펑톈회의를 개최하고 항일무장단체에 대한 탄압 대책을 강구하였다. 이러한 과정 속에서 8월 경성회의를 거쳐 일본과 중국의 '합동 토벌'을 적극 추진하기로 합의하였던 것이다.[25] 『대공보』에서는 일제가 간도에 출병하는 명분 가운데 하나를 '현지 주민의 요청' 때문이라고 보도했다.

> 간도 정보에 의하면 천보산 방면에는 반역적인 생각을 가진 조선인의 횡포가 심하고 다시 습격당해서 민심이 매우 흔들리고 있다는 소식을 계속 전했다. 중국측은 수비대와 경찰력이 부족해서 결국 토벌할 힘이 없었다. 일본 거주민 가운데 지방을 향해 피난 가는 사람이 있었는데 광산회사 대표가 일

---

23 『대공보』 1920년 10월 19일, 「琿春事件日益緊急」.
24 예컨대 일제는 1921년 4월경부터 군용전화 및 전신선 처분 문제를 놓고 중국 측과 본격적인 협상에 들어가 그해 8월경에 일단락 매듭을 짓는다(김주용, 앞의 책, 84쪽).
25 김춘선, 「경신참변 연구」, 『한국사연구 111』, 142~145쪽.

본에게 군대를 파견해 달라고 요청했다.[26]

『대공보』가 정보를 받아서 보도하고 있는 상황에서 구체적으로 간도 정보 제공자의 주체를 밝히기는 어렵지만 일본이 제공한 정보를 받은 것으로 생각된다. 뿐만 아니라 도쿄전보를 인용하여 일본의 군대 출병 상황을 생생하게 보도하고 있다.[27] 1920년 10월 7일 새벽녘에 회령을 출발하여 그날 밤 룽징촌에 출병 군대가 거주하고 있다는 보도였다. 이처럼 훈춘사건과 간도침공 관련 초기 정보 제공을 일본에서 받고 있다고 보는 것이 타당하다.

간도 지역에 군대를 출병하기 위한 사전 작업이 훈춘사건의 조작이라면, 출병으로 인한 한인사회의 통제의 표본은 일본군사령부의 포고문이었다. 1920년 10월 18일 일본군사령부 명의의 포고문은 간도출병이 훈춘사건과 연계해서 불가피하게 진행되었다는 점을 선전하는 데 주요한 목적으로 활용되었다. 『대공보』에는 훈춘 지역에 게재된 포고문의 내용을 실으면서 일본 병사들이 지속적으로 중국 땅에 들어오고 있는 상황을 보도하였다. 포고문의 내용이다.

> 무장한 한당과 경계밖의 마적은 훈춘 일본영사관을 공격하여 불태우고 훈춘 일대의 일본교민을 도살했다. 또한 감히 일본 영토(일본영사관)에 함부로 들어와서 소란을 피웠다. 이러한 행동은 사람으로서 지켜야할 도리에 어긋난 것이며 일본의 주권을 침범한 것으로 일본 정부는 스스로 지키기 위한 수단을 사용하지 않을 수 없었다. 우리는 중국의 주권을 존중하며 국민의 권리를 절대 범하지 않을 것이라고 맹세한다. 우리들의 목적은 중국 정부 및 군대와 연합하여 진행하고 서로 도우면서 중국 전 국민의 행복을 바라는 것이다.[28]

---

26 『대공보』 1920년 10월 17일, 「琿春事後之雜迅」.
27 『대공보』 1920년 10월 16일, 「日本紛紛進兵」.
28 『대공보』 1920년 11월 1일, 「日本增兵不已」.

간도출병의 원인을 훈춘사건에서 찾고 있다는 것은 이미 일본이 줄기차게 선전하였던 것인데, 여기에서 한발 더 나아가 그 군대파견 목적이 중국 국민의 행복을 바라는 것으로 설정되었다. 베이징 정부와 협의를 지속적으로 추진했지만 실질적으로 일제는 자국 교민을 보호한다는 구실로 이미 간도 지역 각 지방에 주둔하였다는 것이다. 뿐만 아니라 주둔군이 아니라 점령군으로 행세하면서 중국관리의 입장을 전혀 반영하지 않고 임의로 이주 한인을 조사하고 단속하였음을 보도하였다.[29] 일제는 한발 더 나아가 조선군사령관 명의로 다음과 같은 포고문을 게시하여 이중적 태도를 견지하였다. 바로 강력한 탄압과 적절한 당근, 그것이었다.

> 훈춘과 간도일대의 반역적인 조선인과 마적, 기타 동맹을 맺은 비적들이 휴대하고 있는 무기를 가지고 훈춘 영사관을 습격하여 잔혹하게 불태우고 제국영토의 무장침입을 기도했다. 제국은 출병시켜 거주의 평안을 보장하고 비적을 통벌하여 제국 영토의 치안을 유지하려고 했다. 이것은 스스로 지키기 위한 어쩔 수 없는 방법이었다. 결코 그 뜻이 없더라도 중국의 주권을 엄격히 존중하고 준수하며 일반 백성의 생명과 신체와 재산에 대해서 조금도 건드리지 않고 중국 관병 및 군부대와의 협조를 유지하여 뜻을 이루려 했다. 그러나 우리 거주민은 박해를 받고 있었고 군사행동에도 제약을 받아 우리 군은 스스로 지키기 위하여 군대를 파견한 것이니 중국 관민은 이 뜻을 헤아려주기 바란다. 우리 군은 중국 관병과 함께 마적을 소탕하기를 원한다. 마적을 소탕하여 중국 인민의 복리를 증진시키는데 노력하니 진심을 다해 우리 군을 돕기 바란다.[30]

위의 포고문을 『대공보』는 일본인의 이중성으로 간파했으며, 베이징 거주 외국인의 말을 인용해서 일본군의 이번 침략이 중일전쟁의 도화선

---

29 『대공보』 1920년 10월 23일, 「日本蹂躪吉邊之近迅」.
30 『대공보』 1920년 10월 27일, 「日本在延邊之橫行」.

이 될지도 모른다며 경각심을 일깨웠다.[31] 이 시점부터 『대공보』는 훈춘 사건과 간도침략에 대한 중국의 대응을 본격적으로 언급했다. 그 대안으로 먼저 중앙정부 차원에서 간도 일대를 세계 여러 나라의 주재원이 상주할 수 있을 정도의 개방도시로 바꾸고 둘째, 길회철도를 시급히 개통하여 그 관리권을 중국이 장악해야 한다고 하였다. 물론 전자는 현실적인 어려움이 있지만 길회철도 문제는 반드시 해결함으로써 일본 세력의 진출을 더 이상 방관해서는 안된다고 보도하였다.[32]

하지만 일본 군대는 간도 지역을 자국 영토로 인식하는 듯한 행동을 마음대로 했다. 1920년 11월 1일자 보도에는 우스리스크에서 파견된 일본군 보병부대가 훈춘일대를 정찰하고 또 새로운 부대가 증강되고 있다고 했다.[33] 국경인 투먼(圖們)의 양수천자(凉水泉子) 부근에 집중적으로 군대가 배치되고 있는데, 심지어 비행기 부대가 주둔하였다고 보도했다.[34] 일본이 간도 지역 중국의 전화국과 우체국을 점령하였다는 것은 공공연한 사실이며, 중국 직원들에게도 비인간적 처사를 서슴지 않았다.[35] 일본군의 한국독립군에 대한 탄압과 자국 내에서 발생하고 있는 일본 세력의 치밀한 작전을 중국의 국력과 연관하여 보도했다. 국가의 자국민 보호 범위를 자문하기도 했다.[36] 한인뿐만 아니라 중국인들에게도 철저하게 검사를 했고 중국 관병과의 우호관계 증진도 초기와는 달리 무시했다. 일본군대의 행동이 중국 주권을 침해하는 것이며 만국공법을 경시하는 처사라고 지적했다. 하지만 베이징 정부의 미온적인 태도와 일

---

31 『대공보』 1920년 10월 27일, 「日本在延邊之橫行」.
32 『대공보』 1920년 10월 27일, 「日本在延邊之橫行」.
33 『대공보』 1920년 11월 1일, 「日本增兵不已」.
34 『대공보』 1920년 10월 28일, 「吉邊日軍益形橫暴」.
35 『대공보』 1920년 10월 28일, 「吉邊日軍益形橫暴」.
36 『대공보』 1920년 11월 5일, 「中日會剿胡匪韓黨之眞相」.

본의 강경한 자세로 외교회담의 성과는 미미했다.

4. 경신참변과 한국독립운동의 동향 보도

1) 경신참변의 실상

1920년 10월에 불어 닥친 일제의 이른바 '간도출병'의 광풍은 북간도뿐만 아니라 만주 전역의 한인들에게 피해를 주었다. 하지만 중국으로서는 한인들의 피해보다도 자신들의 영토에서 자행되었던 일제의 대륙침략의 실상이 더 큰 위협으로 다가왔음을 두말할 필요가 없다. 일제가 훈춘사건을 조작하여 대규모의 병력을 간도 지방에 허락한 것은 주권국가 중국으로서는 치욕 가운데 하나이다. 그만큼 폐해도 컸다.[37]

『대공보』1920년 10월 28일자에 처음으로 한인 희생자에 대한 기사가 보도되었다.[38] 한인 8명이 숨졌으며, 훈춘 대황구에서 3명이 총살되었다는 것이다. 화룡현 동명학교에 대한 탄압도 보도했다. 일본군이 학교장과 교사 및 학생들을 모아놓고, 교사를 전소시켰으며 부근 12가구도 불태웠다.[39] 좀더 구체적인 보도를 정리하였다.

> ① 마을을 학살하고 집을 불태워 모든 골짜기에 존재하는 것이 하나도 없다. 현재 농작물을 수확한 후 양식과 사료를 마당에 모아놓고 그것을

---

37 경신참변의 피해 상황은 각 자료 및 연구서마다 다르다. 연변조선족자치주당안국에서 1985년 내부자료로 편찬한 『琿春事件 "庚申年討伐"』에 의하면 사망자는 북간도 2,246명, 서간도 804명, 합계 3,050명으로 임시정부 외무부에서 작성한 3,109명과 크게 차이가 없다. 『독립신문』 87호에 춘원 이광수가 '3천의 원혼'이라는 시로 경신참변의 참혹함을 묘사한 것처럼 경신참변의 인적피해는 사망자 기준으로 약 3천 명 이상으로 파악하는 것이 타당하다고 볼 수 있다.
38 『대공보』 1920년 10월 28일, 「吉邊日軍益形橫暴」.
39 『대공보』 1920년 11월 3일, 「日本對于韓人之可暴.」

제멋대로 함부로 쓰며 강탈하여 밥을 지었다. 한인들을 체포하여 두손을 사용해 나사를 단단히 조였으니 이미 잔인함은 극에 달했다. 이것의 목적은 독립군을 토벌하여 없애는 데 있었지만 고통을 받는 사람은 모두 일반 평민이었다. 독립군은 촌락에 있지 않고 숲에 있었다. 중국의 평민 또한 그 손해를 입었는데 일본 헌병은 곳곳을 수색하여 집에 있는 돈과 장신구를 직접 가져갔다. 많고 적음을 막론하고 그것을 모두 강탈해 갔다. 평민들은 고소할 방법이 없고 다만 굴욕을 참을 뿐이다.[40]

② 일본군대는 공안국 거리 동남 지방에서 한인독립당을 소탕하고 양민 20명을 총살했다. 부인과 아동을 구타하고 신교와 학교 등 반역자 무리를 불태워버렸다. 민가는 또한 60~70 가구가 있었는데 모두 불타 없어져서 차마 눈을 뜨고 볼 수 없었다. 외국 선교사들이 그만두라고 했으나 횡포는 날이 갈수록 심해졌다. 무고한 부인과 아동 및 백성에게 해를 가했으니 실로 인간의 도리에 어긋나는 것이다.[41]

일본군대의 만행은 여기서 그치지 않았다. 귀화 한인들을 상대로 국적 변경을 요구하였으며, 그 강도는 중국 관리들의 범위를 넘어섰다.[42] 일본 국적으로 귀화한 한인은 4,603명에 달하였으며, 이 가운데 상당수는 이미 중국에 입적한 귀화 한인들이었다.[43]

한편 일본 육군성에서 파견된 미즈노 대좌는 캐나다 장로파 선교사인 푸터(Foote)와 접견한 자리에서 다음과 같은 궤변으로 경신참변의 실상을 축소 왜곡했다. 훈춘사건의 책임은 중국에 있기 때문에 불가피하게 군대를 파견한 것이며 가정 및 학교를 파괴한 것은 그 건축물이 마적들의 소굴이기 때문이라는 것이다.[44] 그러면서 미즈노 대좌는 선교사의 역할

---

40 『대공보』 1920년 11월 14일, 「日軍在延吉之殘暴」.
41 『대공보』 1920년 11월 21일, 「琿春案尙多糾結」.
42 『대공보』 1920년 12월 2일, 「日軍又在琿春橫行」
43 김춘선, 앞의 글, 172쪽.
44 『대공보』 1920년 12월 11일, 「請看日軍在間島野蠻行動之自白書」. 푸터의 글은 현재 독립기념관 소장자료로 일부 내용만이 있다. 푸트와의 대화에서 미즈노는 처음으로

에 대해서도 다음과 같이 주장했다.

> 선교사의 천직은 아주 뛰어난 작품을 선전하여 복음하는 것뿐만 아니라 다른 나라의 정치참견을 절대 해서는 안된다. 상식이 풍부한 제자가 반역적인 한인 신도를 지원하고 분수를 지켜 만족할 줄 알게 되면 당신의 나라와 일본과의 우호관계 및 본국정치와 당신의 동포에게까지 영향을 미친다. 모든 제자는 외국 각 곳에 주둔하고 있으며, 정치상 뛰어난 지위에 있었고 많은 일본국민은 제자들과 관계가 있었다. 그 결과는 반드시 제자의 본국으로 하여금 일본과 국교상 원만하여 걱정이 적게 있을 것으로 예상된다.[45]

간도 지역에서 캐나다 장로교의 세력은 강고한 편이었다. 이동휘가 혜산진을 통해 장백현으로 망명한 것도 그리어슨의 도움이 절대적일 정도로 캐나다 선교사와 간도 지역은 물고기와 바다 같은 관계였다. 일제로서는 캐나다 선교사들이 부담스러웠다. 따라서 이들에게 자신들의 논리를 강박할 필요가 있었으며, 그것의 실질적 효과 여부를 떠나 만남 자체를 선전하는 것으로 경신참변을 정당화시키고자 했다.

『대공보』는 3일에 걸쳐 경신참변의 실상을 알린 영국 선교사들의 기사를 게재했다. 비교적 장문이지만 주요 부분을 정리했다.

> ① 우리는 10월 31일 직접 노루바위(장암동: 필자) 마을로 갔다. 이 마을은 작은 강 유역 꼭대기에 있었는데 그 사이는 12마을이나 떨어져 있었다. 오늘은 일본 천황의 생일이기 때문에 도중에 일본병사와 일본경찰들을 간섭하지 않고 우리는 큰 길로 돌아서 가기로 했다. 갑자기 먼 산에서 짙은 연기가 사방에서 일어나는 것을 보았고 우리들은 그곳으로 가려고 했다. 우리는 목격자로서 29일 이 촌락에서 일어난 실제상황을 들었다. : 오늘 동이 틀 때 일본 보병 전체는 군장을 하고 그리스교 신

장암동 참안에 대해서 언급하였는데 도적들의 사체를 불태웠다고 했다.
[45] 『대공보』 1920년 12월 11일, 「請看日軍在間島野蠻行動之自白書」.

도 마을을 둘러싸고 이는 강 유역의 윗부분에서 시작되었다. 쌓여 있던 보리에 불을 붙여 불태웠고 계속 집에 있는 거주민을 밖으로 나가라고 명령했다. 무릇 남자와 늙은 사람 어린이를 막론하고 즉시 총살했고 그 사람이 죽지 않았으면 불이 난 풀에 그 몸을 넣어 죽지 않은 사람을 죽게 만들었다. 너무 고통스러워서 뛰어오르고 피가 흘러 뒤섞였다. 나머지도 모두 이런 핏자국을 일찍 목격했다. 시체는 순식간에 코타르가 되어버려 구별할 수 없었다. 사지가 잘린 이도 있었으며, 분산되어 재가 되어 나타났다. 이 잔혹한 행동을 할때 죽은 사람의 어머니와 처, 혹은 아들과 딸들을 강제로 벽에 서서 보게 했다. 동시에 방화하여 집을 불태우고 전 마을을 순식간에 죄다 태워버렸다. 맹렬한 불길이 거칠게 솟아오르니 몇 십마일 밖 멀리서도 볼 수 있었다. 한 마을이 끝나면 다시 다른 마을을 불 지르고 산골짜기를 따라 큰 길로 곧바로 가서 급습했다. 일본 병사는 제자리로 되돌아가서 천황을 모시고 생일을 축하했다. (중략) 불에 탄 19개의 집을 촬영하고 있을 때 할아버지가 통곡하고 있는 것을 보았다. 노인과 아이, 부인은 잿더미에서 잘린 사지와 부러진 뼈들 및 아직 불에 다 타지 않은 잡물들을 빼냈다. 마을 사람에게 청하여 함께 기도하고 동시에 그들을 도와 시체 한구를 잿더미에 빼내어 이동시켰다. 잘린 다리와 잘린 손을 원하는 곳에 안치하고 사진을 찍으려 했지만 너무 화가나서 사진기를 들 수 없었다. 사진을 겨우 찍었다. 기도할 때 교외의 한인과 중국인들이 함께 보았다. 모두 고개를 숙이고 눈물을 흘리고 있었다. 마을에 있는 예배당과 소학당은 모두 폐허가 되었다. 마을에 새 무덤 31개가 생겼다. 이외에 불 탄 마을은 26개였으며 사망자는 145명이었다.[46]

② 12월 13일 노루바위 마을에 도착하여 교회당과 소학교의 주위에 약 30개의 집이 있었으나 모두 잿더미가 되었다. 어느 한 집에는 곡식이 가득 있는 것 같았는데 계속 연기가 났다. 마을에서 11시간 머물렀다. 또 약간의 잿더미 가운데 부서진 뼈를 찾았다고 했다.[47]

③ 일본군대는 날이 틀 때 이웃마을에서 남자 6명을 데리고 마을에 들어왔다. 체포된 소년들을 한인의 집 앞에 세우고 심문조차 하지 않고 즉

---

[46] 『대공보』 1920년 12월 16일, 「日兵慘殺韓人之報告書」.
[47] 『대공보』 1920년 12월 18일, 「日兵慘殺韓人之報告書」.

시 총살했다. 집에서 체포된 아버지와 아들, 다른 집에서 체포된 형제 2명과 아들 한명 또 한집 한집 수사하여 검거하니 25명이나 되었고 모두 고문을 받았다. 쌓여 있는 시체 2구를 장작으로 덮어놓고 불을 붙여 태워버렸다. 부상이 특별히 없는 사람은 발악하며 일어나 총검으로 찌르려고 했으나 결국 불타 죽었다.[48]

④ 10월 29일 새벽녘 일본군 40명이 성서를 팔았다는 상인을 체포하고 다른 사람들을 영사관 감옥으로 이동시켰다. 수개월 동안 체포된 정치범들을 모두 이곳에 감금하였다. 밤이 깊어지자 체포된 사람들을 마을 부근의 작은 산 꼭대기 거대한 동굴에 이르러 칼로 그들을 베었다. 총검으로 사람을 죽여 그 당시는 피바다가 되었다. 사건 후 흙을 아래로 밀어 떨어뜨려 잔혹한 시체를 덮어 매장했다.[49]

캐나다 선교사 및 영국 선교사들의 보고는 일제의 잔혹함에 초점을 맞추었다. 잔혹함의 강도를 더 이상 감당하지 못해 미완으로 보고서를 작성하기도 했다.[50] 교회는 독립운동의 본거지였다. 일제로서는 간과할 수 없는 사안이었지만 외교 문제로 비화되는 것을 미연에 방지하고 또 정당성을 확보하기 위해 '교인=독립운동가'라는 등식을 고착화시키려 했다. 『대공보』에서도 점차 한인의 학살에 무게를 두는 기사가 지속적으로 보도되었다. 여기에는 중국의 현실이 그대로 투영되어 있었다. 일제가 야만적인 방법으로 무고한 한인을 학살했으며, 간도를 일본이 자신들의 영토로 삼으려고 한다고 보도했다.[51] 중국의 영토 침략에 대한 선험적 경험에 대한 뼈저린 반성의 기회를 일제의 간도침략에서 찾으려는 자세였다.

경신참변은 연변 지역에만 국한된 것은 아니었다. 흥경(현 신빈현), 통

---

48 『대공보』 1920년 12월 21일, 「日兵慘殺韓人之報告書」.
49 『대공보』 1920년 12월 21일, 「日兵慘殺韓人之報告書」.
50 『대공보』 1920년 12월 20일, 「日兵慘殺韓人之報告書」.
51 『대공보』 1920년 12월 31일, 「日人在間島之暴行」.

화, 집안, 유하 등 서간도 지역에까지 그 화가 미쳤다. 『대공보』1921년 1월 6일자는 영국 로이터 통신을 인용하면서 한인들을 잔인하게 학살한 일본군의 행태를 고발했다.[52] 이 기사에서는 일본군이 집안에서 40명을 죽이고 유하현 삼무포(삼원포: 필자)지역에서 80명을 살해했다고 보도했다. 과부와 고아가 속출하고 겨울철을 집 없이 지내야 하는 한인들의 고통 현장을 생생하게 보도했다. 『독립신문』 87호(1920년 12월 18일자)는 피해 한인을 1,323명으로 집계하고 있어 당시 서간도 피해 상황을 구체적으로 파악할 수 있지만, 『대공보』의 서간도 기사는 거의 게재되지 않았다. 그렇다고 『대공보』의 경신참변 기사가 신뢰성을 상실했다고 볼 수 없다. 특히 자국민들의 경각심을 고취하기 위해 보다 효과적인 기사를 실었다. 예를 들면 경신참변을 극화해서 보도하는 방식도 취했다. 1921년 1월 11일자에는 1920년 12월부터 다음해 1월에 발생한 일본군의 한인 학살을 극화해서 다루었는데, 먼저 제1막은 괴로움이라는 제목으로 보도했다. 주된 내용은 일본군대가 한인들을 불태워 죽이거나 강간하는 경우를 중국군에게 통보했지만 중국관헌은 어떠한 보호조치도 취하지 않았다는 점을 강조했다.[53] 이후 『대공보』에는 경신참변의 기가는 거의 보이지 않는다.

2) 한국독립운동 세력의 동향과 중국 측의 대응

3·1운동은 만주 지역 독립운동의 세력 지형도를 새롭게 바꿨다. 바로 독립운동의 르네상스기였다. 물론 일제로서는 간과할 수 없는 현상이었다. 독립운동단체는 한일병탄 이후 만주 지역에서 독립운동을 진행하기 위해서 필수적인 부분이 인적자원의 수급과 경비, 즉 군자금이라는 점

---

52 『대공보』1921년 1월 6일, 「日本在奉省殘殺韓人」.
53 『대공보』1921년 1월 11일, 「慘劇」.

을 절실히 깨달았다. 하지만 이들 독립군은 소규모 부대를 이끌고 정규군인 일본군과 대결해야 하는 어려운 현실에 직면하였다. 일제가 1920년 10월 16일 중국 측에 일본군이 10월 17일 자정을 기해 간도에서 군사작전을 실시하겠다고 일방적으로 통보한 것은 독립군들의 운명과도 직결되는 사안이었다.[54] 『대공보』에서는 동경통신의 기사를 받아 간도 지역 한인독립단의 상황을 보도하였다. 훈춘사건과 일제의 군대 파견에 대한 일련의 보도 기사 가운데 처음으로 홍범도 부대의 동향에 대해서 언급했다.[55] 홍범도가 300명을 이끌고 신민단과 합류하여 삼도구 부근에 주둔하고 있으며,[56] 기관총과 대포 600개를 가지고 있으며 이외에도 군인수는 800명에 이른다고 보도했다. 이때까지도 『대공보』의 기사는 자체 기자를 파견한 것이 아니라 다른 신문기사를 받아서 쓴 경우가 아닌가 한다.

한국독립운동사에서 가장 큰 전과인 청산리 전투에 대해서는 1920년 11월 3일 기사에 자세하게 보도했다.[57] 4일 뒤 11월 7일에는 보다 자세하게 청산리 전투에 대해 상보를 전했다. 이를 정리했다.

> 10월 22일 아침 두도구 서남 부근 지방에서 일본병사와 한인독립당 약 400명이 5시간에 걸친 큰 전투를 했다. 한인은 물러나고 일본병사 사망자는 9명, 중상자 12명, 군마는 4마리가 죽었고, 8마리가 중상을 입었다. 한인 사망자 또한 10명 정도 되었다.

---

54 황민호, 앞의 책, 108쪽.
55 『대공보』 1920년 10월 30일, 「間島之韓人獨立團」.
56 대한독립군 홍범도가 직접 지휘하는 병력이 300~400명이었고 연합부대의 총 인원이 1,600명이라는 사실에 비추어 보아 『대공보』의 기사가 지닌 신빙성은 크게 손상되지 않는다고 볼 수 있다.
57 『대공보』 1920년 11월 3일, 「韓黨與日兵之激戰」. 청산리 전투의 서막을 알리는 백운평 전투를 묘사한 것으로 한국 독립군의 폐해와 일본군의 폐해는 기존 연구와 자료를 통해서 장사 『대공보』의 신빙성을 엿볼 수 있는 대목이기도 하다.

두도구방면에 일본군은 토벌부대를 출동시켰다. 21일 삼도구에서 서방과 한국 군대는 교전을 했다. 한국 군대가 공격을 받아 사체 16구가 유기되고 무기를 일본군이 탈취해갔다. 일본군의 전사자는 3명이며 부상자는 4명에 지나지 않았다.

22일 일본군대와 한국군대는 이도구와 봉밀구 사이의 어느 산에서 교전했는데 결국 한국군대는 져서 달아났다. 일본군대의 사망자는 3명, 중상자는 11명이었다. 결론적으로 두도구방면 한국군대는 김좌진파와 홍범도가 군대를 지휘했고 그 힘은 강렬했다. 기관총은 신식이었고, 신무기도 모두 구비되어 있었다.

24일 날이 밝지 않았을 때 일본군대는 헌병을 위로하며 사병 27명을 거느리고 두도구를 향해 출발했다. 화룡현 협피구 부근을 지나가다가 갑자기 한국 군대 100여명을 만나 요격했다. 결국 한국군대는 패주하고 사체 10구와 탄약 12발이 유기되었다.

24일밤 한국 군대는 오도구의 촌민에게 명령하여 일본군대를 쫓아내게 했다. 일본군은 있는 힘을 다해 경비했고 교전은 피할 수 있었다.[58]

『독립신문』은 1920년 12월 25일자에 처음으로 청산리전투 내용을 실었다. 이는 『독립신문』의 운영 상태가 순탄하지 못한 측면이 크게 작용한 것이다. 이를 감안하더라도 『대공보』의 경신참변과 독립군들의 움직임을 신속하게 보도한 것은 간도 지역 참상을 반면교사로 삼아야 한다는 인식이 팽배하였기 때문이라고 짐작한다.

청산리 전투 이후 김좌진과 홍범도의 동정에 대해서도 일정 부분 지면을 할애했다.[59] 청산리 전투를 치루고 일본군의 추격을 피해 밀산 방향으로 이동한 김좌진과 홍범도부대는 전열을 가다듬기 위해 연해주로 목적지를 결정하였다. 1921년 1월 1일자 『대공보』에는 김좌진과 홍범도 명의의 권고서를 발표했다고 했는데 내용은 다음과 같다.

---

58 『대공보』 1920년 11월 7일, 「間島日軍行動近況」.
59 『대공보』 1921년 1월 1일, 「韓國獨立黨布告與日宣戰」.

각 단체에서 러시아영토로 간 사람은 적지 않다. 부국산업이 완성되지 않았던 이전 우리 군은 일시적인 방법으로 해산을 선언했으나 결코 해산은 쉽지 않았다. 현재 군수품 및 총기, 총알 등 모두 무제한 무대가로 우리 군에 공급해주기로 노농정부와 약속을 했다. 무릇 한민은 원수를 갚거나 마음먹은 일을 이루기 위해 온갖 어려움과 괴로움을 참고 견디며, 모두 한마음으로 목숨을 걸고 영원히 원수를 잊지 말자고 맹세했다.[60]

청산리 전투 이후 독립군 단체의 이동 과정에 대해서『대공보』는 독립군이 일본의 물리력을 동원한 대규모 '진압 작전'에도 그 뜻을 꺾지 않고 독립운동을 지속적으로 전개하였으며, 일본의 야만적 행동에 결코 굴복하지 않았다고 보도했다.[61] 러시아 소비에트 정권과 교감한 이후 결빙기를 이용해서 한국독립군이 옌지(延吉)를 공격한 후, 바로 국내로 진격하는 계획을 세우고 있다면서 한국 전체가 노농정부를 건설할 것이라고 예측했다.[62] 이어서 청산리대첩으로 사망한 일본인은 600여 명이며, 독립군의 사망자는 50여 명에 불과하다고 했다.[63]

『대공보』에서는 상하이 대한민국임시정부의 움직임도 보도했다. 만주 지역 독립단과 상하이 임시정부와의 연계를 기정사실화하여 시베리아 80만, 만주 지역 2백만을 편성하여 육군을 조직하고 일본과 전쟁을 시작한다는 것이다.[64] 다소 수치가 과장되고 인과 관계도 맞지 않지만 임시정부가 만주 지역 독립군을 움직일 수 있다는 사실을 보도한 것은 고

---

60 『대공보』 1921년 1월 1일, 「韓國獨立黨布告與日宣戰」.『독립신문』 1921년 1월 27일자에 홍범도와 최진동이 연해주로 이동하다가 밀산에서 적과 조우하였다고 보도하였다.
61 『대공보』 1921년 2월 1일, 「朝鮮捷報」.
62 『대공보』 1921년 1월 6일, 「日本稱兵間島之本旨」.
63 『독립신문』의 청산리대첩 일본 측의 사상자가 3,000명이라는 것과는 차이가 많이 있지만 일본 측이 주장하는 150명과도 다르기 때문에 좀더 많은 중국 측 신문자료의 확보가 시급하다.
64 『대공보』 1920년 11월 6일, 「朝鮮獨立團將與日本決戰」.

무적인 사실이다. 뿐만 아니라 국무총리 이동휘, 참모총장 이동녕, 교통부총장 문창범이 일찍이 러시아와 교섭하여 많은 무기와 탄약을 준비하였기 때문에 한국이 멀지 않은 시기에 정식 국군을 탄생시킬 것이라는 점도 언급했다. 그러면서『대공보』는 한국군대가 중국 영토 내에서 일본군과 전쟁을 일으켜서는 안되며 돈독한 우의를 지키기를 희망한다고 했다.

임시정부의 외교 노력에 관한 기사도 게재했다. 상해 대한민국임시정부 외무총장대리 신익희가 일본군의 간도침략과 그 만행을 좌시할 수 없다고 하며, 한인들이 독립운동을 전개하기 위해 어떠한 조치를 취해야 하는지에 대해 베이징 정부에 발송한 전문을 인용해서 보도했다. 그 내용은 다음과 같다.

> 중화민국 안 외교총장은 전보를 자세히 보시오. 이번 훈춘 사건의 이익과 손해를 헤아려보면 진상은 분명하지 않으나 우리나라와 관계가 있습니다. 걱정을 끼쳐 드려 매우 유감스럽습니다. 동삼성의 한국 교민을 조사해보니 평소 평화를 사랑하고 국가를 귀하게 생각하나 우리와 일본의 악행으로 인해 독립당을 준비했으나 실로 영토 내에서 권력을 장악하지 못했으니 응당 모두 용서를 해야 할 것입니다. 귀 정부와 관리가 이와 같이 자세히 알지 못하고 동삼성 한인들의 행동을 전문적으로 확실히 알 수 없지만 명백한 답안이 있습니다.[65]

이어 임시정부가 11월 25일 일본과 전쟁 선전포고를 발표했다고 보도하면서 이것이 계기가 되어 일본인이 한인들을 잔인하게 살육했다는 '부정확한 기사'를 실었다.[66]

3·1운동 직후 리다자오(李大釗)가『시대평론』에 중국인들의 각성을 촉

---

[65]『대공보』1920년 11월 21일, 「韓政府警告北京政府」.
[66]『대공보』1921년 1월 1일, 「韓國獨立黨布告與日宣戰」.

구하는 글을 실었듯이, 『대공보』에서는 일제의 간도출병이 중국에 어떠한 영향을 미치게 되는지 점검하지 않을 수 없었다. 한국의 국치와 3·1운동에 대한 상하이 지역에서 열린 한국인의 연설을 게재하였다. 한국이 11년 전에 일제에 의해 강점되었던 원인은 크게 한국 인민이 스스로를 자각하지 못한 데 있다는 것이다. 가장 큰 '나'인 국가의 일을 문제시하지 않을 때 중국도 한국과 같은 길을 갈지도 모르며 이를 방지하기 위해 중국민들의 제대로 된 현실 인식을 강조했다.[67] 이번 '간도사건'의 중요성은 산동사건 못지않기 때문에 베이징 정부는 이를 인식하여 세계조사위원회를 조직함으로써 중국의 주권이 더 이상 침해받아서는 안된다는 기사도 게재했다.[68] 일제가 베이징 정부의 어떠한 건의도 받지 않는 상태에서는 국제연맹에 호소하는 것이 당시로서는 최선의 길이라고 인식한 것 같다. 초기 『대공보』의 기사에서 중국이 중립을 지켜야 한다는 애매모호한 태도에서 진일보한 것이다.[69]

일본군대의 행동 범위가 중국 주권을 넘어섰다는 기사가 『대공보』에서 이미 12월부터 다루어졌다. 일본군이 개척민을 강요하여 일본 국적으로 바꾸는 작업을 전개하고 있는데, 불가항력적이며 겨우 일본관리에 항의할 정도에서 그치고 있다고 보도했다.[70] 12월 24일자 기사에서는 중동선 부근까지 진출한 일본군이 각 지역마다 차단막을 세우고 왕래하는 모든 사람들을 검문하고 있다는 사실을 다루었다.[71] 일본의 특권이 지나칠 정도로 강하기 때문에 이에 대한 중국 측의 대응을 촉구하는 기

---

[67] 위와 같음.
[68] 『대공보』 1920년 12월 31일, 「日人在間島之暴行」.
[69] 『대공보』 1920년 11월 6일, 「我國當嚴守中立」.
[70] 『대공보』 1920년 12월 24일, 「日軍又在琿春橫行」.
[71] 『대공보』 1920년 11월 6일, 「朝鮮獨立團將與日本決戰」.

사였다. 이처럼 『대공보』는 훈춘사건으로 촉발된 일제의 대륙 침략이 국지전이 아닌 후일 전면전으로 확전될 수 있다는 인식을 깊게 하고 있었다.

5. 맺음말

장암동 참안지 기념비

룽징에서 옌지로 가는 고속도로 우측에 서전평야를 가로지르면 동성향 동명촌이 나오고 이곳에서 6km 떨어진 언덕 위에 합동묘를 만들었다. 작은 봉분에 장암동참안지라는 화강암 기념비가 경계병처럼 앞을 지키고 있고 2010년 가을 들짐승들의 습격을 막기 위해 철 울타리를 둘렀다. 경신참변(간도조선인 제노사이드) 유적지 가운데 장암동 유적지만이 후손들의 보살핌으로 1920년 10월 이후 일제의 반인류적이고 야만적 광풍 속에서 희생당한 한인들의 고난의 역사를 처절하게 말해 주고 있다. 그만큼 경신참변의 유적지도 세월의 무게를 견디지 못하고 대부분 사라져 버렸기 때문에 장암동 유적지는 그러한 의미에서 각별하다. 일제의 학살 현장이기 때문이다.

위에서 살펴본 창사 『대공보』는 중국 동북 지역에서 자행되고 있었던 일제의 만행을 좌시할 수 없다는 당시 중국의 분위기를 대변한 듯하다. 그 보도의 특징과 앞으로의 과제를 정리하였다. 먼저 『대공보』는 초기 훈춘사건을 보도하면서 일본 측의 정보를 받아서 게재하는 보도 태도를 견지하였다. 한인들이 훈춘사건에 연루되어 있고 일본은 이를 바로잡기 위해 '간도출병'을 단행한다는 일본 측의 입장을 여과없이 게재하였다. 『대공보』는 먼저 이를 중국 독자들에게 알리는 일이 중요하였기 때문에 사실 관계를 확인하지 않고 보도한 감이 없지 않다. 물론 당시 불가피한 상황이기도 했지만 훈춘사건이 어떠한 파장을 일으키게 될 지 명확하게 인식한 것은 아니었다. 뿐만 아니라 『대공보』는 중국은 한인과 일본의 갈등이기 때문에 중립을 지키면서 사태를 주시하고 해결해야 한다고 문제의 해법까지 제시했다.

둘째, 보도내용이 간도출병을 계기로 점차 바뀌기 시작했다. 일본군대가 중국 동북 지역을 마음껏 유린하는 사실을 접하면서 충격에 빠진 중국인들의 인식이 그대로 반영된 것이다. 서북간도는 더이상 중국인 관리들의 통치 범위를 벗어나고 있다는 점을 재차 강조하면서 베이징정부의 강력한 대응 의지를 주장했다. 여기에는 『대공보』가 신문화운동의 선봉이라고 자임하면서 1920년 8월에 창사에 문화서사(文化書社)가 설립되고 양 기관이 경쟁적으로 애국주의 열풍을 고취시키고 있었다는 점에서 경신참변에 대한 보도는 중국인들에게 일본제국주의의 중국 침략에 대한 경각심을 불어넣기에는 아주 적합한 것이었다.

셋째, 경신참변의 실상을 보도하면서 장로회 선교사들의 경험담을 게재했다. 제3자이자 치외법권을 가진 외국 선교사들의 눈으로 본 일제의 참혹함을 중국 독자에게 그대로 전달하면서 피해는 한인에게 집중되었지만, 정작 일제의 침략 무대가 중국 영토란 점을 독자들에게 주지시켜 주었다. 간도침공의 목적이 일본이 간도를 자신들의 영토로 삼으려고 한다는 데 있다고 보도함으로써 중국인에게 영토 침략이 가져온 폐해를 주지시켜 주었다. 1920년 중국은 공화제에 대한 열기가 어느 때보다도 고조되고 있는 시점이었고, 일제의 간도침략은 신해혁명 이후 지속되어 온 혁명의 열기를 외세가 또 꺾을지도 모른다는 역사의 교훈을 독자들에게 알려 주기 위해『대공보』는 그 어느 신문보다도 많은 경신참변 기사를 게재한 것으로 보인다.

| 제2장 |

1923년 일본 관동 조선인 대학살과 해외 언론의 보도 양태

1. 머리말

　1923년 9월 1일 오전 11시 58분 도쿄를 위시한 요코하마, 치바 등 일본 관동 지역에서 진도 7.9의 강진, 이른바 '관동대지진'은 제국주의 일본의 수도를 폐허로 만들었다. 1868년 메이지 유신 이후 서구자본주의 체제를 '종교'처럼 받들어 온 일본의 속도전이 무색할 만큼 1923년 도쿄에 대한 '자연 공습'은 처참한 모습으로 나타났다. 사망자 9만여 명, 부상자 10만여 명, 행불자 4만여 명, 이재민 총수 340만여 명, 소실 가옥 44만여 채 등 그 피해는 이루 헤아리기 어려웠다. 참혹함 그 자체였다.

　일본은 이날을 기억하고 기념하기 위해 도쿄 요코아미쵸(橫網町) 공원 내 부흥기념관을 세웠다. 이 기념관은 1923년 관동대지진과 제2차세계대전기 미군의 도쿄 공습에 대한 역사를 기억, 전시하고 있는 곳이다. 특히 관동대지진 전시관에는 '유언비어로 치안이 악화'되었다는 패널을 전시하고 있다. 내용은 "9월 1일 저녁부터 조선인들이 공격한다는 유언비어가 광범위하게 퍼져 나갔으며, 2일 밤 긴급 계엄령을 선포하였다. 군대, 경찰 및 신문도 이를 믿고 행동하였기 때문에 민간인들 역시 자경단을 조직하여 조선인 및 조선인으로 오인 받은 중국인 등이 살상 당했다"라는 것이다. 일본 정부에서도 공식 기념관에 조선인 및 중국인에 대한 '살상'이라는 용어로 전시하였지만, 정작 '학살(제노사이드)'이라는 표현은 사용하지 않았다.

여기에서 주목되는 점은 왜 '학살'이 아닌 '살상'으로 표현하는 가였다. 이는 단순한 용어 사용의 문제가 아니다. 살상은 단순한 유언비어의 오인으로 자연의 대재해 앞에서 사리 판단을 잘못한 상황에서 벌어진 것으로 치부할 수 있는 용어이다. 하지만 학살(제노사이드)은 조직적으로 이민족을 절멸시키려는 의도가 보인다는 점에서, 관동대지진 때 조선인에 대한 제국주의 일본(민간인 포함)의 행위는 제노사이드로 보는 것이 정확하다.

9월 2일 도쿄 일부 지역에 선포된 계엄령은 다음날 도쿄 전 지역으로 확대되었다. 따라서 계엄령이 반포된 상태에서 일본군들이 자행한 조선인 학살은 어찌 보면 일본 내에서 일본인과 조선인 사이에 발생한 민족전쟁이라고 할 수 있다. 이는 제국일본이 일방적으로 시작한 것이었으며, 한일 민족 간의 전쟁이 아닌 일본군에 의한 일방적인 조선인 학살의 형태로 나타났다. 일본 거주 조선인이라는 한계가 주는 압박감과 공포 속에서 재일 조선인은 단지 조선인이라는 사실 하나만으로 이유 없이 일본군에게 일방적으로 학살당한 것이다. 그 숫자는 약 6,600여 명으로 알려져 있다.

이 글에서는 1923년 일본 도쿄를 비롯한 간토 지역에서 발생한 대진재와 동시에 일어난 '조선인' 학살에 대한 세계 언론의 보도 양태를 비교 분석하고자 하였다. 다만 필자의 역량으로 중국과 일본, 독일의 예를 들었다.[1]

---

[1] 이 글을 작성하는 데 필요한 자료는 독립기념관 한국독립운동사연구소에서 편찬한 자료집을 주로 활용하였다.

2. 관동대지진, 조선인 학살과 한인독립운동 세력의 대응

　일본 관동대지진과 조선인 학살 소식은 온 세계에 전해졌다. 상하이 대한민국임시정부는 독립신문을 통해 제국일본의 잔학상을 알렸다. 1923년 9월 3일 독립신문 호외를 통해 관동대지진 당시 조선인 학살의 참상을 첫 보도한 이후 여러 차례 자세한 상황을 게재하였다. 당시 독립신문사 사장 김승학은 한광수를 파견하여 도쿄 지역을 비롯한 일본 관동지역 조선인 학살 사건을 보고 받았다. 1923년 10월 5일 대한민국 임시정부의 주도로 상하이 거류 한인들은 학살 사건을 조사하여 일본의 포악함을 비판, 성토하고 중국 등 세계 각지에 널리 알리기 위해 독립신문사 사장 김승학과 윤기섭, 여운형, 조덕진, 조완구, 이유필, 조상섭 등 7명을 집행위원으로 선출하였다. 물론 이들이 직접 조사한 것보다는 현지 파견 특파원의 정보를 통해 전 세계 한인사회로 조선인 학살 기사가 전송되었다. 12월 5일 『독립신문』 기사에서는 희생된 조선인 숫자를 6,661명으로 보도하였다. 이후 이 숫자는 오늘날까지 관동대지진 때 학살당한 조선인 숫자로 학계 등에서 널리 인정되고 있다.[2]

　그뿐만 아니라 특히 중국에서는 1921년 조직된 중한호조사를 중심으로 제국주의 일본의 조선인 학살에 맹렬한 비난과 대응을 촉구하였다. 중한호조사의 활동은 중국의 대표적 신문인 신보(申報)를 통해 일반인에게 전달되었다. 1923년 10월 29일자 신보에는 중한호조사에서 관동대지진 때 학살당한 조선인과 중국인에 대한 정확한 경위를 밝히고 일본 정부에서 사망자들을 위문하도록 교섭해야 할 것을 결의했다고 보도했

---

[2] 『독립신문』의 관동 조선인 대학살 관련 기사는 장세윤, 「관동대지진 때 한인학살에 대한 『독립신문』의 보도와 그 영향」, 『수선사학』 46, 2013 참조.

다. 이 회의에는 안중근 의사의 둘째 동생 안정근이 참여했다. 그리고 다음날 일본 정부와 교섭하기로 작성한 선언문의 전문을 실었다. 그 내용의 일부는 다음과 같다.

> "세계 인류가 일본이 지진 재해를 입은 것에 대하여 다 알고 있거니와 중한 국민은 역사적 원한을 가리지 않고 본인이 통합적으로 호소하여 모금을 진행하였고, 구제물품을 지원했으며 물심양면으로 원조했다. 우리가 인도적으로 일본의 지진피해를 지원한 이상 일본은 마땅히 인도적인 감사를 표시해야 할 것이다. 그런데 일본은 이와 반대로 중한 교포들을 무고하게 살해하였으니 일본 정부는 직접 살해하라는 지령을 내리지 않았다 하더라도 실질적으로는 폭도들이 중한 양국 교포들을 학살하라는 것을 묵인한 것이나 다름없다고 할 수 있다. (하략)"[3]

선언문에는 일본의 진정 어린 사과와 학살 관련자 처벌, 피해자들에 대한 보상금 지불, 선언문을 일본인들에게 공포할 것을 담고 있다. 하지만 제국일본은 중한호조사의 이러한 움직임에 대해 일절 반응하지 않았다.

한편 상하이에 본부를 두고 있었던 의열단에서는 제국일본의 이러한 만행의 책임을 다이쇼라고 인식하였으며, 그를 제거하기 위한 작전을 실행하였다. 단장 김원봉의 지시로 김지섭 의사가 직접 일본으로 가 일왕을 척살하기로 했던 의거였다.[4] 의거는 실패로 돌아갔지만 이 사건의 영향을 아주 컸다. 일본 경찰 수뇌부가 경질되기도 했다.

---

3 『신보』, 1923년 11월 4일, 「중한국민호조사의 선언」.
4 김지섭은 1923년 12월 30일 밤 소형폭탄 3개를 휴대하고 상해에서 일본으로 이동하였다. 1924년 1월 5일 도쿄 일왕의 거처인 니주바시(이중교)를 답사하고 같은 날 오후 7시 20분 경 니주바시 부근에서 폭탄을 투척하였으나 불발에 그치고 말았다.

3. 해외 언론에서의 관동대진재 보도 양태

1) 일본 『고베신문(新戶新聞)』의 '한인 학살' 보도

고베는 오사카와 인접한 항구도시이며 한국독립운동사에서는 김지섭이 1924년 1월 도쿄의 일왕을 처단하기 위해 도착한 곳이기도 하다. 이 도시의 유력 신문이었던 『고베신문』[5]에는 1923년 관동대진재의 소식과 조선인 관련 기사들이 여러 차례 실려 있다. 먼저 1923년 9월 4일자 기사에서는 조선인 2,000여 명이 도쓰카 부군 후지사와, 다이마, 하시모토, 도시 발전소를 습격하여 파괴하였다고 보도하였다.[6] 심지어 요코하마에 '불령선인' 400여 명이 보병 1개 소대와 전투를 개시하였으며, 그 후 중대가 증파되었고, '불령선인'도 약 1,000명으로 증가했다고 했다.[7] 이와 같은 언론 보도의 정점에는 조선인들이 일본인을 무참히 살해하였다고 하는 유언비어를 실었다는 점이다. 그 기사 가운데 대표적인 두 편을 인용하면 다음과 같다.

① 요코하마시 사쿠라기초 시나와리소학교 학생 시마 도시오는 "저는 아버지, 어머니의 생사를 모릅니다. 1일 정오의 강진으로 시민의 절반 정도가 참혹한 죽음을 당한 모양이라고 합니다. 2일 이후 제멋대로 폭행을 자행하여 일본인을 죽이고 다니고 있는 조선인은 실제로 증오해도 시원치가 않습니다. 저는 일본인이 살행당하는 것을 달아나는 도중에 여러 차례 보았습니다. 조선인은 저마다 손에 권총과 칼을 들고 이 사람 저 사람 할 것 없이 죽이고 다녔습니다. 하지만 바로 육전대가 상륙하여 깨우쳐주고 활동해 주어 기뻤습니다."라고 조선인을 저주하는 말

---

[5] 『고베신문』은 1898년 2월 11일 가와사키 조선소의 창업자인 가와사키소조가 창업한 신문이다. 고베신문은 무휴간 전통을 자랑하기도 했다. 그후 고베신문은 고베를 대표하는 지역 유력지로서의 명성을 유지하였다.
[6] 독립기념관, 『神戶新聞 韓國關係記事集』3, 2019, 270쪽.
[7] 위와 같음.

을 하면서 금방이라고 울음을 터트릴 것만 같은 모습이었다.[8]

② (전략) 3일 갑자기 고지마치 방면에 화재가 발생했는데 저녁 무렵에는 진화되었다. 이는 조선인의 방화에 의한 것이라는 소문이 자자했다. 1일 오후 4시경 요코하마에서 마구 강간, 약탈을 한 1천명의 조선인이 도쿄로 향한다는 정보가 있어 경관 및 군대가 자동차로 시나가와로 출동하여 경계를 엄중히 했다. 그 덕에 이들이 2일 아침 오이 근처까지 몰려왔지만 입경하지는 못하고 어딘가로 모습을 감추었다고 한다. 그러나 어두운 밤을 틈타 피난민들에게 위해를 가하는 조선인 집단이 각처에 출몰하여 형세가 상당히 험악했기 때문에 당국에서 시민들에게 정당 방위의 범위를 넘지 않는 선에서 이에 대한 대항책을 강구하는 자유를 허락하고 그런 취지를 각처에 통지했다. 이에 시민들은 저마다 몇 사람씩 자위단을 조직하고 머리띠와 흰색 어깨띠를 두르고 경계에 임했다. 이로 인해 2일 오전부터 이들에 대한 불안은 다소 누그러졌지만 전술한 바와 같이 다카나와 및 고지마치의 화재는 이들 조선인의 방화에 의해 발생한 것이라는 소문이 자자해서 어쨌거나 이에 대한 경계를 매우 삼엄하게 하고 있었다. (하략)[9]

①과 ②의 공통점은 학생과 철도국 사무관의 경험을 기사화한 것이며, 차이점은 ①의 목격자는 자신이 직접 경험한 것을 기자에게 말했다고 한 것이며, ②의 경우에는 철도국 사무관이 9월 4일경에 사태가 진정된 뒤 풍문으로 들은 것이라고 할 수 있다. 다만 ①의 경우 12살의 어린 소년이 과연 조선인들이 그러한 만행을 저질렀는지 확신한 것이 아니라 주변의 소문을 듣고 맹신한 것은 아닌가 한다. 이러한 현상에 대해『고베신문』1923년 9월 9일자의 기사에서는 비교적 냉정한 자세를 유지하기를 염원하는 듯한 인상적인 내용을 엿볼 수 있다. 이를 일부 인용하면 다음과 같다.

---

8 독립기념관,『神戶新聞 韓國關係記事集』3, 273쪽.
9 독립기념관, 위의 책, 「미증유의 대재해를 기회로 망동을 시작한 불령선인단 帝都의 혼란을 3일간 응시했다」.

(전략) 그러나 지난번 군대, 경찰관은 물론이고 재향군인회 청년단과 그 외의 단체들을 엄중히 경계, 검속 등을 한 결과 이제는 이들 불온 행동은 근절되었다. 요컨대 불령선인데 관한 풍문을 과장하는 자가 많았고, 더욱이 기존의 유언비어가 여기에 더해짐과 동시에 꺼리고 싫어하는 좌익 세력이 이들 유언비어를 말하며 이 처참한 재액의 위기에 참가하여 한층 더 우리 동포를 위기에 빠뜨리고 질서를 어지럽히고자 유포하고 있음에 틀림없다. 경계는 앞으로 게을리해서는 안 되겠지만 자경의 책임을 맡고 있는 단체는 물론이거니와 일반에게 이러한 유언비어에 현혹되는 일 없이 냉정하고 진중한 태도를 잃지 않는 것이 필요하다. 거동이 수상한 무리를 발견하면 신속하게 군대, 경찰 등에 인도하여 당국의 조사에 맡기고 스스로가 제재를 가하는 일이 없기를 바란다.[10]

하지만 위의 내용을 보면 관동 계엄사령부는 책임 회피형으로 홍보성 선전문을 발표하였던 것이다. 또한 이미 계엄군들이 묵인하고 지원하고 있는 자위단들의 폭압적 행태로 수많은 한인들이 희생되고 있었다. 이를 무마하고 국제사회에 여론전을 펼치기 위해 이러한 형태의 발표문을 관동 계엄사령부에서 작성하였던 것이다.

10월 말에는 일본 내부에서도 자경단의 폐해가 심각하다는 자성의 목소리도 나왔다.[11] 당시 사이타마 자경단이 한번에 86명의 조선인을 살해할 사실, 군마현의 후지오카 자경단이 이 마을 경찰서를 습격하여 유치 중이던 조선인 인부 16명을 살해한 사실 등 조선인에 대한 난폭하고 잔인한 학살이 자행되었음을 보도하였다. 하지만 또다른 기사에서는 "진재 당시 조선인이 잔혹하게 학대를 당한 일은 매우 동정할 만하나 또 다른 측면에서는 그들도 상당히 난폭한 행동을 했다"라고 언급했다. 이러한 보도 양태는 일본 자경단의 행위가 결코 부도덕하고 불합리한 처사

---

10 독립기념관, 위의 책, 279쪽.
11 독립기념관, 위의 책, 281쪽.

가 아니라는 점을 부각시키는 측면도 있었다.[12] 뿐만 아니라 한인 유학생들 가운데 부녀자를 능욕하는 경우가 많았으며, 노동자들은 가담하는 경우가 적었다고 한다.[13] 그러나 이러한 목소리는 혼탁해졌다. 다시 신문기사에는 한인들의 악행이 심각하였기 때문에 그에 대한 반발로 한인학살로 이어지게 되었다는 황당한 변론도 있었다.

2) 독일 언론

유럽에서도 관동대진재의 소식은 빠르게 전해졌다. 독일 베를린에서 발간된 『베를리너 타게블라트』는 미국 뉴욕 연합통신사(AP)의 기사를 인용하여 일본 요코하마에서 도신 전체가 불에 타고 많은 사람이 화쟁의 희생양이 되었다고 보도했다.[14] 뿐만 아니라 9월 1일 정오[15] 6분 동안 지진이 발생했으며, 도쿄와 오사카의 전화선이 모두 단절되었고 도쿄, 요코하마, 오사카의 피해가 컸다고 기사화했다.[16] 9월 3일자 동일한 신문에는 도쿄와 요코하마 피해 상황과 수만 명의 희생자가 발생했다는 상황을 실었다. 특히 희생자의 정확한 숫자가 파악되지 않고 있다는 점을 강조했다. 다음날인 9월 4일자에는 지진으로 사망한 숫자를 20만 명으로 보도하였다. 그 기사의 일부를 보면 다음과 같다.

> 9월 3일, 일본의 지진 재난에 관한 마지막 소식에 의하면 약 20만명이 희생되었다. 도쿄는 아직도 화염에 휩싸여 있다. 도쿄의 큰 화재는 아직 통제가

---

[12] 당시 일본 거주 한인들이 무장을 한 상태로 일본인을 과연 얼만큼 공격할 수 있었을까. 이에 대한 연구는 강덕상의 글 참조.
[13] 독립기념관, 위의 책(『고베신문』, 1923년 10월 22일, 불평불만을 품고 악행을 자행하는 조선인 유학생이 많았다).
[14] 독립기념관, 『독일어신문한국관계기사집』, 2018, 125쪽.
[15] 정확하게는 1923년 9월 1일 오전 11시 58분이다.
[16] 오사카의 피해 상황이 컸다는 것은 오보라고 할 수 있다.

안되어 모든 교통수단이 불가능하게 되었다. 일본의 수도는 교토로 옮겨야 한다. 상하이에 있는 영국함대는 이들을 구조하기 위해 요코하마로 출동하라는 명령을 받았다. 영국의 왕은 일본 천황에게 깊은 유감을 전했다. 일본 국민이 희생된 참혹한 재난에 경악을 금치 못했다고 표현했다. (하략) 요코하마의 은행과 그랜드 호텔은 완전히 파괴되었다. 외국인 식민지 집들도 대부분 피해를 입었다. 일본 시장은 모두 문을 닫았다.[17]

이처럼 도쿄, 요코하마의 일상생활은 모두 멈추었다. 도쿄의 건물 35만 채가 파괴되었으며, 오사카에서는 외국인 500명이 희생되었다. 군대들은 거리에서 시신을 정리하는 데 바빴다고 했다. 이를 위한 일본의 부흥(?)운동이 벌어진 것이고 소요되는 시간은 약 2년으로 추정하였다.[18]

한편 베를린 사람인 부카르트 박사는 자신이 직접 목격한 관동대진재의 경험과 그 속에서 일어난 '한국인'의 학살의 목격담을 『포씨쉐 짜이퉁』 신문에 실었다. 그는 26,000톤 급 배 위에서 1923년 9월 1일부터 9월 8일까지 지진 재난을 목격하였다. 재난의 한가운데에서 불안에 떨며 목도한 광경은 엄청난 자연재해 속에서 인간의 처참한 모습 그 자체였다. 심지어 바다에는 시체 담장이 생길 정도였다고 한다. 특히 한인 학살 관련 목격담을 인용하면 다음과 같다.

> 일본정부는 군함과 군인을 첫 번째 재난 지역으로 보냈다. 질서를 바로잡고 약탈을 방지하기 위해서이다. 요코하마의 교도소에 약 3천 여 명의 죄수들이 탈옥했다. 이들은 도시를 약탈하고 파괴하였다. 그들 속에 많은 일본인과 한국인들도 있었다. 군인이 제일 먼저 행한 일은 모두에게 암호를 보낸 것이다. 한국인이 도시를 불지르며 우물에 독을 탔으며, 그들은 이제 약탈자이다. 그 결과 끔찍한 한국인 학살이 일어났다. 어디든 한국인이 나타나면 모두들 달려들어 그를 죽도록 때렸다. 군인들은 결과적으로 한국인들을 보호하는

---

17 독립기념관, 『독일어신문한국관계기사집』, 127쪽.
18 독립기념관, 『독일어신문한국관계기사집』, 131쪽.

것처럼 군대로 데리고 갔다 .그것은 보호하는 것처럼 보였다. 그들은 모두 총살당했다. 누군가 뛰어 올랐다. 그것은 군국주의자가 또하나의 피바다를 만든 신호였다. 15,000명의 보호 받은 한국인 중에 몇 명이 살아남지 못했다. 군인들은 한국인의 실상을 본 유럽인에게도 공포심을 유발시켰다. 일본인은 한국인을 멸종시키기 위해 기회만 엿본 듯 했다.[19]

자연재해를 이용하여 타민족을 무참하게 학살하는 행위는 반인류적 행위였다. 그는 제국일본의 이 같은 행위에 대해서 야만적인 행위라고 인식하였다. 이에 더해 일본 정부는 대지진으로 일어난 재난에 대해서 외국인에게 공개하는 것을 극도로 자제하였다. 따라서 외국에서는 그 재난에 대해서 명확하게 알 수 없었다고 독일 언론은 보도하였다.

4. 맺음말

중국 대련에서 발간된 『대련 일일신문』은 일본에서 운영하는 신문사이다.[20] 이 신문사에서 관동대진재와 관련된 기사는 많지 않지만 그 보도 양태는 왜곡된 형태였다. 즉 경찰이 관공리청년단을 무장시켜 일본에서 활동하는 불령단(독립운동단체)을 방어하였다는 것이다.[21] 뿐만 아니라 이 신문에서는 흉기를 든 독립운동가들이 200여 명에 이른다고 했다.

1923년 일본에서 일어난 관동대지진과 이러한 자연재해를 극복하기 위해 제국일본은 총력을 다했지만 여론의 악화에 직면하게 되었다. 이때 일본 관동 지역에 거주하는 조선인을 상대로 대학살을 기획하였던 제국일본은 관동대지진의 피해와 여론 악화를 조선인들의 탓으로 돌렸

---

19 독립기념관, 『독일어신문한국관계기사집』, 136쪽.
20 김태국, 「중국에서 발행된 『대련신문』 소재 한국독립운동 관련기사 분석」, 『한중관계연구』 6-2, 2020 참조.
21 『대련신문』 1923년 9월 4일, 「흉기를 휴대한 불령선인단」.

다. 이처럼 제국일본의 자연재해 극복 방법은 이민족에 대한 제노사이드 형태로 나타났다.

이처럼 관동대진재는 일본을 넘어 인류에게 다가온 재난이었다. 이를 대처하기 위해 제국일본 정부는 자국민을 보호하고 안정시킨다는 명목으로 재일거류 조선인들에 대한 무차별적인 공격을 감행하였다. 일본 『고베신문』은 불량한 조선인들이 대지진의 혼란한 틈을 이용하여 일본인들을 무차별 공격하고 있다는 가짜 뉴스의 내용을 게재하였다. 이러한 가짜 뉴스는 확대 재생산되어 조선인들이 폭력의 상징으로 명징화시키는 데 중요한 역할을 하였다. 정보력이 없는 일반 일본인들은 조선인들에 대해 적개심을 드러내기도 했다.

하지만 일본 『고베 신문』에서도 자국민들의 행위에 대한 동정적 기사를 보내고 있음을 알 수 있다. 상해 『독립신문』과는 달리 객관적인 언론사의 보도 양태는 쉽게 찾아 볼 수 없었다. 물론 시간이 지나면서 『고베신문』도 자경단에 희생되었던 한인들의 소식을 게재하였다. 하지만 인류의 재난 앞에서 타민족을 그 희생양으로 삼는 행위에 대한 엄중한 경고는 거의 없었다. 독일신문들은 끔찍한 인류의 재난 앞에서 인간이 해야 할 무엇인가를 찾는 경험담 속에서 한인들이 희생당하고 있는 모습을 게재하였다. 일본 정부의 언론 통제와 외국인들의 기사화를 방어하는 모습들도 언급하였다. 인간의 가장 폭력적이며 잔인한 행위들로 조선인들이 학살되고 있음을 경고하였다.

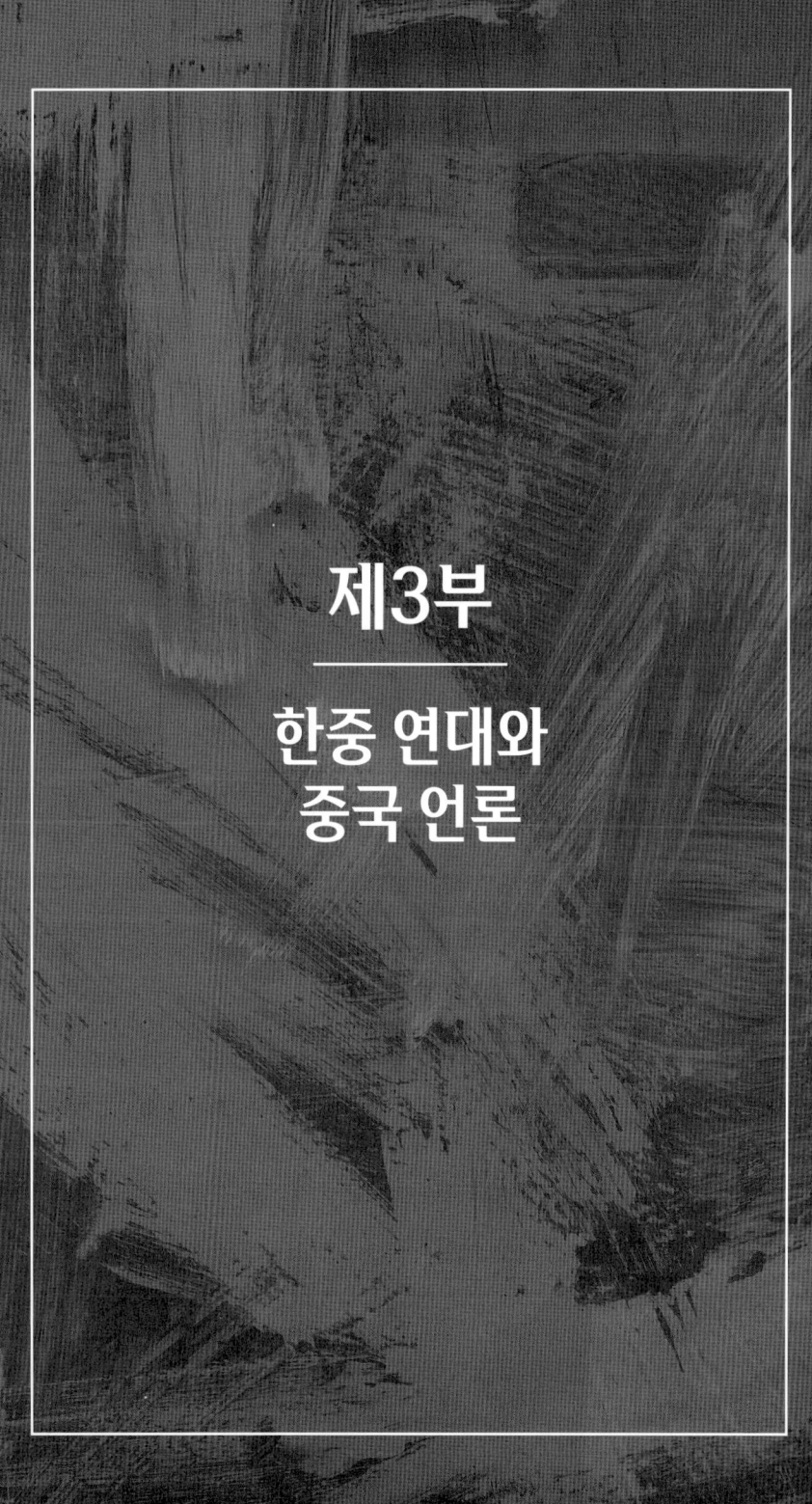

제3부

한중 연대와 중국 언론

| 제1장 |

『구망일보』와 『해방일보』에 비친 조선의용대의 활동과 성격

1. 머리말

1919년 길림성 길림시(吉林省 吉林市) 파호문 밖에서 13명의 결사대가 모여 '조국의 광복을 위해'라는 기치 아래 의열단을 조직하였다. 석정 윤세주(石正 尹世胄)는 그 가운데 한 명이었다. 의열단 조직 후 그는 국내외를 넘나들면서 독립운동의 영역을 넓혀 나갔다. 그가 의열단 사건으로 6년여를 복역한 후 다시 남경에서 또 다른 방향의 독립운동을 전개하였던 것은 활동 영역뿐만 아니라 독립운동의 질적 변화를 추구하였음을 반증한다. 그 결과물이 바로 조선의용대의 창설이었다.

1938년 10월 10일 후베이성 우한(湖北省 武漢)에서의 조선의용대의 창설은 한국과 중국이 운명공동체임을 알리는 한편, 일제의 '만주사변(9·18)' 및 만보산 사건과 같은 민족이간책 등을 극복한 상징적인 사건이었다. 특히 1937년 7월 중일전쟁이 발발하면서 관내 지역 역시 일제의 침략에서 자유롭지 못하게 된 중국은 이미 식민지로 전락한 한국독립운동 세력과의 연합을 통해 일본제국주의에 공동으로 대응할 필요성이 절실했다. 물론 이것은 한국독립운동 세력도 마찬가지였다. 강도의 차이는 있지만 공동항일전선 구축에 대한 공감대가 형성되었으며, 효과적인 대적(對敵) 활동을 위해 한중 연합론이 급속도로 대두된 것이다. 그것이 바로 조선의용대의 창설로 연결되었다.

조선의용대는 1938년 10월 말 우한이 일제에 의해 함락되자 급히 구이린으로 대본부를 이전하였다. 구이린에는 중국군사위원회, 중앙군관학교가 이전하여 있었으며, 중국인 문호 바진(巴金)이 유자명(柳子明)과 교유했던 문화생활출판사 등 정치·문화의 중심지가 되었다. 이곳에서 조선의용대는 또 다른 우군을 만나게 된다. 바로 궈모뤄(郭沫若)가 창간한 구망일보사와의 인연이다. 이는 조선의용대가 중국에서도 한국독립운동을 알리고 중국과 함께 공동항일전선을 구축하는 데 중요한 계기가 되었다고 할 수 있다. 조선의용대의 활동과 위상을 알리는 데는 자신들의 선전도 중요하지만 객관성을 담보하기 위해서는 제3자의 협조가 필수적이다. 즉 『조선의용대통신』에 보다 자세한 조선의용대의 활동을 알릴 수 있지만, 그것은 어디까지나 자신들의 기관지이기 때문에 『구망일보』가 지닌 제3자의 시각은 오히려 조선의용대의 위상을 더욱 높일 수 있는 계기가 될 수도 있었다.

본 장은 이점에 착안하여 작성하였다. 지금까지 조선의용대와 『구망일보』의 관계를 깊이 조명한 연구는 거의 없다. 다만 염인호에 의해 조선의용대의 구이린에서 활동상을 조명하면서 구망일보를 언급하고 있는 것이 전부라 해도 과언이 아니다.[1] 염인호는 조선의용대의 '구이린 시기'를 정리하면서 『구망일보』와 조선의용대의 관계를 언급하였으며, 특히 선전 활동의 하나인 연극 공연과 그 감상에 대한 중국인들의 글을 분석

---

1 염인호, 『조선의용대·조선의용군』, 한국독립운동사편찬위원회, 2009, 69~92쪽.

하였다. 하지만 『구망일보』의 기사 분석이 주가 아니고, 이를 조선의용대 활동 가운데 하나로서 취급하였기 때문에 신문 논조의 특징을 파악하는 데 한계가 있음도 부인할 수 없다.

『구망일보』에는 한국 관련 기사가 조선의용대 창설보다 먼저 보인다. 그만큼 한국독립운동에 대한 관심이 컸음을 알 수 있으며, 그 연장선상에서 조선의용대와의 관계가 더욱 깊어졌음도 『구망일보』의 기사를 통해 충분히 짐작할 수 있다. 따라서 본 장에서는 제1부 4장에서 다루지 않은 구망일보사와 조선의용대가 구이린에서 활동했던 구체적인 사실과 함께 『구망일보』에 게재된 각종 기사를 중심으로 조선의용대의 대민(對民)·대적(對敵)·대중연합(韓中聯合)과 그 위상에 대해 분석하고 그 의의를 도출하고자 한다.

『해방일보』는 중국공산당의 기관지였다.[2] 1941년 5월 16일 창간된 『해방일보』는 그 이전 발간된 중공 당기관지를 통합해서 창간되었다. 『해방일보』와 조선의용대와의 관계는 『구망일보』와는 다르다. 하지만 산시성(陝西省) 옌안(延安)으로 조선의용대가 이동할 때 『해방일보』에는 지속적으로 조선의용대 기사가 많이 실렸다.

따라서 본 장에서는 두 신문에 게재된 기사를 중심으로 조선의용대의 대민(對民), 대적(對敵), 한중연합(韓中聯合) 및 그 위상에 대해 분석하고 그 의의를 도출하고자 한다. 이를 통해 그동안 조선의용대가 한국독립운동사에서 차지하는 위상에 대해 보다 높은 수준의 재검토가 필요하다는 공감대를 이끌어 낼 수 있지 않을까 생각된다. 다만 이 글에서는 『해방일보』의 경우 윤세주 등 독립운동가들의 순국 이후에도 조선의용대 및 한국독립운동 관련 기사가 많이 나오지만 이 글의 목적이 중국 언론

---

2 『해방일보』는 중국 국가도서관에 12롤이 있으며, 독립기념관에는 12책으로 출간된 자료가 소장되어 있다.

에 비친 조선의용대에 초점을 맞추어 그 양태를 분석하는 데 있기 때문에 시기적으로 윤세주를 비롯한 조선의용대원들에 대한 중국 측의 추도가 끝나는 시점인 1942년 9월로 기사의 분석을 제한하였다.

2. 『구망일보』의 조선의용대 활동

1) 대민 선전

조선의용대는 창설 당시 총대부와 3개 구대로 편제되었다. 총대부에는 대장 김원봉을 비롯하여 13명의 대원이 있었으며, 제1구대와 2구대는 각각 약 40명 정도의 대원이 있었다. 그후 조직이 확대되면서 1940년 2월에는 본부 인원이 90명에 근접하였고, 제3구대가 새로 추가되어 전체 인원은 약 200명 정도였다고 보여진다.[3] 조선의용대는 창설부터 중국항전 참가, 조국 해방, 동방약소민족과의 연대를 통한 민족 해방 등에 역점을 두면서 활동을 전개하였다.[4] 중국항전에 참가하기 위해서는 먼저 중국인들에게 한국 청년들의 활동상을 알려야 하는 것이 시급한 과제였다. 가장 효과적인 방법은 연극이었다. 제1지대가 있었던 후베이성 노하구에서는 김창만(金昌滿) 등이 주축이 되어 중산공원에서 중국인들을 대상으로 연극을 공연하여 호평을 받았다.[5] 특히 일본군 포로들을 대상으로 중국 노하구 예술대와 공동 공연을 통해 반전 동맹을 이끌어 냈다.

본부를 우한에서 구이린으로 이전한 조선의용대는 3·1운동을 기념하

---

3 김영범, 앞의 책, 214~217쪽.
4 김영범, 위의 책, 218쪽.
5 湖北省老河口市地方誌編纂委員會, 『老河口市誌』, 1992, 553쪽.

고 이를 중국인들에게 알리기 위해 공연을 준비하였다.[6] 공연 제목은 〈조선의 딸〉이며 내용은 민족 해방을 위한 조선 여성들의 눈물겨운 투쟁을 생생하게 묘사한 것이다. 『구망일보』 3월 3일자 기사에는 조선의 딸에 대한 감상문이 세 편이나 실려 있다. 중요 부분만 차례대로 정리하면 다음과 같다.

> ① 조선의용대의 공연을 보고난 뒤 가장 먼저 가슴에 와닿은 것은 조선의 딸이라는 제목의 연극 전편에 흐르고 있는 강력한 혁명정신이었다. 이 연극은 의도적으로 혁명정신을 부각시키기 위해 어떠한 형태로든 특별한 연출을 하지 않아 보였다. 그러나 현실생활 속에 나타나는 압박과 이에 대한 합리적인 반항이라는 작용과 반작용의 절묘한 조화를 통해 자연스럽게 드러난 혁명정신은 보는 이를 감동시키기에 충분한 것이었다.[7]
>
> ② 낮에는 조선의용대가 주최한 3·1운동 20주년 기념식에 참석하고 저녁에는 新華戲院에서 조선의용대가 준비한 연극 조선의 딸을 관람했다. 연극을 관람하면서 느꼈던 가슴이 뛰는 듯한 감동의 여운이 아직도 남아 있다. 조선의용대가 연극 조선의 딸을 공연한 것은 조선 3·1운동 20주년을 기념하고 동시에 상이군인 위문공연에 호응하는 의미에서였다. 인력과 물자가 모두 부족하고 어려운 상황에서 조선의용대가 연극을 무대에 올리기까지 중국 국내 예술계 인사들의 열렬한 지원이 적지 않은 힘이 되었다. (중략) 2막으로 구성된 조선의 딸은 일본제국주의의 압박과 착취에 신음하는 조선민족의 고통과 반항을 그린 작품이다.[8]
>
> ③ 연극 조선의 딸은 압박과 착취에 시달리던 조선민족의 일본제국주의에 대한 반항과 망국 후의 침통함을 묘사한 작품으로 관중들의 반응으로 보아 상당히 성공적인 공연이었다. 막이 오르자 평생을 살아온 터전에서 쫓겨난 할아버지와 그의 남루한 보따리가 함께 문밖으로 내팽개쳐지는 장면이 펼쳐지고 막 뒤에서는 이민자들을 실은 마차 행렬의 소리

---

6 『구망일보』 1939년 1월 21일, 「留朝鮮義勇隊 將上演 '朝鮮女兒'」.
7 『구망일보』 1939년 3월 3일, 「對于朝鮮義勇隊公演的感言」(艾青).
8 『구망일보』 1939년 3월 3일, 「朝鮮民族的朝鮮的女兒' 觀後」.

가 들려왔다. 이것만으로도 망국민의 참담함을 관중들에게 전해주기에 충분해 보였다.[9]

제한된 공간과 인적 자원의 부족 등 내외적 제약을 극복하고 중국인들의 가슴 속에 망국인의 비애와 독립운동의 당위성을 강렬하게 남긴 연극 '조선의 딸'에 대한 중국인들의 공통적인 평가는 강력한 혁명 정신 그것이었다. 구이린에서 〈조선의 딸〉을 무사히 마칠 수 있었던 것은 ②에서 보이듯 중국 문화계 인사들의 적극적인 지원 없이는 불가능한 일이었다. 당시 구이린에는 20세기 중국 문학계를 대표하는 궈모뤄·바진·아이칭 등이 활동하고 있었으며, 그들이 음과 양으로 지원하였기 때문에 조선의용대의 활동도 활발하게 진행될 수 있었다.[10] 또한 중국어의 한계로 중국인 관객들이 중요 대사를 놓칠 수 있었지만, 그럼에도 불구하고 중국인들의 구망운동에 탄력을 주었으며 중국항일투사들로부터 높은 평가를 받았다.[11] 나아가 〈조선의 딸〉을 준비하고 공연하면서 중국인들의 공감대를 이끌어낸 것은 향후 한중 연대를 강화하고 조선의용대의 문화역량을 향상시키는 데 일조하였다고 볼 수 있다.[12]

2) 대일본 선전

조선의용대의 활동 가운데 특징적인 것은 반전항일전선의 구축이었다. 여기에는 한국뿐만 아니라 중국·대만·베트남 등이 연합하여 일본제국주의에 적극적으로 대항하려는 의지가 강렬하게 배어 있다. 한편으로

---

9 『구망일보』 1939년 3월 3일, 「朝鮮的女兒'觀後感」(王瑩).
10 유자명, 『한 학명자의 회억록』, 독립기념관 한국독립운동사연구소, 1999, 293쪽.
11 『구망일보』 1939년 3월 3일, 「朝鮮的女兒'觀後感(王瑩)」.
12 염인호, 『조선의용대·조선의용군』, 74쪽.

는 일본인을 이용하여 반전조직을 활용하려는 것이다.[13] 조선의용대는 군사보다 정치, 작전보다 선전이라는 양대 원칙을 실천한다는 취지에서 1939년 6월 23일 오후 구이린시 낙군사 대강당에서 일본군 포로 21명을 위한 간담회를 개최하기로 했다.[14] 1,000여 명에 가까운 사람들이 낙군사 대강당을 가득 메웠다. 강당 중간에는 3개의 긴 탁자가 놓여 있었으며 탁자 주위에는 구이린시 각계 대표 100여 명이 좌정하고 있었다. 간담회가 이처럼 성황을 이룰 것이라고는 주최 측도 전혀 예상하지 못했을 것이다.[15] 21명의 일본군 포로가 입장하자 대회 주석을 맡은 이달의 개회사가 이어졌다. 당시 개회사의 개괄적인 내용은 다음과 같다.

> 오늘 여러 일본형제들을 환영할 기회를 갖게 된 것을 매우 기쁘게 생각합니다. 준비가 부족한데다 장소가 협소하여 내외 귀빈 여러분에 대한 대접이 소홀한 점 이해해 주시기 바랍니다. 이 자리에 있는 일본형제들은 본시 모두가 선량한 사람들입니다. 단지 군벌들의 강요에 의해 전장에 끌려와 어쩔 수 없이 중국 동포를 향해 총칼을 겨루게 된 것입니다. 수천만 일본 국민이 모두 이런 처지에 놓여 있습니다. 이 자리에 있는 일본형제들은 여러분들의 진정한 적이 누구인지 분명히 알아야 합니다. 우리 모두 공동의 적인 일본군벌을 타도해야만 우리에게 희망이 있습니다. 압박받는 조선인민 및 중국 민중과 연합하여 중국 항전에 동참하여 공동의 적인 일본군벌을 타도합시다.[16]

---

[13] 일본이 각 민족, 각 지역에 침투하여 각종 반선전 및 이간정책을 강화하고 있는 시기에 이두산이 오주에서 반월간 『동방전우(東方戰友)』를 발간한 것은 일본의 반선전을 무력화시키기 위한 특단의 조치였다고 『구망일보』에서는 평가하였다. 중국 항전에 관한 소식을 주로 다룰 이 잡지는 중국의 저항과 각 약소 민족 간의 관계에 중점을 두는 한편 일본제국주의의 만행, 동방 각 민족과 국가에 대한 일본의 침략 야욕 및 음모를 폭로하여 일본을 향한 세상 사람들의 공분을 자아내는 것을 발행의 취지로 하였다(『구망일보』 1939년 2월 10일, 「鞏固反日'東方戰友'已出版」).

[14] 『구망일보』 1939년 6월 22일, 「擴大敵人反戰運動強調對敵政治進攻」.

[15] 조선의용대는 일본군 포로를 위한 다과회의 장소가 너무 협소하여 각 계 인사들에게 불편함을 주었다고 구망일보에 정식으로 사과문을 게재하였다(『구망일보』 1939년 6월 25일, 「朝鮮義勇隊道歉啓事」).

[16] 『구망일보』 1939년 6월 24일, 「歡迎日本的兄弟們」.

세계 평화를 위해 중국 항일전쟁에 참여함으로써 공동의 적인 일제를 타도해야 하는데 이를 위해서는 피압박민족의 연합이 절실하다는 취지의 개회사였다. 뒤이어 일본 포로 대표로 나카야마 야스노리(中山泰德)와 기타 요시오(北義雄)가 차례로 단상에 올라 다음과 같이 답사하였다.

> 조선의용대와 내빈 여러분의 열렬한 환영에 깊이 감사드립니다. 아울러 그간 중국 당국이 우리에게 베풀어준 환대에도 감사드립니다. 우리는 평화를 애호하며 전쟁에 염증을 느끼고 있습니다. 속히 진정한 평화가 찾아오기를 간절히 바랍니다.[17]

일본 포로들의 답사가 끝난 후 대만독립혁명당 대표 장이즈(張一之)가 연단에 올라 '일제가 일으킨 전쟁은 일본군벌을 위한 전쟁이지 결코 일반 일본인을 위한 것이 아니며 세계 인류에도 전혀 도움이 되지 않기 때문에 일본제국주의는 반드시 타도되어야 한다'는 취지의 연설을 하였다. 각 대표들의 연설이 끝나고 김엽과 이두산의 연설, 일본 포로들의 공연 등 조선의용대가 주최한 일본 포로를 위한 행사는 진정한 인류애를 확인하는 자리로 끝을 맺었다.[18] 이처럼 조선의용대가 대일 선전을 활발하게 전개할 수 있었던 것은 구이린의 입지 조건이 그만큼 적합하였기 때문이다. 구이린은 중국 군정부 제2포로 수용소로 가는 길목에 위치하고 있었기 때문에 일본군 포로의 중간 집결지였다. 포로가 10여 명 내외로 모이면 제2포로수용소로 보내곤 했다.[19] 구이린은 반전운동의 중심지가 되었다. 일본군 포로 교육을 위해 중국 측에서는 일어훈련반을 건립하는 등 여러 분야에서 이들을 활용하여 반전조직을 만들고자 했다.

---

17 위와 같음.
18 『구망일보』 1939년 6월 25일, 「歡迎日本的兄弟們」.
19 염인호, 앞의 책, 77쪽.

조선의용대도 반전운동에 적극적으로 참여하였다. 1939년 6월 구이린에 일본군 제3포로수용소를 설립하게 되었는데 그때 주세민(周世敏, 본명은 김운학(金雲鶴))이 관리원으로 결정되었다.[20] 주세민은 1939년 7월 3일 저녁 구이린방송국에서 일본어로 일본 사병들을 향해 선전 방송을 진행하였다. 그는 방송에서 일본이 일으킨 침략 전쟁의 본질과 일본 사병들의 희생이 무의미하다는 것, 중국항전은 정의와 평화를 위한 싸움이며 일본을 타도해야 동아시아에 진정한 평화가 도래한다는 것 등을 설명하였다. 또한 조선의용대가 중국에서 창설되고 중국항전에 참가한 첫째 목적은 한민족의 해방이며 동시에 일본 민중의 해방을 위한 길이라고 역설하였다. 이러한 목적을 즉시 달성하기 위해 일본 사병들이 총구를 돌려 일본 군벌을 타도하는 것이 침략전쟁을 종결할 수 있는 유일한 방법이라고 호소했다.[21] 주세민의 선전 방송은 연설 내용 뿐만 아니라 유창한 일본어로 일본 사병들의 마음을 움직였다고 『구망일보』는 진단하고 있었다. 당시 조선의용대원들의 일본어 실력은 반전운동을 전개하는데 있어 중요한 수단이자 무기가 되었다. 실제로 조선의용대원들은 전선에서도 대적 선전 활동을 활발하게 전개했다. 1940년 2월 강서성 북부 전선에서 조선의용대 제3구대는 대적 선전 활동을 통해 고우시(高郵市)를 탈환했을 정도 엄청난 효과를 발휘하였다.[22]

3) 한중 공동항전

'한중 민족이여 연합하라'

조선의용대 성립 선언에 나오는 말이다. 조선의용대는 중국항전에 참

---

20 위와 같음.
21 『구망일보』1939년 7월 4일, 「日本司兵聆此豈能無動於心 周世民對日廣播」.
22 『구망일보』1940년 3월 9일, 「朝鮮義勇隊活躍江西北」.

가하고 궁극적으로 한국의 해방을 목적으로 성립하였음을 분명히 하였다. 당시 중국의 국경일이었던 쌍십절에 창립한 것은 그 상징적인 의미를 내포하고 있는 것이다. 중국의 지원을 받으면서 한국의 독립을 쟁취하기 위해서는 한중 연합전선을 강화하지 않으면 불가능한 일이라고 판단하였던 조선의용대는 중국 각 단체와의 회의 및 토론에도 적극적으로 참가하는 등의 열의를 보였다.[23] 뿐만 아니라 조선민족전선연맹의 선언문을 통해 한중 공동항전의 의지도 불태웠다. 『구망일보』에 게재된 주요 부분을 정리하면 다음과 같다.

> 일본파시스트 강도집단이 내건 동아신질서의 구호를 철저히 파괴하고 대신 우리 손으로 진정한 신질서를 건립해야만 한다. 중국이 항전에서 승리하고 조선이 독립을 완성하며 대만이 자유를 회복하는 날이 바로 진정한 신질서가 수립되는 날이다. 여기에서 한걸음 나아가 우리는 혁명적 역량을 발휘하여 파시스트 강도집단에게 압박받는 무고한 일본인민대중을 수렁에서 건져내 동아 평화를 위한 기초를 다져야 할 것이다. 이것이 바로 우리가 세우려는 신질서이다. 중한 두 민족이 연합하여 일본파시스트 강도집단의 동아신질서를 파괴하자.[24]

특히 3·1운동을 기억하고 이를 통해 보다 강력한 항일투쟁을 전개해야 한다고 했다. 조선의용대는 3·1운동 20주년을 기념하면서 「중국 동포에게 고함」이라는 글을 통해 3·1운동이 한민족독립운동의 총화이며 정의의 분노를 폭발시킨 것이라고 하면서 중국의 항일투쟁에 한국 청년들이 참여하고 있음을 강조하였다.[25] 한국의 청년들이 독립된 무장대오를 조직하여 중국인과 함께 일본 파시스트 강도집단을 향해 진격해

---

23 『구망일보』 1939년 3월 26일, 「本市各團體詩論壁報工作」.
24 『구망일보』 1939년 3월 26일, 「朝鮮民族戰線聯盟的宣言」.
25 『구망일보』 1939년 3월 1일, 「三一運動第二十週年紀念日敬告中國同胞書」.

야 한다고 했으며, 나아가 한국인과 중국인은 동일한 전선에 서서 생사를 같이 할 동맹자라고 평가했다. 조선의용대가 중국군사위원회의 지원을 받으면서 활동하기 때문에 중국과의 협력은 필수적 요소였다. 따라서 그들의 구호 역시 '중국항전 승리 만세' '조선민족해방 만세'라는 현실적인 입장이 투영될 수밖에 없었다.[26]

한편 조선의용대는 노동자들을 대상으로도 한중 연합을 주장하였다. 1939년 5월 1일 국제노동절을 기념한다는 취지로 한중 노동자들이 연합하여 공동의 적인 일본제국주의를 타도할 것을 요청했다.[27] 조선의용대는 한국 전체 노동자들을 대표하여 중국 노동자들과 함께 세계 평화를 쟁취하기 위해, 중국의 항전과 한국의 독립과 자유를 쟁취하기 위해 끝까지 항전할 것을 결의했다.

1939년 7월 중국의 7·7항전 2주년을 맞이하여 구이린시 각 선전단체는 대규모 공연을 계획하였다. 조선의용대는 구이린중학 대강당에서 연극 반공(反攻)을 공연할 예정이었다.[28] 2막으로 구성된 이 연극은 조선의용대 제1구대가 전선에서 펼친 활동을 극화한 것이다.[29] 중국 측 각종 행사에 적극적으로 참여하여 한중 연합전선을 더욱 강력하게 구축하고자 했던 조선의용대의 활동은 중국인들의 마음을 움직이기에 충분하였다.[30] 조선의용대 이달은 중한 연합전선을 강화하자는 취지의 연설문을 『구망일보』에 게재하였다. 주요 부분을 보면 다음과 같다.

일본제국주의는 한중 두나라 민족의 공동의 적이다. 대륙과 해양이라는

---

26 『구망일보』 1939년 2월 18일, 「朝鮮抗日高潮圖記」.
27 『구망일보』 1939년 5월 1일, 「朝鮮義勇隊發表告 中國工友書」.
28 『구망일보』 1939년 7월 4일, 「朝鮮義勇隊七七公演」.
29 염인호, 앞의 책, 80쪽 ; 『조선의용대통신』, 1939년 7월 11일.
30 최강, 『조선의용군사』, 연변인민출판사, 2006, 43쪽.

얼핏 보아 전혀 상반되고 대립된 듯한 일본제국주의의 통일적 침략전쟁은 조선과 중국을 일차적 목표로 삼고 있다. 그러나 일본제국주의의 침략야욕이 구체화될수록 한중 두 두민족의 혁명역량이 증대되어 일본제국주의에 대한 반침략 투쟁을 전개하고 있다. 지금 한중 두 민족의 성난 외침이 전세계에 울려 퍼지고 있으며, 민족혁명의 뜨거운 열정의 불꽃이 활활 타오르고 있다. (중략) 7·7항전은 중화민족 부흥의 시작인 동시에 조선과 대만 등 동방 피압박 각 민족에게는 갱생을 위한 최적의 기회이다. (중략) 우리의 사명을 완성하기 위해 무엇보다도 먼저 한중 두 민족의 연합이라는 구호를 실천하여 항전역량을 더욱 강화해야 한다.[31]

이달의 주장처럼 한중 연대의 강화는 곳곳에서 진행되었다. 조선의용대 정치조 조장 김성숙이 『구망일보』 발행인이자 군사위원회 제3청장인 궈모뤄와 『구망일보』 총편집인 샤옌 등이 구이린에서 학생들을 상대로 훈련할 때 조선의용대의 상황을 설명하기도 했다.[32] 조선의용대와 『구망일보』가 한중 연대의 상징으로 인식되는 대목이기도 하다.

3. 『구망일보』에 비친 조선의용대의 위상

조선의용대가 구이린으로 대본부를 이전했을 때 재화 일본 인민 반전동맹 구이린분회 가지이 스스무(梶井陟)의 부인인 이게다(池田幸子)가 김원봉과 함께 조선의용대원들의 가정을 방문하였다. 조선의용대가 중국에서 생활하면서 품위를 잃지 않고 국제 연대를 추진하고 있다는 사실이 일본인을 감동시켰다고 볼 수 있다.[33] 그만큼 조선의용대는 중국과의 공동 항일전선을 구축하면서도 생활면에서 흐트러짐을 보이지 않고 공동

---

31 『구망일보』1939년 7월 8일, 「加强中韓聯合戰線」.
32 염인호, 앞의 책, 79쪽.
33 『구망일보』1939년 2월 19일, 「朝鮮義勇隊的家屬」.

체 생활을 유지하였다.

이러한 생활 태도는 대적 활동에서도 빛을 발하였다. 조선의용대는 각종 선전 활동뿐만 아니라 최전방에서 적과 교전하는 등 강력한 항일 투쟁을 전개했다. 특히 광서 남부 전선에서 활동하였던 제3구대의 활약상은 눈부실 정도였다.[34] 당시 중국군 제9전구는 광서와 광둥을 방어하고 있었으며 조선의용대 제3구대는 바로 전선에 투입되어 큰 성과를 거두었다고 조선의용대 정치조 대리조장 이달은 다음과 같이 『구망일보』에 글을 올렸다.

> 우리가 공작을 개시하자마자 현지의 중국군 최고지휘관 등 4천여 명이 열렬히 환영하였으며, 김세일 구대장과 대원 2명이 우군의 야간기습작전에 동참하였다. (중략) 온갖 어려움을 극복하고 끝까지 분투하는 용맹함은 조선혁명청년 특유의 정신이자 조선의용대의 상징이다. 조그마한 공을 세웠다고 결코 자만하거나 게으름을 피워서는 안될 것이다.[35]

조선의용대가 적과의 최전선에서 용맹성을 보임으로써 중국인들에게 강한 인상을 남겼으며, 앞으로 이러한 자세로 조국의 독립을 위해 헌신해야 함을 강조하고 있는 글이다. 이달의 표현처럼 조선의용대는 불굴의 정신과 열정으로 무장하였다.

한편 조선의용대의 중국인 대원 왕지셴(王繼賢)은 일제의 대한제국 강점과 통치 속에서 한국인들의 불굴의 의지로 나타난 3·1운동의 의의와 영향을 언급하면서 조선의용대는 이러한 독립운동의 정신을 계승해서 탄생한 것이라고 파악했다.[36]

---

34 『구망일보』1940년 2월 4일, 「朝鮮義勇隊第三區隊工作的序幕」.
35 『구망일보』1940년 2월 4일, 「朝鮮義勇隊第三區隊工作的序幕」.
36 『구망일보』1940년 3월 1일자, 「三一運動與朝鮮義勇隊」.

조선의용대의 대적 활동이 활발하게 진행될수록 그 위상은 더욱 높아 갔다. 조선의용대는 본래 사명이 중국항전을 통해 독립을 쟁취하는 것임을 분명히 했다. 대적선전 공작은 조선의용대의 위상과 직결되는 것이었다. '전투가 곧 선전이다'라는 의식은 일본 사병들을 투항시키기 위해 전선에 참여할 수밖에 없는 조선의용대원들의 절박한 사정을 대변하는 것이다. 조국 광복에 대한 조선의용대의 열정과 중국인들의 공감대가 형성되면서 중일전쟁 이후 형성된 한중 항일 역량이 크게 신장된 것은 부정할 수 없는 사실이다. 그 중심에 조선의용대가 있었다고 해도 과언이 아니다. 다시 말해 조선의용대는 한중 두 민족의 연합전선 구축이라는 반일투쟁의 전략적 필요의 산물이었다.[37] 따라서 중국과의 합종은 최종 목적을 이루기 위한 과정이며 조국 독립이 지상 명제임을 결코 간과하지 않았다.

4. 『해방일보』 기사 속 조선의용대의 활동과 대원들의 희생

조선의용대의 주력은 1941년 봄 황하를 지나 화북으로 이동했다. 국민당의 지원 아래 있었던 조선의용대가 북상한 이유는 여러 가지 원인이 있지만 국민당과의 껄끄러운 관계가 크게 작용하였다.[38] 윤세주는 지대장 박효삼(朴孝三)과 함께 북상한 조선의용대를 이끌었다. 팔로군 지구에 들어간 조선의용대는 1941년 7월 7일 화북지대를 결성하였다. 다음해 7월 조선의용군 화북지대로 확대 개편되었다. 윤세주는 북상한 후 조선청년연합회 진지루위(晉冀魯豫) 부회장을 맡았다. 그가 유능한 간부로서

---

37 『구망일보』 1940년 5월 7일, 「今日朝鮮義勇隊」.
38 염인호, 위의 책, 103쪽.

또는 교관으로서의 역할을 훌륭하게 담당했음은 두말할 필요도 없다.[39]

조선의용대가 화북 지역에서 활동한 것은 중국공산당에게는 또다른 정당성을 확보하는 데 중요한 자산이었다. 그만큼 조선의용대는 중공에게는 자신들의 역량 강화에 일정한 도움을 줄 뿐만 아니라 각종 선전 활동에도 유리하게 작용할 수 있는 중요한 변수였다. 조선의용대가 조선청년연합회의 행동 부대였듯이 『해방일보』에는 진찰기지회 성립에 관한 기사가 지속적으로 실렸다. 신화사 전문으로 보도된 기사에는 조선청년연합회 진찰기(晉察冀) 지회가 한중 두 민족의 청년들이 항일 공동작전을 수행하여 일본파시스트를 타도하는 데 더욱 큰 힘을 발휘할 것으로 기대한다는 내용이 주였다.[40] 김창만과 왕자인은 대적 선전 활동을 위해 조선의용대를 인솔하여 최전방으로 이동하였다.[41]

한편 김두봉(金斗奉)이 태항산에 도착했다는 소식이 『해방일보』를 통해 세간에 전해졌다. 그 전문을 실어 생생한 현장을 복원하려 했다.

> 조선혁명영수 金白淵 선생이 지난달 말 변구에 당도하였다. 소식을 들은 彭德懷 총사령은 일전 특별히 김 선생을 위한 연회를 베풀고 환영과 위문의 뜻을 전하였다. 금년 52세인 김선생은 수염과 머리가 희었으나 여전히 건장한 체격을 유지하고 있었다. 조선독립혁명당의 창립인의 한사람인 김 선생은 민족혁명당의 책임자이기도 하다. 선생은 1938년 무한에서 창설된 조선의용대의 영도공작에도 참여하였다. 반침략, 반파시스트 운동에 앞장선 선생은 지난 수년간 중국 항일당파를 도와 혁명공작에 주력하였다.[42]

환영 행사는 단순한 행사가 아니었다. 동기 부여와 한중연합 차원에

---

39 유연산, 2009, 『불멸의 영령-최채』, 민족출판사, 131쪽.
40 『해방일보』 1941년 12월 21일, 「華北朝鮮靑年聯合會 晉察冀分會 成立」.
41 『해방일보』 1941년 10월 26일, 「華北朝鮮靑年出發前線對敵宣傳」.
42 『해방일보』 1942년 5월 22일, 「朝鮮革命領袖 金白淵先生抵太行山」.

서 이루어진 경우가 많다. 일회성 행사가 지닌 한계를 극복하기 위해 보다 다양한 행사를 준비했다. 특히 조선의용대도 항일투쟁상 주역이었다는 점을 강조하였다. 1942년 6월 28일 유수점(柳樹店) 의과대학 대강당에서 개최된 조선의용대원들에 대한 환영회 역시 이와 무관하지 않다. 조선의용대원 윤치평(尹治平)과 조열광(趙烈光)이 전방에서 활동하고 있는 조선의용대의 활약상을 보고하고 연안에서 느낀 바를 표현하였다. 이 자리에는 일본 여성 권혁도 참가하였다. 간략하게 환영회장의 모습을 보자.

> 얼마전 동북을 출발하여 北쪼과 산서 동남부를 거쳐 천신만고 끝에 연안에 도착한 연군 동지도 단상에 올라 침통한 어조로 적 점령구역 내에서 생활하고 있는 인민들의 참상을 보고하였다. 보고의 말미에서 연 동지는 변구에 들어온 뒤 중국 항일인민의 친절한 환대에 비로소 자유를 느끼고 밝은 미래를 꿈꾸게 되었다며 끝내 눈물을 보이고 말았다.[43]

연군(燕軍)이 눈물을 흘린 만큼 화북 지역에서 활동했던 조선의용대원들의 생활은 전시 그 자체였다. 게다가 일제는 1941년부터 1942년까지 화북 지역 항일근거지를 제거하기 위한 이른바 '소탕' 작전을 펼친다. 소탕전이 격렬하게 진행되면서 이에 대항하는 이른바 반소탕전 역시 치열하게 전개되었다.[44] 팔로군 심장부인 전선총사령부에 일본군이 밀려들기 시작하였다. 1942년 5월 24일 경이었다.

조선의용대의 주축인 윤세주, 김두봉, 진광화(陳光華)는 '소탕전'이 진행되자 일본군의 추격을 뿌리치면서 이동하였다. 하지만 1942년 5월 28일 새벽녘 윤세주와 진광화는 일본군과 대치하였고, 이 과정에서 진광화는 총에 맞아 그 자리에서 전사하였으며, 윤세주도 총상을 당했지만

---

43 『해방일보』 1942년 6월 30일, 「華北朝鮮青年聯邊口支會歡迎來延義勇隊員」.
44 염인호, 앞의 책, 161~162쪽.

최채(崔采)의 도움을 받아 피신하였다. 그 과정은 최채의 회고록이 참고
할만하다.

> 나는 석정 동지와 나란히 행군했습니다. 우리 앞에는 진광화가 걸어가고
> 있었답니다. (중략) 헌데 한참이나 미친듯이 총질하던 놈들이 내가 죽은줄
> 알았던지 사격을 멈췄습니다. 놈들이 떠나자 나는 석정이 뛰여가던 길을 따
> 라 가면서 살폈습니다. 얼마 가지 않아 나는 허벅다리에 총을 맞고 쓰러진 석
> 정을 발견했습니다. 그때가지도 석정의 다리에서는 붉은 피가 흐르고 있었습
> 니다. 나는 가슴이 마구 터지는 것 같았습니다. 내가 옷을 찢어 그의 상처를
> 싸매주려 하지 석정이 나를 밀쳤습니다. '그럴 새가 없소.' 진광화 동지가 어
> 떻게 되었는지 가보고 오오. 아래서 악하는 소리가 나는 것 같았소. 빨리 가
> 보오.[45]

윤세주는 총상을 입은 상태에서도 진광화의 안위를 더 걱정하였지만, 결국 그도 과다 출혈로 순국하였다. 한중 공동항일 투쟁과정에서 순국한 윤세주와 진광화의 모습은 중국인들에게는 무한한 감동으로 다가왔다.[46] 『해방일보』 1942년 7월 31일자에 윤세주와 진광화를 비롯한 조선의용대원들의 합동장례식 거행 예정 기사가 게재되었다. 6월 2일 순국한 윤세주에 대한 첫 기사이기도 하다. 약 두 달 만에 반소탕전에 희생당한 조선의용대원들의 기사가 게재된 것은 일본군의 '소탕전' 기간 동안 중공의 타격도 컸으며, 이로 인한 언론 보도 역시 기존과는 달리 신속하게 전황을 보도하기에 한계가 있었을 것이다. 신화사 전문으로 작성된 이 기사에서는 반소탕전에서 희생당한 조선의용대원들의 업적을 기리기 위한 특별 기념방안을 마련한다고 했다. 그 방안 가운데 일부를

---

45 유연산, 앞의 책, 126~127쪽.

46 2008년 중화인민공화국 건국60주년에 맞춰 중국인민항일전쟁기념관에서 개최된 특별기획전에도 조선의용대의 이러한 활동이 전시되어 있었다(中國人民抗日戰爭紀念館 編, 2008, 『爲了正義與和平』-國際友人支援中國抗戰, 國際文化出版公司 참조).

옮겨 보았다.

첫째 국제혁명전우인 조선의용대는 중한 두 민족의 해방을 위해 온갖 어려움을 극복하고 혹은 적 후방에서 혹은 전선에서 우리와 어깨를 나란히 하고 영용한 투쟁을 전개하였다. 그러나 간고한 투쟁과정에서 불행히도 석정 동지를 비롯한 많은 조선의용대원이 희생되었다. 동지들의 장렬한 희생은 중한 양대 민족에게는 엄청난 손실이 아닐 수 없다. 중국항전을 위해 희생된 선열들을 추도하며 위대하고 고귀한 국제혁명 우정을 영원히 기념하기 위해 9.18기념일 당일 태항구 모처에서 선열들의 합동장례식을 거행하기로 결정하였다. 합동장례식을 위한 준비는 구당위와 129사단 정치부가 중심이 되어 진기로예 변구 참의회 및 변구정부와 협의하여 진행한다, 기타 각 기관단체는 9.18기념식에서 여러 열사들의 사적과 영용한 희생정신을 보도하고 애도의 뜻으로 3분간 묵념을 바치도록 한다.[47]

반소탕전에서 희생당한 윤세주를 열사를 불렀다.[48] 그만큼 그들의 희생을 추모하면서 전열을 가다듬고 국제연대를 공고하게 하기 위한 사업의 필요성이 중공 측에서도 대두되었다. 제18집단군 야전정치부에서 국제 전우를 기념하는 지령을 발포하자 각 지방에서도 이와 보조를 맞추어 각종 기념방법들이 제정되었다.[49] 추도식은 9월 18일에 진행하기로 결정했다.[50] 추도식은 먼저 "동지들은 중국의 반파시스트 전장에서 유명을 달리했습니다. 동지들은 반파시스트 투쟁 중에 사망했습니다. 동지들의 죽음은 남겨진 우리와 우리의 조국 조선의 영광으로 길이 기억될 것입니다" 라는 만가가 울려 퍼지면서 온통 침통한 분위기로 뒤덮었다.

---

47 『해방일보』 1942년 7월 31일, 「追悼殉難朝鮮戰友」.
48 현재 좌권현에 조성된 진기로예열사 능원에 안장된 윤세주와 진광화의 묘소가 이를 반증한다. 부연설명.
49 최봉춘, 「석정 열사의 항일투쟁사」, 『윤세주열사탄신100주년 기념국제학술회의발표문』, 2001, 147쪽.
50 『해방일보』 1942년 8월 27일, 「朝鮮戰友 林平同志病逝」.

이윽고 팔로군 총사령관 주더(朱德)의 추도사가 뒤를 이었다. 그는 조선 의용대가 숭고한 국제 정신에 입각해서 조국의 독립과 자유를 쟁취하기 위해 전력을 다했다는 데 그 애국적 기개의 위상을 강조했다. 국제주의 연대와 한국의 독립을 불가분의 관계로 인식하였다. 여기에는 조선의용대의 5년간의 활동상도 크게 작용하였다. 또한 그들의 희생이 한국과 중국인들의 가슴 속에 영원히 살아 있으며 조국 해방을 위해 일치단결할 것을 호소하였다.

진광화와 윤세주의 묘역(태항산)

자유를 위하여 희생된 투사들의 생명은 영원할 것이다. 그들의 전투 정신은 자유를 쟁취하기 위하여 싸우는 중국과 조선 국민들의 마음 속에 살아 있을 것이다. 그들이 몸바쳐 싸운 위업은 더 많은 투사들에 의하여 계승 완수될 것이다. 우리들은 조선의 우수한 투사들의 희생을 몹시 애석히 여긴다. 그러나 여명은 오래지 않아서 다가올 것이다. 우리들은 조선의 혁명 동지들이 화북의 우리 군민과 긴밀히 단합하여 화북의 20만 조선 인민과 더 널리 단결하여 오래지 않은 앞날에 긴 밤의 어둠을 물리치고 올 여명의 서광을 맞이하기 위하여 굳게 손잡고 용감히 적들을 무찌르고 전진하기를 희망한다.[51]

---

51 『해방일보』 1942년 9월 20일, 「爲自由而史 生命永存」.

주더(朱德)의 뒤를 이어 중공 정치위원 예젠잉(葉劍英)의 추도사가 있었다. 그의 추도사는 조선의용대의 창설과 그 활동을 자세하게 언급하면서 동방피압박민족 연대 속에서 조선의용대의 위상을 강조했다. 앞사람이 쓰러지면 뒷사람이 이어나가 죽음을 초개와 같이 여기는 조선의용대원들의 정신은 반파쇼 투쟁에서 큰 기여를 했다고 한다. 그러면서 중국과 함께 공동항일전선을 구축하여 한국의 독립을 쟁취하는 데 분투해야 한다는 것으로 추도사를 마쳤다. 그 일부이다.

> 중국에 온 조선동지들이 과거의 성과를 계속 발양하고 선열들의 피어린 발자국을 밟으며 나아가면서 화북에 있는 조선 인민의 모든 반일 역량을 단결시키는데 더 큰 노력을 경주하기를 바란다. 그리고 조선동지들이 중국의 항전에 배합하여 더욱 강력하고 지구적인 투쟁을 전개해 나감으로써 국제 형세의 발전에 발맞추어 나가서 장래 일본 파쇼를 격파하고 조국을 광복하며 독립, 자주의 새 조국을 건설하기를 희망한다.[52]

주더와 예젠잉의 추도사를 가지고 조선의용대의 활동과 희생을 완벽하게 재연할 수는 없을 것이다. 다만 중공의 핵심 인물인 이들이 조선의용대원들의 희생 앞에서 '영광과 불멸의 죽음'으로 칭송한 것은 단지 전우에 대한 예의만은 아닐 것이다. 중공 자신들의 결속력을 높이는 데도 필요하였겠지만, 거기에는 조선의용대가 5년간 중국의 전장에서 누볐던 감격적인 활동이 중국인들의 마음을 움직였음은 새삼 논할 필요가 없다.[53] 추도식은 밤늦도록 진행되었으며, 분위기는 더욱 침통해졌다. 일

---

[52] 『해방일보』 1942년 9월 20일, 「悼朝鮮義勇軍陣亡同志」.
[53] 구이린을 떠나 전선으로 향하는 조선의용대원들이 부른 진군가를 수삼은 이렇게 기억하고 있다. 백두산의 늠름한 기상 안고 / 우리의 붉은 피 가슴에서 끓는다. 3천만 민중의 생존과 자유 위해 / 동무야 모이자 하나의 깃발 아래 / 철석같이 굳게 뭉쳐 간악한 강도 일제 짓부숴버리자 / 아, 우리는 3천만 대중의 전위(『해방일보』 1942년 9월 20일, 「紀念抗戰中在中國死難的朝鮮同志們」).

본제국주의에 대항한 11인의 전사들은 한중일 인사들의 추도 아래 영면하였다.[54] 이들의 정의로운 희생과 불멸의 죽음은 한중 간의 영원한 동지라는 인식과 반파쇼 투쟁의 지속적인 암묵적 동의를 이끌어냈다는 데 그 의의가 있다고 할 수 있다. 윤세주를 비롯한 조선의용대원들의 희생이 세계인들의 가슴 속에 영원히 살아 있다는 것을 보여 준 좋은 예가 추도식이 아닌가 한다.

5. 맺음말

1930년대 중국 지역에서 한국독립운동은 새로운 전기를 맞게 된다. 먼저 1931년 9월 18일 일제의 만주 침략과 이듬해 3월 만주국 성립은 만주지역 한국독립운동 세력에게는 크나큰 시련의 시작이었다. 1933년경에는 민족주의 세력의 대부분이 관내로 이동해서 활동하게 된 것도 이와 직접 관련이 있다. 한국독립운동의 외적 변화가 급속하게 진행되고 있었다. 뿐만 아니라 1937년 7월 7일 일본군이 베이징 근교 루커우차오를 침략하면서 중일전쟁의 서막이 올려졌고, 이에 중국도 일본과 전면전을 선포하게 되었다.

1938년 10월 우한에서 창설된 조선의용대(朝鮮義勇隊)는 당시 국제 정세의 시의를 함의하면서 탄생된 것이다. 이는 그동안 준비했던 한국독립운동 세력의 축적된 힘을 바탕으로 중국의 지원이 결합된 역사적인 과업이었음을 말해 준다. 조선의용대가 구이린(桂林)으로 대본부를 이전하면서 보다 세련되고 강력한 대적 활동을 전개할 수 있었던 것은 내부의 역량과 함께 외부적인 요인, 즉 중국 측의 지원과 관심에서 기인한다

---

54 『해방일보』 1942년 9월 21일, 「中韓人民戰鬪在一起」.

고 할 수 있다. 유형적·무형적 지원을 동시에 받았던 조선의용대는 『구망일보』와 합종하면서 항일투쟁의 강도를 더욱 높여 갔다. 이에 대해 『구망일보』역시 자국민들에게 조선의용대를 비롯한 한국독립운동 관련 사항을 자세하게 보도하였다.

조선의용대 성립 기념사진

먼저 『구망일보』의 설립자 궈모뤄는 조선의용대의 활동에 대해 우호적인 태도를 견지하였다. 이는 조선의용대가 『구망일보』를 선전하고 판매하는 공생 관계로 발전하는 힘이 되었다. 특히 조선의용대의 활동 가운데 하나인 대민 활동에 『구망일보』는 많은 지면을 할애하면서 한국독립운동의 현황과 식민지 조선의 실상을 알리는 데 주력하였다. 예컨대 연극 〈조선의 딸〉은 중국인들의 많은 관심을 불러일으켰으며, 조선의용대의 활동이 결코 한국만의 문제가 아닌 당시 반파시스트 투쟁 국가들의 공통사임을 환기시켰다.

한중 연합은 구호에 그치는 것이 아니라는 점을 조선의용대는 분명하게 보여 주었다. 조선의용대 제3구대의 활동이 『구망일보』에 자세하게 소개된 것도 이와 같은 맥락에서 이해할 수 있다. 자신의 안위를 돌보지 않았던 조선의용대원들의 모습에 중국인들의 마음이 사로잡힐 수 있었으며, 일본인 포로를 위한 행사를 통해 반제국주의 연대의 실체를 명확하게 드러내 주었다. 이것은 바로 조선의용대의 위상과 직결되는 문제이다. 조선의용대의 활동은 반인류적 행위를 자행하고 있는 일본제국주의에 대한 엄중한 경고이자 대응이며 나아가 인류의 평화와 자유를 위한 한중 연합의 정수(精髓)임을 보여주는 것이었다.

〈부록〉조선의용대 관련 기사

번호	날짜	제목	필자	비고
구망일보	39.1.21	留朝鮮義勇隊 將上演 '朝鮮女兒'		
	39.2.10	鞏固反日 '東方戰友' 已出版」.		
	39.2.15	日本帝國主義統治朝鮮的政治形態	韓學武	
	39.2.19	朝鮮義勇隊的家屬	日本人 池田幸子	
	39.3.1	三一運動第二十週年紀念日敬告中國同胞書		
	39.3.1	我與三一運動	李達	
	39.3.3	「對于朝鮮義勇隊公演的感言」	艾青	
	39.3.3	「朝鮮民族的'朝鮮的女兒'觀後」.		
	39.3.3	'朝鮮的女兒' 觀後感	王瑩	
	39.3.23	朝鮮義勇隊招待兒童團體		
	39.3.26	朝鮮民族戰線聯盟宣言		
	39.3.26	本市各團體詩論壁報工作		
	39.5.1	朝鮮義勇隊發表告 中國工友書		
	39.6.21	三十年來的朝鮮民族解放運動(上)	李達	
	39.6.22	三十年來的朝鮮民族解放運動(上)	李達	
	39.6.22	擴大敵人反戰運動強調對敵政治進攻		
	39.6.24	歡迎日本的兄弟們(上)		
	39.6.25	歡迎日本的兄弟們(中)		
	39.6.25	朝鮮義勇隊道歉啓事		
	39.7.4	朝鮮義勇隊七七公演		
	39.7.4	日本司兵聆此豈能無動於心 周世民對日廣播		
	39.7.8	加強中韓聯合戰線	李達	
	40.2.4	朝鮮義勇隊第三區隊工作的序幕	李達	
	40.2.28	朝鮮義勇隊籌備紀念三一朝鮮反倭暴動節		
	40.3.1	三一運動在朝鮮革命史上戰時的 意義	李達	
	40.3.1	三一運動與朝鮮義勇隊	王繼賢	
	40.3.9	朝鮮義勇隊活躍江西北		
	40.5.7	今日朝鮮義勇隊	李達	
	40.9.16	朝鮮義勇隊第三隊		
해방일보	40.12.21	華北朝鮮青年聯合會 晉察冀分會 成立		

번호	날짜	제목	필자	비고
해방일보	40.10.26	華北朝鮮靑年出發前線對敵宣傳		
	42.5.22	朝鮮革命領袖 金白淵先生抵太行山		
	42.6.30	華北朝鮮靑年聯邊口支會歡迎來延義勇隊員		
	42.7.31	追悼殉難朝鮮戰友		
	42.8.27	朝鮮戰友 林平同志病逝		
	42.9.20	爲自由而史 生命永存		
	42.9.20	悼朝鮮義勇軍陣亡同志		
	42.9.20	紀念抗戰中在中國死難的朝鮮同志們		
	42.9.21	中韓人民戰鬪在一起		

| 제2장 |
한국광복군의 성립과
한중 공동항일투쟁

1. 머리말

1992년 8월 한중 수교 이후 한국과 중국은 경제적 파트너를 넘어 동북아 평화의 동반자임을 강조해 왔지만 최근에는 그러한 상황이 조금도 진전되고 있지 않은 분위기이다. 북한과 국경을 맞대고 있는 중국은 수천 년간 좋든 싫든 이웃으로서 서로의 삶에 영향을 미친 존재였다. 그리고 제국주의 시대에 가장 고초를 함께 겪었던 역사적 경험도 공유하고 있기도 하다. 그 가운데 황포군관학교는 한국 독립운동사에서 아주 중요한 존재이기도 하다.

1924년 6월 6일 제1차 국공 합작의 산물인 황포군관학교는 소련의 자금과 무기를 지원받아 설립되었다. 정식 명칭은 '중국 국민당 육군 군관학교'이지만 주강(朱江)의 황포 장주도에 위치해서 일반적으로 황포군관학교로 불렸다.

장제스(蔣介石)가 황포군관학교에서 피압박 민족을 후원하여 한인 학생을 급비생으로 대우하자 입학 지망생이 증가했다. 한인들은 신식군관학교인 황포군관학교에서 중국의 새로운 정치와 군사를 배우고자 운집했다. 입학기는 8개월 주기였는데 학교 당국과 협의해서 한인에 한해서는 임시로 입오생(예비생) 입학을 허락했다. 그후 수용 인원이 초과하자 별도로 학생군이라는 명칭으로 각지에 산재한 병영에 수용시켜 수비에 근무하고 동시에 군사정치를 교육했다.

제4기에는 김원봉을 비롯한 의열단 간부들이 대거 입학하였다. 황포군관학교 학생 명단에서 확인된 한인 인원만 73명이었다. 우한(武漢) 분교를 비롯한 여러 분교에 재학 중인 한인 청년들까지 합하면 200명이 넘는 숫자이다. 이들은 황포군관학교 졸업 후 조선혁명군사 정치 간부 학교를 통한 군사간부 양성에 힘썼으며, 조선민족혁명당을 결성하고 조선의용대를 조직하는 등 독립운동을 위한 군사적 기초를 닦으며 주요 간부로 활동하였다. 나아가 황포군관학교 졸업생들은 1940년 한국광복군 설립에 필요한 인적 자원의 토대가 되었다.

코로나 19가 창궐하기 직전인 2020년 1월 초 대학생 탐방단을 이끌고 중국 충칭이 한국독립운동사적지를 답사할 기회가 생겼다. 그동안 수없이 충칭을 방문했고, 대한민국임시정부의 마지막 청사인 연화지는 갈 때마다 새로운 감회를 느끼게 해 주는 공간이었다. 또한 충칭은 한국광복군 성립 전례식을 거행한 곳이며, 총사령부 건물이 현재 복원된 곳이기도 하다.

1월의 충칭은 영하로 기온이 내려가지 않는다. 그래도 쌀쌀한 날씨에 충칭 대한민국임시정부 청사 입구에 들어서니 익숙한 얼굴이 반긴다. 부관장인 시아쉐(夏雪)이다. 몇 해 전 독립기념관에서 시행하고 있던 중국인 안내해설사 교육 때 만났던 이곳 기념관 직원이었는데 어느덧 부관장이 되었다. 그를 보니 이곳에서 오랜 기간 관장을 역임했던 쟈칭하이(賈慶海) 관장과 이선자 부관장의 얼굴이 떠올랐다. 2008년 사천

성 문천에서 큰 지진으로 이곳 충칭까지 영향을 받아 3호 건물과 5호 건물이 많이 훼손되었는데, 2년간 심혈을 기울여 지금의 모습으로 정착시킨 노고를 잊을 수 없다. 충칭 대한민국임시정부의 산 증인이다. 두 사람 모두 모두 퇴직한 상태였다. 시아쉬에 부관장과 차 한 잔 나눈 뒤 복원된 한국광복군 청사 건물을 찾아 나섰다.

복원된 한국광복군총사령부

2017년 12월 한국 대통령이 처음으로 충칭을 찾았다. 연화지 청사를 방문하고 무엇보다도 한국광복군총사령부 건물 복원에 대한 관심이 지대하였다. 중국에서도 이에 화답하듯 추용로 37호에 한국광복군총사령부 건물을 복원하고 있다. 2019년 대한민국임시정부 100주년 행사에 맞추어 준공한다는 소식들이 이곳저곳에서 들려왔다. 2001년 독립기념관에서 정밀 실측을 시행하였고 그 이후에도 한국과 중국의 많은 노력들이 한국광복군 총사령부의 건물로 부활한 것이다. 제국주의 침략으로 고통을 겪었던 양국이 충칭의 한국광복군 총사령부 건물을 복원한 것은 인류의 보편적 가치인 평화를 실천하는 상징적 사건이었다. 문화를 강조했던 백범이 1940년 9월 17일 대한민국임시정부의 국군이었던 한국광복군 창설을 주도한 지 햇수로 80년 만에 빛을 보게 된 역사의 공간이기도 하다. 이 글에서는 한국광복군에 대한 중국 언론의 보도 실태를 살펴보고자 한다. 특히 중국공산당 계열의 『해방일보』에는 한국광복군의 모습이 어떻게 비춰졌는지 그 실상을 파악하고자 한다. 또한 충칭의 한국광복군 총사령부 건물이 양국의 혐오와 갈등을 넘어선 문화 교류와 소통의 공간으로 활용되기를 기대해 본다.

2. 한국광복군 성립 전례식과 총사령부 건물

> 대한민국임시정부는 원년(1919년)에 정부가 공포한 군사조직법에 의거하여 중화민국 총통 장개석 원수의 특별 허락으로 중화민국 영토 내에서 광복군을 조직하고, 대한민국22년(1940년) 9월 17일 한국광복군 총사령부를 창립함을 이에 선언한다. 한국광복군은 중화민국 국민과 합작하여 우리 두나라의 독립을 회복하고자 공동의 적인 일본제국주의자들을 타도하기 위하여 연합군의 일원으로 항전을 계속한다. (중략) 중화민국 항전 4개년에 도달한 이 때 우리는 큰 희망을 가지고 우리 조국의 독립을 위하여 우리의 전투력을 강화할 시기에 왔다고 확신한다. 우리는 중화민국 최고 영수 장개석 원수의 한국민족에 대한 원대한 정책을 채택함을 기뻐하며 감사의 찬사를 보내는 바이다. 우리 국가의 해방운동과 특히 우리들의 압박자 왜적에 대한 무장투쟁의 준비는 그의 도덕적 지원으로 크게 고무되는 바이다. 우리들은 한중 연합전선에서 우리 스스로의 계속 부단한 투쟁을 감행하여 극동 및 아시아 인민 중에서 자유 평등을 쟁취할 것을 약속하는 바이다.[1]

1940년 9월 15일 대한민국임시정부 주석 겸 한국광복군창설위원회 위원장 김구 명의로 발표된 한국광복군선언문이다. 대한민국임시정부가 상해에서 성립된 이후 정식 군대를 조직한 것에 대한 감격과 중국과의

---

1 국사편찬위원회, 『대한민국임시정부자료집』 10-한국광복군 1, 22~23쪽

공동항전을 천명한 것으로 우리 민족의 해방과 아시아 피압박 민족의 자유와 평등을 쟁취하는 그날까지 항전할 것임을 대내외에 선전한 것이다. 이 선언문의 발표는 한국광복군 창설의 복잡다단한 모습이 함축되어 있다. 무엇보다도 조선의용대가 1938년 10월 우한에서 창설된 이후 경쟁적인 관계가 고착화되었다는 점을 주목할 필요가 있다. 중국이라는 무대에서 한국의 독립을 완성해야 할 임시정부로서는 해결해야 할 문제였다. 이를 극복하고 마침내 한국광복군이 탄생하였던 것이다.

성립전례식 단체사진

1940년 9월 17일 아침 7시 쟈링빈관의 한국광복군 성립전례식장의 정문에는 태극기와 청천백일기가 교차 게양되어 있었다. 성립식에 많은 인사들을 초청한 것이나 성립식 장소를 서양인들이 주로 사용하는 쟈링빈관으로 택한 것은 광복군 창설에 대한 선전 효과를 거둔다는 측면은 물론 이에 대한 협조 분위기를 조성하여 중국군사위원회 실무진을 압박하려는 의도였다. 성립전례식은 임시정부의 주도면밀한 계획하에 이루어졌다. 참석 인원은 약 200여명이었다. 초청 인사들을 비롯한 임시정부 요인과 총사령부 직원들이 참석하였다. 중국 측에서는 충칭위수사령관 류츠(劉峙)와 쑨원 아들 쑨커(孫科)가 직접 참석하였으며, 저우언라이(周恩來)·동비우(董必武) 등은 측근을 대신 보내어 축하했다. 터키 대사 등이 광복군 성립에 축하의 의미를 전달하였다.

식순에 따라 먼저 김구는 광복군 창설 대회사를 통해 중국 항전에서 광복군의 역할을 강조하였다.

> 오늘 우리가 중국의 전시수도 중경에서 한국광복군총사령부의 성립의식을 거행함은 의의가 깊고 믿음이 갑니다. 이로부터 중국 경내에서 정식 광복군을 동원할 수 있어 우방 중국의 항일대군과 어깨를 나란히 하여 적을 무찌를 수 있게 되었고 이로부터 백산과 흑수까지 동원할 수 있을 뿐만 아니라 창을 베고 아침을 기다리듯 하는 삼한의 건아가 화북 일대에 산재해 있는 백의대군 그리고 국내의 3천만 혁명대중의 소문을 듣고 봉기하여 왜적의 쇠사슬을 단절하고 성스러운 직분을 수행할 것입니다. (중략) 우리가 비상한 감격을 깨닫게 하였음은 우리가 밤낮으로 중한 연합군의 사명을 게을리 하지 않고 수행하는데 지나지 않으나 전체 우리의 위대한 사업을 하루 속히 이루는 것이 곧 우리의 유일한 직책입니다.

김구의 개회사는 중국과의 관계가 절대적인 만큼 그리고 중국군사위원회의 지원이 절실하였기 때문에 더욱 중국을 의식하지 않을 수 없음을 강조한 문장이었다. 감격에 찬 한국광복군은 이러한 과정을 겪으면서 탄생하였다. 성립전례식 직후 쟈링빈관 앞에서 기념 촬영한 사진은 오늘날에도 한국광복군 전시를 할 때 감초처럼 사용되고 있다. 그 사진 안에는 백범 김구를 비롯해, 총사령관 지청천과 임시정부 요인들, 중국인들이 밝은 표정을 하고 포즈를 취하고 있다. 현재 쟈링빈관은 이미 다른 건물로 바뀐 지 오래되었다. 한 가지 아쉬운 점은 그 건물 앞에 한국광복군 성립전례식 장소를 알려 주는 기념 표지석이 없다는 점이다.

한국광복군은 성립 직후 화북 지역으로 이주하는 한인 청년들을 초모하기 위해 산시성(陝西省) 시안(西安)으로 총사령부를 이전하게 된다.[2] 시안은 산시성의 성도이자 일제가 중국을 침략하면서 미처 점령하지 못한 곳으로 한국광복군에게는 전략적으로 중요한 요충지였다. 한국광복군이 지속적으로 초모 활동을 전개하기 위해서는 산서성과 수원성(지금의 내몽고자치구), 하남성과 연결된 시안에 거점을 두는 것이 가장 적합한 선택이었다.[3] 또한 독립운동단체가 이미 활동했던 역사적 경험도 작용하였다.

1939년 한국청년전지공작대는 시안에 본부를 두고 활동하였다. 이들의 활동이 가능한 것은 후종난(胡宗南)의 적극적인 지원이 있었기 때문이다. 1940년 1월 한국청년전지공작대에 대해서는 시안의 『서경일보』에 자세하게 보도하였다. 이들은 주로 '조선의 딸'과 같은 연극을 공연하면서 많은 중국인들에게 한국독립운동의 정당성을 알렸다. 이를 위해 잡지를 발간하여 한중 양국의 공동의 적인 일본제국주의의 침략적 본질에 대한 것을 알렸다.[4] 이처럼 시안은 이미 한국광복군 총사령부의 활동 근거지로서 손색이 없었다.

임시정부는 한국광복군 성립 1년 전부터 시안에 군사특파단을 파견하여 초모·선전 활동을 전개하면서 시안에 군사기지를 구축하고 있었다. 국무회의에서는 장병 모집이 가장 시급하다고 판단하여 시안에 총사령부를 설치했다.[5] 부관처장 황학수(黃學秀)를 총사령대리로 한 서안총사령

---

[2] 김구가 주가화에게 보낸 1940년 9월 19일의 서신에서는 "다만 앞으로 훈련, 편제 등 사항은 모두 검토 지시를 기다려 준행하겠습니다"라고 한국광복군이 처한 위치를 가늠케 한다.

[3] 국사편찬위원회, 앞의 책 10, 34쪽.

[4] 王梅, 『抗戰其間西安媒體報道中的韓國獨立運動』, 서안지역한중역사문화교류학술세미나 발표집(2011.8), 85쪽.

[5] 김광재, 『한국광복군』, 독립기념관, 2009, 108쪽.

부잠정부서를 편성하였다.[6] 그 조직과 인원을 보면 최소한으로 운영되었음을 알 수 있다. 김구는 당시 중국 국민당 중앙조직부장이었던 주자화에게 시안으로 이동할 수밖에 없는 한국광복군의 현실을 전했다.[7] 11월 17일 충칭을 출발하여 동월 29일 시안에 도착한 일행은 총사령부 건물을 시안시 이부가 4호에 마련하였다.[8] 잠정부서가 설치되고 나서 군사특파단은 해체되고 특파단장 조성환은 1941년 1월 충칭으로 귀환했다.[9]

시안 이부가에 소재하고 있던 한국광복군 총사령부 본부는 1991년 조동걸 교수를 단장으로 한 답사팀이 확인하였다. 그리고 답사팀은 1992년 이부가 4호에 대한 조사 결과를 언론과 저서에 다음과 같이 묘사하였다.

> 조사단은 이른 아침 서안성 안의 옛 총사령부를 찾아갔다. 이부가 4호라고 쓴 문패가 상가건물과 주택사이로 난 좁은 골목 입구에 아치형으로 걸려 있다. 골목을 20m 따라 들어간 막다른 곳의 이층집, 바로 그집이 총사령부였다. 겉모양은 낡고 허술했지만 고급주택이었던 것처럼 보였다. 당시에는 앞쪽이 넓은 길과 들판이었다고 하나 지금은 건물자체를 한눈에 볼 수 없을 정도로 빈틈없이 집들이 들어차 있었다.[10]

당시 건물은 원형을 보존하고 있었지만 세월의 무게를 비켜가지는 못했던 것 같다. 1995년경 시안의 도시계획으로 이부가 4호의 운명은 역

---

6 한시준, 『한국광복군 연구』, 일조각, 1993, 144쪽.
7 국사편찬위원회, 앞의 책 10, 34쪽.
8 서안에 도착하기 3일전 1940년 11월 14일 한국광복군 총사령부 주최인 루별회가 개최되어 서안으로 가는 일행들을 위로했다(양우조, 최선화 지음, 『제시의 일기』, 143쪽). 이 일기에도 총사령부 건물에 대한 언급은 없다. 루별회 장소는 중국 채관이었다고 한다.
9 1940년 한국광복군 총사령부 총무처 직원들이 사진이 독립기념관에 소장되어 있다. 이 사진에는 조성환과 황학수의 모습이 보이며 뒷 배경으로 건물과 태극기의 모습도 보인다. 건물이 이부가 4호가 아닌가 하지만 현재로서는 추측에 불과하다.
10 『동아일보』 1992년 1월 10일, 「중국속 광복군유적지 현장을 가다」.

사의 뒤안길로 사라지게 된 것이다.

1942년 4월 1일부터 한국광복군 총사령부에 중국 군사위원회 소속 중국군 장교들이 근무하기 시작했다. 이른바 '9개준승'이 현실적으로 나타나게 된 것이다. '9개준승' 제5조에 한국광복군 총사령부 소재지는 군사위원회에서 정한다라고 하는 규정에 따라 중경으로 총사령부를 이전한 광복군은 중국 군사위원회에 예속이 불가피하였다. 이를 반영하듯 총사령부에는 중국군 장교들이 한국군보다 압도적으로 많은 비중을 차지했다. 뿐만 아니라 직제상에도 큰 변화가 일어났다. 참모장 이범석 대신 중국군사위원회 고급 참모인 윤정보[11]가 그 자리에 1942년 3월 13일자로 보임되었다.[12] 중국군사위원회가 한국광복군을 실질적으로 장악하고 있음을 알 수 있는 대목이다. 당시 윤정보는 광복군 총사령부에 대하여 중요한 언급을 했다. 잠시 그의 증언을 인용해 보겠다.

> 나는 1941년 중국 군사위원회 소장 고급 참모였다. 1942년 군사령부 중장 고급참모로 진급하였으며, 그해 3월 위원장(장제스: 필자)의 명을 받아 한국광복군총사령부 참모장에 임명되었다. 중국인 가운데 외국참모장은 나로부터 시작되었다.
>
> 내가 위임장(참모장)을 받은 지 얼마 되지 않아 何應欽 총장은 특별하게 다음과 같은 견해를 보였는데 그는 아직 우리들의 고정된 임무가 없지만 이미 정책적으로 우리들의 임무를 지시하였는데 그가 말하기를 "우리들은 한국광복군 공작에 참가하여 현재 아직 지휘 혹은 물자상의 지원이 제대로 이루어지지 않고 다만 우리가 한국독립혁명운동의 적극적인 동반자임을 표시하고 그들의 광복 공작에 대하여 정신상 적극적인 지원을 해야 한다"고 했다. 그

---

11 윤정보에 대해서는 윤경빈 전 이사장도 명확하게 알 지 못하고 있었다(2011년 7월 14일 구술 자택에서).
12 국사편찬위원회, 앞의 책 11, 20쪽. 참모장은 윤정보, 조덕수 이래 1945년 6월 1일 한국적 중국군 장교인 김홍일이 부임될 때까지 중국군인이 맡았다(한시준, 앞의 책, 119쪽). 그런데 1941년 12월 23일 이진강이 참모장에 인선되었다는 것은 어떤 의미로 해석해야 할 것인지 확인이 필요하다.

리고 다시 말하기를 "당신들이 한국광복군 공작에 파견된 가장 중요한 목적은 한국을 이해하고 한국의 모든 사무에 대하여 익히는 것이다. 고정된 사무를 아직 말하기는 이르지만 이것이 한국광복군 장래와 발전에 필요한 부분이다"라고 했다. 이외 우리는 정부에서 우리를 파견하고 내가 참모장을 맡게 된 원인은 전임 참모장 이범석의 공작에 곤란한 점이 많아 이에 나를 파견하여 그직을 맡게 하고 중한쌍방의 의견을 소통하게 함이 중요한 부분을 차지하였다. (중략) 광복군총사령은 중화민국의 임시수도인 중경에 있었다.(지점은 오사야항이며 한국임시정부 역시 이곳을 썼다. 사무실은 겨우 3칸 정도였으며, 근무병, 공인 역시 많지 않았고 비좁은 곳이었다) 총사령은 이청천이며, 내가 참모장, 부참모장 이범석, 이하 참모, 정무, 부관, 군수 4처가 각종 업무를 담당했다. (하략)[13]

윤정보가 자신이 참모장에 임명된 것을 마치 중국 측이 한국 측에 호혜로운 원조를 준 것처럼 묘사하고 있지만, 실질적으로 당시 중국군사위원회가 한국광복군을 보다 효율적으로 통제·관리하기 위함이었음은 주지의 사실이었다.[14] 그의 구술 가운데 한국광복군 총사령부의 소재지를 충칭에서 세 번째 임시정부 청사였던 오사야항[15]으로 기억하고 있었다는 점은 시사하는 바가 크다.

1944년 1월 한국광복군 정훈처장 황소미의 보고에 의하면 총사령부에 근무하는 중국인들의 주소가 하나같이 추용로 37호라고 되어 있다.[16] 1945년 한국광복군의 과거 경험과 미래 발전 방침에 관한 보고에서도 추용로 37호로 명기되어 있다.[17] 1944년 1월에 보낸 황소미의 보고와

---

13 中國國民黨中央委員會黨史委員會,『口述歷史叢書 1-尹呈輔先生訪問記錄』, 1992, 近代中國出版社, 47~49쪽.
14 한시준, 앞의 책, 118~119쪽.
15 장준하도 "우리와 마주선 단층건물이건만 너무나도 초라하여 우리는 진교관의 손가락이 가리키는 방향을 한번 더 확인했다"고 그의 자서전에서 언급할 정도로 오사야항의 규모는 작았다(장준하,『돌베개』1, 233쪽).
16 국사편찬위원회, 앞의 책 11, 148쪽
17 국사편찬위원회, 위의 책 11, 197쪽.

1945년 1월 보고에 나타난 추용로 37호는 신생로 45호일 가능성이 크다. 1942년 11월까지는 신생로라고 되어 있고 1944년 11월 문건에서는 추용로라고 명기되어 있기 때문에 적어도 1943년과 1944년 초에 도로명이 바뀌었을 개연성이 크다.

이렇듯 신생로 45호와 현재 추용로 37호의 연관성은 어떻게 입증할 것인가라는 난관이 도사리고 있는 것이 사실이다. 아직까지 어떤 자료에도 신생로 45호에서 추용로 37호로 이전하였다는 기록은 없다. 하지만 신생로가 추용로로 도로명이 바뀐 것은 사실이다. 이를테면 중국의 임시 수도인 충칭에 많은 사람들이 몰려들면서 도로 개선의 필요성이 대두되었을 것이다. 신생로에서 추용로로 바뀐 것도 이와 무관하지 않다. 1943년 9월 18일 충칭시 청년로와 추용로 사이를 개수하면서 신생로를 추용로로 개명하면서 지번도 바뀌게 된 것이다.[18] 다시 말하면 교통량이 증가하면서 유중구 일대의 도로를 개보수하게 되었고 이에 따라 신생로가 추용로로 자연스럽게 흡수되었다. 따라서 신생로 45호는 추용로 37호로 지번이 바뀌었지만 건물은 그대로라는 결론에 도달할 수 있다.

3. 『구망일보』와 『신보』의 한국광복군 보도 기사

1920년대와 1930년대 광저우 지역 한국독립운동의 또 하나의 근거지는 황푸군관학교(黃浦軍官學校)였다. 1921년 손중산과 신규식의 만남에서 다루었던 한인 학생들이 중국의 군관학교에 입학할 수 있게 했던 문제는 자연스럽게 황푸군관학교의 입교로 귀결되었다. 이 학교의 정식 명칭은 중국 국민당 육군군관학교이며, 1926년 6월 국민정부 군사위원회

---

18 重慶檔案館文書番號 36-37號, 「重慶市參議會參議員提案」. 이 자료는 충칭임정청사 이선자 부관장이 충칭당안관에서 수집한 자료를 독립기념관에 제공한 것이다.

의 결의에 따라 국민혁명군 중앙군사정치학교로 개칭하여 국민당 집행위원회에 직속하였다. 황푸군관학교에는 한국 청년들이 약 40명 정도가 졸업했다.

1924년 봄 김원봉은 광저우에서 손중산을 면담하고 한적학생들의 황푸군관학교 입교를 건의하였으며, 그 자신도 4기로 입학하였다. 황푸군관학교에는 김원봉 계열의 의열단뿐만 아니라 통의부 계열도 참여했다. 황푸군관학교의 한적 학생들은 대부분 국민혁명군의 북벌과 중국공산당의 광주봉기에 참가했다. 4기에는 박효삼·강평국·권준·이집중·박건웅 등이 있었으며, 5기에는 박시창·신악 등 6명이 재학하였다. 교관으로는 대표적으로 양림[19]을 들 수 있다. 요컨대 황푸군관학교는 중국의 군관학교이지만 한국의 청년들이 국권 회복을 위해 자신을 연마했던 독립군 배출의 요람이라고 할 수 있다.

대한민국임시정부의 상하이 시절은 윤봉길 의거로 막을 내렸다. 하지만 이 의거는 임시정부와 국민정부의 연대를 위한 정책의 전환점이 되

---

19 양림(1901~1936)은 1901년 평안북도에서 출생했다. 본명은 김훈(金勛)이다. 신흥무관학교 졸업생으로 청산리 대첩에도 참가한 김훈은 '북로아군실전기(北路我軍實戰記)'를 통해 청산리 전투 상황을 대내외에 널리 알리는 역할을 수행하였다. 그는 중국 상하이에 머물면서 『독립신문』 97와 98호에 걸쳐 '북로아군실전기'를 게재하였다. 김훈은 상해임시정부의 환대를 받았다. 당시 임시정부 차원에서 윤기섭과 양림에 대한 환영회가 인성학교에서 개최될 정도였다. 하지만 그는 좀더 체계적인 군사교육을 원했다. 1921년 김훈은 임시정부의 소개로 당계가 운영하고 있는 운남강무당에 입학했다. 운남강무당은 한국광복군 참모장과 대한민국 초대 국무총리를 지낸 철기 이범석이 나온 곳이며, 중국의 전설적 군인 주더(朱德)를 배출한 곳이기도 하다. 운남강무당 18기 생으로 입학한 양림은 양주평(楊州平)이란 가명을 썼다. 운남강무당 졸업 후인 1925년 1월 양림은 황포군관학교 훈련처 교관을 맡았다. 황포군관학교는 손문이 설립한 중국 육군군관학교이다. 중국 광주 황포강에 위치했기 때문에 우리들에게는 황포군관학교로 널리 알려져 있다. 양림은 교관으로 활약하면서 한인 청년들의 조국애를 담금질했다. 이때 황포군관학교 정치위원 저우언라이(周恩來)는 양림을 아꼈다. 그의 배려로 국공합작이 한창인 1927년 양림은 부인 이추악은 새로운 군사지식과 폭넓은 세계를 경험하기 위해 모스크바로 떠났다. 약 3년 간의 모스크바 생활을 마치고 돌아온 이들은 각자 항일 투쟁의 길을 갔다. 양림은 중국공산당 만주성위를 만드는데 주력했으며, 홍군의 장정길에 올랐던 1936년 2월 장렬하게 희생됐다.

었다. 장제스는 1933년 5월 난징 중앙군관학교에서 접견한 김구가 공동항일을 위해 한인 학생들에게 중국 군사학교 입학과 교육비 면제 등을 건의하자 중앙군관학교 뤄양분교 안에 한인특별반의 설치를 허가하였다. 이에 따라 1933년 9월부터 1934년 2월까지 각 독립운동단체 소속 한인청년 92명이 뤄양분교에 입교하였다. 뿐만 아니라 1930년대 중국군에도 한인 군인들이 복무하였다. 이들은 대부분 황푸군관학교와 연결되어 있었으며,[20] 이는 한국광복군의 창설과도 무관하지 않다.[21]

태평양전쟁은 임시정부의 외교정책에 새로운 국면을 모색하는 계기가 되었다. 대일유화정책을 통해 일본과 관계를 풀어가려고 했던 국민정부는 일본의 중일전쟁 도발로 인하여 전면적인 항일전쟁을 수행할 수밖에 없었다. 이는 임시정부가 공동의 적 일본을 상대로 한 합동작전을 적극적으로 기도하며 협조를 구할 수 있는 좋은 기회였다.[22]

한국광복군이 성립되었다는 소식은 한중 공동항일투쟁의 연합작전의 실질적 가능성을 확인할 수 있는 것이었다. 한국광복군 성립 당시의 상황에 대해서 조선의용대와 밀접한 관계를 맺고 있었던 궈모뤄가 창간한 『구망일보』에는 다음과 같은 한중 공동항전과 조선혁명의 완성을 기대하는 기사가 게재되었다.

> 한국광복군 총사령부 성립 기념식에서 만난 한국 임시정부 관계자는 "중

---

20 김정현, 「제1·2차 국공합작기의 한·중연대활동-황포군관학교 인맥을 중심으로-」, 『역사학연구』 46, 140쪽.
21 한국광복군 창설 당시 성립 전례식에 참석한 내빈들의 방명록이 현재 독립기념관에 소장되어 있다. 이 방명록에는 쑨원의 아들 쑨커 등 국민당 인사들과 비서를 대신 참석시킨 저우언라이·둥비우 등 공산당 인사들이 참석하여 한국광복군 창설을 축하하는 서명을 하였다. 이 자료는 국공합작 시기 한국광복군 창설이 한중연대의 상징적 사건임을 알려준다.
22 전상숙, 「세계대전기 대한민국임시정부 외교활동의 현재적 고찰」, 『대한민국임시정부의 현대적 성찰』, 나남, 2009, 453쪽.

국 중앙군사학교, 일본육군사관학교 및 기타 군사학교에서 훈련을 받은 한국 청년장교는 5~6백 명에 달한다. 장차 이들이 지휘하게 될 군대도 **만 명에 달하는 데 이들 병력은 현재 대부분 조선과 동북 각 성의 경계지역에서 활동하고 있다. 광복군총사령부의 성립은 국내외 한국민중 및 무장항일군의 사기를 높이는 데 큰 작용을 할 것이다. 중한 두 나라의 관계는 이와 입술처럼 밀접하다. 중국항전이 성공을 거두는 날이 바로 조선혁명이 성공하는 날이다"며 한껏 고무된 표정이었다.[23]

한국광복군의 창설은 한중 양 민족의 연합전선을 더욱 공고히 하고 항일 역량을 강화하기 위한 임시정부 정책의 발로였으며, 중국 국민정부의 지원은 이를 가능하게 하였다는 취지이다.

1940년 9월 16일자 『구망일보』 기사는 한국광복군이 국민정부 장제스 위원장의 비준을 받아 성립될 것이며, 한인들의 기쁨과 장제스 위원장에 대한 고마움과 감사의 뜻을 전하고 있다는 내용이 주였다.[24] 한국광복군 성립 전례식장은 정확하게 밝히지 않았다. 이는 제국일본의 공습을 피하기 위함이었을 것이다. 김구 명의의 초청장이 발송되었다. 9월 17일 광복군 성립전례식이 끝난 이후 『구망일보』는 자세한 식순 프로그램과 함께 각종 치사를 게재하였다. 그 내용의 일부를 인용하면 다음과 같다.

> 기념식이 시작되자 맨 먼저 대회주석을 맡은 김구가 한국혁명운동의 역사, 한중 두 나라의 역사적 관계 등에 대해 자세하게 언급한 치사를 하였다. 치사에서 김구는 항전을 영도하고 있는 중국 최고통수권자 장 위원장에 대한 특별한 감사의 뜻을 표시하였다. 이어 한국 임시정부 외무부장 조소앙이 한국광복군총사령부 설립 보고서를 선독하고 성립경과를 보고하였다. 임시정부 국무위원 홍진의 치사, 내빈 류츠(劉峙), 張西曼, 汪觀之 및 한국독립당 집

---

23 『구망일보』 1940년 9월 25일, 「한국광복군총사령부 성립 기념식 거행」.
24 『구망일보』 1940년 9월 15일, 「한국광복군 조직」.

행위원 조완구의 치사가 이어졌고 광복군총사령 이청천의 서약을 마지막으로 성립기념식 행사가 끝났다.[25]

위의 기사를 보면 한국광복군 성립식은 크게 3부로 나누어 진행되었다. 김구의 축사, 조소앙의 성립경과 보고, 내빈들의 치사로 나누어 진행되었다. 또한 장제스 위원장에게 보내는 감사의 마음도 잊지 않았다.

중한 두 나라는 마치 이와 같은 존재로 동고동락하여 왔음은 史册에 널리 기록되어 있습니다. 명대 이래 두 나라는 왜적을 물리치는데 힘을 합하였습니다. 두 나라의 연합군에게 혼쭐이 난 왜구들은 이후 3백년 동안 감히 서쪽을 넘보지 못하였습니다. 그러나 불행히도 사악한 적들은 먼저 삼한을 멸하고 이어 중국을 넘보려고 있으니 왜놈들이야말로 양대 민족의 철천지원수가 아닐 수 없습니다. 왜놈들은 근자에는 노구교사변과 상해사변을 일으켰습니다. 다행히도 우리의 우방인 대중화민국의 최고 영수께서 단호하게 항전의 결단을 내린 뒤 지난 3년간 백만의 적을 섬멸하였습니다. 중국은 항전이 계속될수록 더욱 더 강해지는 모습을 보이고 있습니다. 한국의 상하 모두는 선생께서 위대한 지도력을 발휘하여 그 힘으로 만방에 평화를 가져올 날이 언제인가 목을 빼어 기다리고 있습니다. 선생께서는 대의의 정신으로 한국광복군이 귀국 경내에서 활동할 수 있도록 허락하셨습니다. 이에 중국 경내의 각 韓軍은 하나의 기치 아래 모여 조국의 독립과 우방의 해방, 동서의 평화와 인류의 행복을 위해 싸울 수 있게 되었으니, 이는 우리의 모두 바라던 바입니다. 광복군총사령부 성립기념식에 즈음하여 한국 2천 7백만 전체 동포를 대표하여 항전 건국의 위업이 반드시 성공하기를 기원하며 중국 혁명에 경례를 표합니다.
　　　　　　대한민국 22년 9월 17일 한국광복군총사령부 성립전례위원회[26]

위의 글은 1940년 9월 17일 한국광복군 성립전례식에서 중국 국민당

---

25 『구망일보』 1940년 9월 25일, 「한국광복군총사령부 성립 기념식 거행」.
26 위와 같음.

위원장 장제스에게 보내는 「존경하는 장위원장께 올리는 글」이다. 임시정부로서는 국민정부의 적극적인 지원, 즉 인적·물적 지원이 절대적으로 필요하였으며, 국민정부 입장에서도 항전에 외국인 부대의 도움이 필요하였을 것이다. 이러한 이해관계를 효율적으로 활용하여 성립된 한국광복군의 실상은 시급하게 군 확군이 필요할 만큼 규모가 작았다. 이러한 측면에서 성립전례위원회에서는 전방의 한인 장병들에게도 광복군 참여를 독려하였다. 그 내용의 일부를 인용하면 다음과 같다.

> (전략) 여러 분은 지난 수십 년간 백절불굴의 용기와 억만번 죽어도 변치 않을 정성으로 백산 흑수를 전전하며 용맹하게 적을 무찔러 왔습니다. 여러 분들의 충정은 천지를 감동시키고 귀신도 울릴 것입니다. 중국의 항전이 개시된 지 4년이 채 못 되어 대패한 왜노는 진퇴양난의 어려움에 처해 붕괴의 조짐이 날이 갈수록 분명해지고 있습니다. 반면 중국은 상하가 한마음이 되어 죽음을 각오하고 적을 무찌르고 있으며, 군민이 아나가 되어 구국을 위해 자신의 몸을 던지고 있습니다. 지구전의 전략이 주효하면서 전황은 급속하게 중국에 유리한 방향으로 전개되고 있습니다. 위대하고 영용하며 광대 무량한 중국인의 민족역량은 앞으로도 10년, 20년은 물론이고 심지어 백년의 전쟁도 이겨내고도 남을 것입니다. (하략)[27]

성립전례위원회에서는 한인 장병들의 사기를 북돋고 나아가 전장에서 한중 공동항일투쟁의 분위기를 조성하기 위해 이러한 글을 홍보하였다. 이를 위해서 향후 전망도 제시하였다. 먼저 각 방면의 혁명군인들의 통일된 조직으로 한국독립운동이 더 조직화될 것, 둘째 중국, 소련, 미국, 멕시코 등지의 교포와 국내의 대중들이 자신들의 해방을 위해 임시정부를 한마음으로 옹호하고 인적·물적 자원을 광복군에 집중시킬 것, 셋째 국내에서 조직된 민중들이 언제든지 혁명에 참여할 수 있다는 것,

---

[27] 위와 같음.

넷째 광복군과 중국 항일군이 연합작전을 펼칠 수 있다는 점, 다섯째 각종 각파의 한인 군대가 광복군 기치 아래 통일될 수 있다는 점, 여섯째 적은 반드시 패한다는 점, 일곱째 한중 두 나라의 부흥과 새로운 동아시아 건설이 가까운 시일 내에 이루어질 수 있다는 점 등이다.[28] 특히 한중연합 부대로서 활동할 수 있다는 점에 주목할 필요가 있다. 이는 후일 다른 형태의 연합작전으로 표출되었다. 이른바 미국과의 OSS작전이 그것이다.

한편 『신보』의 한국광복군 관련 기사는 『구망일보』와 대동소이하지만 분량 면에서는 소략한 편이다. 먼저 한국광복군 성립 전날 보도를 통해 한국독립당 지도자가 광복군 성립대회를 주관하기로 했다는 점을 강조했다.[29] 즉 김구가 청첩장을 각계에 보내 대회에 참가해 줄 것을 요청하였다는 것이다. 그리고 9월 19일자 기사에는 충칭 쟈링 강변의 한 장소에서 한국광복군총사령부 성립대회를 거행하였다는 소식을 전했다. 특히 이날 기사는 한국광복군의 성립이 중대한 의의를 갖는 일이라고 했다. 하지만 광복군 숫자가 약 1만 명에 이른다고 한 점은 지나친 과장이라고 할 수 있다. 그리고 중국혁명에 성공하는 것이 바로 한국의 독립이 이루어질 것이라는 예측 기사도 실었다.[30]

4. 『해방일보』의 대한민국임시정부 관련 기사

오늘날 중국 대륙의 국치일은 9월 18일이다. 1931년 일본제국주의가

---

28 위와 같음.
29 『신보』 1940년 9월 16일, 「내일 조선광복군 성립」.
30 『신보』 1940년 9월 19일, 「한국광복군 성립대회」.

만주를 본격적으로 침략한 날이다. 중국은 이 때부터 1945년까지를 항일전쟁기로 부른다. 심양시 황구툰 류타호우(沈陽市 黃古屯 柳條湖)에 세워진 9.18역사박물관에는 중국의 전 국가주석 강택민이 쓴 '물망국치(勿忘國恥)'라는 글자가 선명하게 방문객을 맞이하고 있다. 중국 항일전쟁 시기 3,500만 명의 중국인이 다치거나 죽었다. 비단 사람만 희생되었을까. 그들의 문화, 영토, 풍속 등도 상당 부분 훼손되었다. 그래서 중국에서는 이날을 국치일로 정한 것이다. 해마다 심양을 비롯한 중국 동북 지방 대도시에서는 9월 18일 오전 9시 18분에 경적을 울려 이날이 국치일임을 상기시키고 있다.

1915년 5월 9일은 중화민국 시기 이 날이 바로 국치일이었다. 위안스카이(袁世凱)가 일본에 굴욕적인 21개 조약을 체결한 날이다. 이른바 만몽조약(滿蒙條約)으로 일컫는 이 조약으로 중국 국부의 상당 부분이 일본으로 흘러들어 갔다. 중국 곳곳에서 일화배척운동이 전개되었으며, 또 다른 치욕의 길을 차단하려 했다.

국망 이후 중국 유하현 삼원포에 세워진 신흥무관학교(新興武官學校)에서는 해마다 국치일을 기념하였다. 신흥무관학교 재학생과 졸업생들이 발간한 『신흥교우보』에서는 우리 민족의 나아갈 길을 통해 잃어버린 조국을 찾아야만 한다고 강조했다. 교육의 부재로 나라를 잃고 방황하는 우리 민족에게 국치일을 맞이하여 민족의식을 고취시키고자 하는 글이 『신흥교우보』 제2호에 연속으로 실렸다. 왕삼덕은 「8월 29일 기념취지서」를 통해 국치일을 눈물로 기념할 것이 아니라 굳건한 마음을 가지고 신흥무관학교에서 교육을 제대로 받고, 이를 바탕으로 더욱 많은 학생들을 배출해서 국내 진공작전을 개시하기까지 실력 양성에 힘써야 한다고 했다.

『해방일보』 1940년 8월 30일자에는 임시정부의 국치일 기념 행사를 자세하게 보도하였다. 당시 충칭 생생화원에서 국내외 기자를 초청한 간담회를 개최하였다.³¹ 이날 김구는 반침략 진영에서 모든 나라와 국민에게 한국임시정부의 활동상을 널리 선전해 주고 한국독립운동에 대한 국제사회의 주의를 환기시킬 수 있도록 내외신 기자가 힘써 줄 것을 간곡히 호소하였다.

1942년 10월 11일 충칭에서 성립된 중한문화협회는 한국임시의정원 의원들을 초대하여 항일독립운동에 대한 노고를 치하하였다. 당시 충칭에서 활동하고 있던 한국 독립운동가들과 중국의 국민당 및 공산당 등 각계 인사들이 참여한 민간단체였다. 창립 당시 인원이 400여 명에 이르렀다.³² 중한문화협회의 대표적인 활동은 회원을 주축으로 하여 한중 인사들의 모임을 갖는 것이었다. 한중 인사들의 모임은 다과회·강연회·좌담회 형식으로 이루어졌다. 중한문화협회 이사장은 쑨원의 아들인 쑨커였다. 당시 모임에는 한국 측에서 김구·홍진·조소앙 등 50여 명이 참석하였다. 중국 측에서는 쑹칭링(宋慶齡)과 쑨커 부부, 우톄청(吳鐵城)·펑위샹·마초준, 양한조, 저우언라이, 왕룽해 등이 참석하였다. 쑨커 원장은 단결과 조직의 중요성을 역설하였으며, 백범 김구는 한국 혁명동지들이 독립운동 진영의 통일을 위해 경주하고 있다는 점을 강조하였다.³³ 이 사실은 『신화일보』에도 보도되었다.³⁴ 중국이 항일전쟁을 전개하면서 충칭에서 국공합작을 진행하고 있어서 이러한 보도가 가능하였다.

---

31 『해방일보』 1941년 8월 30일, 「한국임시정부의 국치기념일 행사」.
32 한시준, 「중한문화협회의 성립과 활동」, 『한국독립운동사연구』 35, 2010, 374쪽.
33 『해방일보』 1942년 11월 14일, 「중한문화협회 한국임시의정원 의원 초대연 개최」.
34 저우언라이(周恩來)는 황푸군관학교 시절 한국 동지들과 함께 활동한 사실을 거론하면서, "朝鮮志士들의 끓는 피가 중국의 大地위에 뿌려졌다. 그러나 조선혁명과 독립문제를 이야기할 때 彼此間에 의견충돌이 있었다. 모든 이들의 목표는 국권회복과 독립인데 차이가 있다면 그 방법이 다른 것뿐이다"라며, 단결할 것을 강조하였다(한시준, 앞의 글, 391~392쪽).

5. 맺음말

조선의용대 정치조 주임과 한국광복군 제1지대 비서로 활동했던 이달은 한중 공동연합의 중요성을 다음과 같이 강조하였다.

> (전략) 항전개시 이후 나타난 여러 방면의 유리한 조건에 힘입어 중국의 항전 역량은 시간이 지날수록 강화되고 있으며, 이러한 긍정적인 모습은 앞으로도 계속 이어질 것이다. 최후의 승리가 중국의 것임은 의심할 여지가 없다. 다만 시간상의 문제일 뿐이다. 항전의 승리는 중국의 승리일 뿐만 아니라 동시에 전 세계 반침략 전선의 승리이기도 하다. 나아가 항전승리는 조선과 대만 민족해방운동의 승리이기도 하다. (중략) 전 중국민족과 조선민족이 일치단결하고 우의적 제휴를 통해 분투할 때 비로소 일본파시스트 군벌집단을 타도할 수 있는 것이다. 중한연합전선을 강화하여 동방 피압박민족의 해방을 쟁취하고 세계의 평화를 지키기 위해 우리 다함께 노력하자.[35]

중일전쟁 이후 한중 연합전선을 강화하기 위해 필요한 조건이 무엇이며, 이것이 왜 세계 평화에 기여할 수밖에 없는가에 대한 견해였다. 한중 공동항일투쟁은 중국인들에게 자국민들의 항일 투쟁 열기를 고조시키는 계기가 되기도 했다. 뿐만 아니라 조선의용대원들의 활동은 동방 피압박민족들의 연대를 공고히하는 계기도 되었다. 『해방일보』와 『구망일보』 등에 게재된 조선의용대원들의 활동과 희생은 인류의 보편적 가치를 실현하고자 했던 한국독립운동의 위상을 드높이는 계기가 되었음은 두말할 필요가 없으며, 이것이 바로 한중 연합의 정수라고 해도 과언은 아닐 것이다.

대한민국임시정부 성립 시기부터 중국인들의 임정에 대한 인식은 일제의 패망 때까지 일관되지 않았다. 그것은 당연한 현상일 것이다. 시대

---

[35] 『구망일보』 1939년 7월 8일, 「중한연합전선을 강화하자」.

적 상황과 독립운동의 다양성 등이 결합되어 나타났기 때문에 중국인들의 인식 역시 시기에 따라 달라질 수밖에 없었다. 중국 사회는 임시정부를 한민족을 대표하는 기관으로 인식하였다. 즉 임시정부가 국내와 세계 각지에 거주하고 있는 한인의 통일된 의지에 의해 수립된 전 세계 한인의 유일한 정부로서 한민족의 대표성을 확보하였다는 것이다.[36] 물론 이러한 중국 사회의 인식이 임시정부와의 공동항전 파트너로 적합하다는 것을 의미하는 것은 아니다. 그럼에도 불구하고 임시정부는 중국에서 공동항일투쟁의 공식적인 파트너로 자타가 인정할 수밖에 없는 존재였다.[37] 조선의용대에 우호적인 언론이었던『해방일보』도 한국독립운동의 중심 기관은 대한민국임시정부라고 인식하였다.[38]

이렇듯 중국 사회의 임시정부 인식은 언론과 일반 사회, 중국 정부 간에 미묘하고도 큰 차이가 존재하였다. 경술국치 이후 임시정부에 대한 시선은 동정적이며 시혜적인 부분이 강했다. 그렇다고 모든 중국인의 시각이 여기에 고정되어 있었던 것은 아니었다. 특히 중국 국민정부 입장에서는 임정의 활용 문제가 고민이었다. 태평양전쟁 시기 연합국의 일원이기를 원했던 임시정부를 중국 국민정부에서는 파트너로 쉽게 인정하기 어려웠다. 하지만 국민정부는 임시정부의 능력과 역할을 폄훼하지 않았으며, 오히려 그들에게 유리한 활동을 독려하였다. 예컨대 국민정부와의 공동정보수집을 진행하기도 했다.[39]

한중 연대의 의미는 과거의 연대가 오늘날에도 실체가 분명하며 그것을 계승한다는 데 있다. 예를 들면 중한문화협회는 한국과 중국이 오랜

---

36 한상도,「독립운동기 중국사회의 대한민국임시정부 인식과 평가」,『한국독립운동사연구』69, 2020, 153~154쪽.
37 소육린,「사한회억록」,『대한민국임시정부자료집』25, 250쪽.
38 『해방일보』1941년 10월 16일,「조선민족해방운동사」.
39 양지선,「한국독립운동세력과 CC파·역행사의 공동 첩보활동」,『동양학』62 참조.

역사적 관계를 맺어 온 과정에서 가장 많은 인사들이 참여하여 성립한 대표적인 민간우호단체였고 한중의 우호를 상징하는 대표적 단체였다. 하지만 해방 이후 냉전시대를 거치면서 그 맥이 사라졌다가 1965년 한국에서 이를 계승하는 한중문화협회를 결성하여 오늘날까지 그 전통을 이어가고 있다.[40]

한편 대한민국임시정부 청사를 기념관으로 전환하여 양국의 공동항일투쟁의 역사를 일반인들에게 전달하고 있다. 한중 양국 소통의 장으로 자리매김-애국 교육의 장 활용-하여 중국에서는 한국독립운동의 상징인 임시정부 청사를 자국민에 대한 애국주의 교육 기지로 활용하려는 움직임이 활발하게 진행되고 있다. 2009년 중국은 건국 60주년 행사를 통해 애국주의가 고취되고 있는 실정이다.[41] 이 같은 분위기는 중국의 경제력을 바탕으로 축적된 문화에 대한 자긍심과 함께 배가되어 나타나고 있다. 상해임시정부 구지관리처에서는 중국에서도 격변기였던 1920년대 상해 지역에서 전개된 한국독립운동의 열기를 애국주의 교육과 연계하려는 움직임도 있다.[42] 또한 항주대한민국임시정부구지기념관에서는 송나라 시기 충신이었던 악비의 고향이 항저우임을 강조하면서, 특히 임시정부가 항주에서 활동한 것과 연동해서 애국주의 교육센터로 지정받기 위해 활동하고 있다.[43] 충칭 역시 한국인보다 중국인 관람객이 더 많이 찾아오면서 임시정부와 중국 항일투쟁의 역사를 애국주의로 승화시키고자 하고 있다. 즉 한국독립운동의 역사가 중국에서 다시 한번 재생력을 가지고 살아나고 있으며, 이를 중국인과 공유하고 있다는 점

---

40 한시준, 「중한문화협회의 성립과 활동」, 『한국독립운동사연구』 35, 2010, 400쪽.
41 『연합뉴스』 2009년 10월 2일, 「中 건국 60주년 애국주의 열풍」.
42 2009년 7월 30일 상해임시정부청사구지 관리처 관계자 면담.
43 2009년 7월 30일 항주임시정부청사구지 관리처 관계자 면담.

에서 임시정부청사가 갖는 의미 또한 남다른 것이다. 중요한 부분은 중일전쟁 이후 공동항전에 대한 중국의 인식이 변화했다는 것이다. 대한민국임시정부의 활동과 희생 속에서 중국 혁명이 완성되었고, 나아가 조선의 독립까지 실현될 수 있다는 '쌍방 인식'이 공유되었기 때문이다.

| 결론 |
평화공생 네트워크의 시론

　20세기 전반의 한반도는 말 그대로 불법이 만연한 아수라장이자 지옥이었다. 그 지옥에서 한국의 선각자들은 독립운동을 전개하였다. 자신을 희생해서 공동체의 복원을 시도했던 이들의 활동이 지금도 '기림'을 받는 이유가 여기에 있다. 그런데 이들의 활동이 우리만을 위한 것이 아니라 동북아시아의 평화를 위한 것이었음은 두말할 필요도 없다. 결국 한국독립운동은 동북아시아의 평화 구축을 위한 거대한 몸짓이었다. 그 몸짓에 대한 각국 언론(제한적이지만)의 보도 양태를 통해 평화공생의 네트워크를 구축하는 것은 지나친 사치일까. 따라서 한국독립운동의 각 사건 또는 단체에 대한 보도 양태를 정리하는 것으로 이 책의 맺음말을 대신할까 한다.

　창사『대공보』는 1915년 9월 1일 창간되었으며, 1917년 12월 12일부터 세 차례 휴간하였고 1947년 11월 30일 정간되었다. 이처럼『대공보』는 1915년 창간한 이래 한국독립운동에 관련된 기사를 지속적으로 게재하였으며, 1945년 11월 23일 대한민국임시정부가 환국할 때까지 그 노력은 계속되었다. 이 가운데 3·1운동 관련 기사는 80여 건에 달하였다.

　이 책에 게재된 3·1운동 관련 기사는 중국이 놓인 처지를 반추하는 계기가 되기도 했다. 열강들의 이권 쟁탈 속에서 신해혁명 이후 근대국가를 지향했던 중국이 보편적이며 세계사적 성격을 지닌 한반도의 3·1운동을 자세하게 보도한 것은 일제강점기 한국인들의 역량이 얼마나 크고 숭고한 것이었는지를 다시 한번 확인하는 계기가 되었다. 나아가 중국인들에게도 국제 정세에 대한 각성의 기회를 마련하는 중요한 계기라 할 수 있다.

   3·1운동에 대한 외국의 언론 보도는 한국독립운동의 위상을 높이는 데 중요한 촉매제 역할을 하였다. 중국 베이징에서 발행한 『국민공보』에는 한국이 일본제국주의 지배에서 벗어나 독립을 선언하기까지의 그 원인과 과정에 관한 기사를 자세하게 게재하였다. 국내에서 발행되었던 조선총독부 기관지 『매일신보』에서 왜곡되었던 모습을 『국민공보』를 통해서 독립선언의 원인 가운데 가장 컸던 일본제국주의의 학정과 3·1운동 전개 과정에서 벌어졌던 각종 반인륜적인 행위로 볼 수 있었다. 뿐만 아니라 그러한 탄압과 학살 속에서도 혁명의 열기를 지속적으로 이어나갔던 한국인들에 대한 평가와 중국인들이 향후 가져야 할 자세에 대해서도 언급하였다. 이 신문은 3·1운동을 단순히 보도만 한 것이 아니라 중국의 처지가 한국과 크게 다르지 않으며 반제국주의에 중국이 어떻게 대항해야 하는지를 3·1운동을 통해서 전달하려 했던 것 같다. 중국 지식인들은 한국의 독립운동이 자신들과 밀접하였음을 이미 깨닫고 있었던 사실을 방증한다.

   1919년 4월 15일 화성시(당시 수원군)에서 자행된 제국일본의 조선인 학살(제노사이드)는 전 세계에 식민통치의 폭압성을 알리는 중요한 계기였다. 또한 중국 신문에도 여러 차례 보도되면서 '제암리 제노사이드'는 화성 지역 독립운동의 상징이었으며, 나아가 대한민국임시정부에서도 대외홍보자료로 활용할 만큼 중대한 사건이었다.

   제암리 제노사이드에 대한 현재적 관점과 지역의 독립운동사적지 공간 활용, 나아가 강제된 용서의 의미와 이를 극복하려는 작은 움직임을 분석하였다. 특히 가해자였던 제국주의 일본 후예들은 상반된 행동, 즉 일본 정부는 공식적인 사과를 하지 않았으며, 일본의 시민단체는 공격적인(?) 사과와 화성 지역민들의 이해를 구했다. 화성 제암리 제노사이드 공간이 동북아 평화공생체의 담론의 장으로서 그 역할을 수행하기 위해서는 동북아뿐만 아니라 전 세계인들이 아픈 역사에 대한 치유와 공감에 관심을 갖도록 하는 적절한 프로그램이 선행되어야 한다. 이를 위해서는 한국과 일본의 깨어 있는 시민들의 평화연대가 구축되어야 한다는 선결 과제도 남아 있다.

중화민국 시기에는 국민계몽적 신문들이 많이 등장했다. 『대공보』는 진보적 색채를 띠고 톈진에서 처음으로 발간되었다. 이후 상하이·창사에서도 『대공보』가 발행되었다. 창사 『대공보』의 기사 가운데 1920년 간도 조선인 제노사이드(경신참변)의 기사를 분석하였다. 앞서 언급한 지역의 『대공보』보다 다양한 사례를 기사화하였기 때문에 창사 『대공보』의 기사를 중점적으로 다루었다. 먼저 창사 『대공보』에서는 경신참변의 전주곡인 이른바 훈춘사건도 취급하였다.

1920년 10월 2일 새벽 대규모의 마적단과 한인들이 북간도 훈춘 영사분관을 습격했다는 전문이 경원 일본군 수비대에 접수되었다. 이른바 '훈춘사건'이 세상에 공식적으로 알려지는 순간이었다. 훈춘사건은 3·13운동 이후 지속적으로 성장해 온 북간도 지역 한인 독립운동단체에게는 크나큰 재앙이기도 했다. 이 사건을 빌미로 일제는 대규모의 병력을 간도에 파견하였다. 일제의 '간도출병'은 독립운동의 책원지 가운데 책원지인 간도 지역을 쇄토하려는 치밀한 계획이자 반인류적 행위의 상징처럼 화석화되었다. 훈춘사건과 '간도출병'은 쌍생아처럼 각 언론에 보도되었다. 창사 『대공보』는 중국 동북 지역에서 자행되고 있었던 일제의 만행을 좌시할 수 없다는 당시 중국의 분위기를 대변한 듯하다.

한국독립운동은 전 세계를 활동 무대로 전개되었다. 특히 중국 지역은 항일무장투쟁의 주된 활동지이기도 하다. 1938년 10월 10일 후베이성(湖北省) 한커우(현 우한)에서 창설된 조선의용대는 중국에서 공식적으로 인정한 한인 독립운동부대이다. 조선의용대원들의 항일투쟁은 중국인들에게 강렬한 인상을 남겼으며, 이후 항일공동전선을 구축하는 든든한 밑거름이 되었다.

주지하듯 1930년대 중국 지역에서 한국독립운동은 새로운 전기를 맞게 된다. 먼저 1931년 9월 18일 일제의 만주 침략과 이듬해 3월 만주국 성립은 만주 지역 한국독립운동 세력에게는 크나큰 시련의 시작이었다. 1933년경 민족주의 세력의 대부분이 중국 관내로 이동해서 활동하게 된 것도 이와 직접 관련이 있다. 당시에는 한국독립운동의 외적 변화가 급속하게 진행되고 있었다. 뿐만 아니라 1937년 7월 7일 일본군이 베이징 근교 로거우차오(蘆溝橋)를 침략하면서 중일전쟁의 서막이 올랐고, 이에 중국도 일본과 전면전을 선포하게 되었다.

중국의 국민정부 시기에는 베이징뿐만 아니라 각 지역의 신문에서 많은 한국 관련기사를 볼 수 있다. 그 가운데 『구망일보(救亡日報)』와 『해방일보(解放日報)』는 조선의용대 기사를 가장 정확하고 광범위하게 보도한 매체라고 할 수 있다. 특히 유형적·무형적 지원을 동시에 받았던 조선의용대는 『구망일보』와 연합하면서 항일투쟁의 강도를 더욱 높여 갔다. 이에 대해 『구망일보』 역시 자국민들에게 조선의용대를 비롯한 한국독립운동 관련 사항을 자세하게 보도하였다.

먼저 『구망일보』의 설립자 궈모뤄(郭沫若)는 조선의용대의 활동에 대해 우호적인 태도를 견지하였다. 이는 조선의용대가 『구망일보』를 선전하고 판매하는 협력 관계로 발전하는 힘이 되었다. 특히 조선의용대의 활동 가운데 하나인 대민 활동에『구망일보』는 많은 지면을 할애하면서 한국독립운동의 현황과 식민지 조선의 실상을 알리는 데 주력하였다. 예컨대 연극〈조선의 딸〉은 중국인들의 많은 관심을 불러일으켰으며, 조선의용대의 활동이 결코 한국만의 문제가 아닌 당시 반파시스트 투쟁 국가들의 공통사임을 환기시켰다.

조선의용대가 화베이(華北)지역에서 활동한 것은 중국 공산당에게 또 다른 정당성을 확보하는 데 중요한 자산이었다. 그만큼 조선의용대의 움직임은 중국 공산당에게 특별한 관심의 대상이었다. 조선의용대가 조선청년연합회의 행동 부대였듯이『해방일보』에는 진찰기지회 성립에 관한 기사가 지속적으로 실렸다. 신화사 전문으로 보도된 기사에는 조선청년연합회 진찰기지회가 한중 두 민족의 청년들이 항일공동작전을 수행하여 일본파시스트를 타도하는 데 더욱 큰 힘을 발휘할 것으로 기대한다는 내용이 대부분이었다.『해방일보』1942년 7월 31일자에 윤세주와 진광화(陳光華)를 비롯한 조선의용대원들의 합동장례식 거행 예정 기사가 게재되었다. 6월 2일 순국한 윤세주에 대한 첫 기사이기도 하다. 신화사 전문으로 작성된 이 기사에서는 반소탕전에서 희생당한 조선의용대원들의 업적을 기리기 위한 특별 기념방안을 마련한다고 했다.

요컨대 한중 공동항일투쟁은 중국인들에게 자국민들의 항일투쟁 열기를 고조시키는 계기가 되기도 했다. 뿐만 아니라 조선의용대원들의 활동은 동방피압박 민족들의 연대를 공고히 하는 계기도 되었다. 두 신문에 게재된 조선의용대원들의 활동과 희생은 인류의 보편적 가치를 실현하고자 했던 한국독립운동의 위상을 드높이는 계기가 되었음은 두말할 필요가 없으며, 이것이 바로 한중 연합의 정수라고 해도 과언은 아닐 것이다.

대한민국임시정부는 성립 당시부터 중국과 협력하여 항일투쟁을 전개하려고 했다. 먼저 한중호조사(중한호조사)를 성립시켜 반제국주의 전선을 확장하려고 했다. 1921년 1월에 허베이성 우한, 그해 3월 후난성 창사에서 성립된 한중호조사를 비롯하여 중국 전역에서 이 단체를 통해 한중연대와 공동항일투쟁의 기반을 구축하였다.

제국주의 일본의 간계로 발생한 만보산(萬寶山)사건이지만 한인을 바라보는 중국 측 시선이 곱지 않았기 때문이다. 따라서 임시정부는 외교부장 조소앙(趙素昻) 명의로 만보산사건의 해결책을 난징 정부에 제시하였으며, 그것은 동북아시아에서 민족적 혐오와 차별을 극복하고 제국주의 일본에 공동 대응책을 강구하면서 평화를 실현하자는 제안이었다. 공생과 상생의 공동협의체를 구성하려고 했던 것이 만보산사건에 대한 임시정부의 대응책이었다.

뿐만 아니라 만보산사건의 연장이었던 국내의 배화사건으로 중국인에 대한 대한인의 감정이 악화되었던 시기에 한인애국단(韓人愛國團)의 활동은 한중연대의 새로운 국면을 맞이하였다. 특히 윤봉길(尹奉吉) 의거는 중국군의 도움도 있었으며, 중국 정부의 적극적인 물적 지원을 이끌어 내었을 뿐만 아니라 한국독립운동에 상당히 우호적인 인식을 심어준 전환점이 되었다. 역설적으로 윤봉길 의거 이후 임시정부는 고난의 이동 시기(이른바 '물위에 뜬 정부')를 맞이하였다. 이는 제국주의 일본의 침략정책과 연동되었다. 1937년 중일전쟁이 본격화되면서 중국 전 지역이 전쟁의 소용돌이에 들어갔다. 이 와중에도 중국 정부는 임시정부의 청사 공간을 제공할 뿐만 아니라 인력과 예산 지원도 아끼지 않았다. 특히 군사적 연대에 있어서는 중국 정부에서 오히려 임시정부를 중시하였던 것 같다. 이것은 전면전이 전개되면서 '국제우인(國際友人)'과 연대의 중요성이 크게 대두되었기 때문일 것이다. 이러한 인식은 1940년 한국광복군의 탄생으로 연결되었다. 태평양전쟁이 발발하고 주요 전장은 중국을 비롯한 동남아 지역이었다. 전쟁이라는 인류 최대의 재난에서 최전선에 있었던 한중 공동항일 투쟁가들의 모습을 온전히 복원하는 것이 오늘날 동북아 역사전쟁과 역사갈등을 해결하는 데 중요한 단초가 된다.

'경술국치'는 나이 든 세대에게는 익숙한 용어이다. 하지만 용어일 뿐이지 실생활에서는 전혀 느낌을 주지 못하고 있다. 하물며 청소년들에게는 잊혀진 세월이자 먼 옛이야기다. 기성세대는 한일 관계를 의식하고 있어서 또는 과거의 일이라는 말로 얼버무리며 국치일에 대한 아픈 기억을 애써 봉합한다. 가슴 쓰린 현상이다. 이러한 상황에서 "가깝고도 먼나라 일본"에게 우리의 메시지는 정확하게 전달될 리가 없다. 지난날의 과오에 대한 대답조차 없는 공허한 메아리만 들려오는 현실이다.

가해자가 진정하게 사과하고 피해자가 온전히 용서하고 화해하는 사회는 먼 미래의 이야기일까. 관동대지진 조선인 학살 100년이 지났다. 영화 〈박열〉에서 주연배우는 실감나게 박열을 연기하였다. 많은 한국인들은 잠시나마 영화 〈박열〉을 보면서 관동대지진과 조선인 학살을 떠올렸을 것이다. 거기까지이다. 가해자는 자신이 저지른 일들에 대해 비겁하게 숨기기에 급급하다. 관동대지진 때 학살당한 조선인과 중국인에 대한 역사 치유 작업도 동시에 진행되어야 당연하다. 손으로 가리기에는 너무나 아픈 역사적인 생채기가 남아있기 때문이다.

민관이 한마음으로 잊혀진 독립운동가의 묘역을 발굴·보존하는 데 힘쓰고 있으며, 특히 중국 측의 관심도 상당히 높아졌다. 다만 최근 동북아의 국제 정세는 반제국주의 전쟁에 동원된 젊은이들의 희생을 기념할 만큼 여유로워 보이지는 않는다. 이럴 때일수록 함께 고통을 겪었던 시대를 복원하는 작업이 필요한 것이 아닐까. 그것이 인류의 보편적 가치를 실현하기 위해 희생된 젊은 영혼을 조금이나마 위로하는 길이라고 생각된다. 이는 단순하면서도 보편적인 인류의 가치를 실현하려는 조그마한 시금석이 되지 않을까라는 생각을 해 본다.

2023년 2월 6일에는 튀르키예 남부와 시리아 북부에서 진도 7.8의 강진이 발생하였다. 2011년 도쿄 동부지진 때의 사망자 수를 훨씬 넘는 희생자들이 속출했다. 안타까운 사연과 희생자 구조 소식이 실시간으로 전 세계에 전해졌다. 자연 앞에 인류의 삶의 터전이 허망하게 무너진 튀르키예를 향해 전 세계에서 온정의 손길이 이어지는 소식이 줄을 이었다. 당연히 한국에서도 전쟁터를 방불케 하는 튀르키예에 각 기관과 개인들이 크고 작은 마음과 구호 물품들을 보냈다. 자연재해에 공동으로 대처하는 것은 인간의 기본적 태도이며, 지구공동체를 지탱하는 가장 원초적인 에너지원이다.

아직까지 한반도는 분단이라는 냉혹한 현실 속에 있다. 이른바 4차 산업혁명 시대라고 하지만 분단의 틀은 아직까지도 견고한 편이다. 일사양용(一史兩用)의 위험한 줄타기가 계속되고 있으며 남과 북의 항일투쟁사도 상당한 괴리가 있다. 한중 공동항일투쟁사는 그래도 냉전 시대의 역사 연구의 틀과 인식을 많이 탈피하고 있고, 노력도 병행하고 있다고 볼 수 있다. 오늘날의 정치적 상황만으로 과거의 역사적 사실을 재단할 수 없다. 과거의 행위주체(agency)들이 시대가 흘러서 단순한 객체로 치환될 수 없듯이, 한중 공동항일투쟁의 역사적 사실은 오늘날 양국에서 나아가 동북아시아 평화연대를 위해서도 여전히 유효하다.

찾아보기

ㄱ

가지야마 도시유키 97
가지이 스스무(梶井陟) 182
경술국치 216, 225
궈모뤄(郭沫若) 110, 172, 176, 182, 192, 208, 222
기타 요시오(北義雄) 178
김구 22, 23, 199, 201, 203, 208, 209, 210, 212, 214
김규식 77, 78, 82
김두봉(金斗奉) 125, 127, 129, 185, 186
김성숙 108, 109, 182
김승학 160
김원봉(金元鳳) 18, 110, 114, 161, 174, 182, 197, 207
김좌진 151
김지섭 161, 162
김지환(金智煥) 41
김창만(金昌滿) 127, 174, 185
김창숙(金昌淑) 58

ㄴ

나카야마 야스노리(中山泰德) 178
남경대학살기념관 104
니에얼(聶耳) 108

ㄷ

다시 기억하기(De-memorize) 13, 88, 109, 129
도쿄 조선청년회관(YMCA) 63
독립기념관 19, 20, 21, 23, 54, 60, 61, 101, 197, 198
동명학교 144
『동방잡지(東方雜誌)』 27
동비우(董必武) 22, 201

ㄹ

량치차오(梁啓超) 16, 17, 61
루쉰(魯迅) 121
뤄칭(羅靑) 108
류츠(劉峙) 22, 201

ㅁ

마오쩌둥(毛澤東) 16, 121
만보산(萬寶山)사건 171, 224
무정(武亭) 126, 127
문창범 153
미즈노 렌타로(水野連太郎) 53
『민국일보(民國日報)』 27, 63, 89
민족자결주의 29, 30, 31, 33, 55, 62, 63, 82
민족주의(nationalism) 13, 17, 191, 222

민주주의 17

ㅂ

바진(巴金) 111, 172, 176
박건웅(朴健雄) 108, 109, 207
박효삼(朴孝三) 184, 207
박희도(朴熙道) 59
방순희 124
봉천회의 136

ㅅ

사이토 마코토(齋藤實) 53
사회진화론 17
상동교회 69
샤옌(夏衍) 110, 182
세계주의 16, 17, 18
손병희 37, 127
수원 제암리 사건 38, 52
신규식 124, 206
『신보(晨報)』 28
신익희 153
신해혁명(辛亥革命) 13, 15, 32, 134, 157, 219
신흥무관학교(新興武官學校) 213
쑨원(孫文) 16, 22, 58, 124, 201, 214
쑨커(孫科) 22, 201, 214
쑹칭링(宋慶齡) 214
쓰투더(司徒德) 123

ㅇ

아나키즘 17
안병무 119, 120
안세환 41
안원생 124
안정근 66, 161
안창호 51, 52, 55, 60
앤드루 카네기(Andrew Carnegie) 14
양송(楊松) 121
여운형(呂運亨) 60, 160
예젠잉(葉劍英) 19, 190
오야마 레이지(尾山令二) 85, 86, 97, 98, 99, 106
오카노 스스무(岡野進) 127, 128
올림픽극장 59
왕삼덕 213
왕웨이(王巍) 125
왕지셴(王繼賢) 118, 183
위안스카이(袁世凱) 213
유자명(柳子明) 111, 172
윤경빈(尹慶彬) 23
윤기섭 160
윤봉길(尹奉吉) 207, 224
윤세주(尹世冑) 18, 122, 171, 173, 174, 184, 186, 187, 188, 191, 223
윤치평(尹治平) 186
을사늑약 32, 33
이달(李達) 115, 117, 118, 129, 177, 181, 182, 183, 215
이동녕 153

이동휘 146, 153
이두산 178
이범석 204
이완용(李完用) 75
이유필 160
『이조잔영』 97
이화숙(李華淑) 60

ㅈ

자경단 158, 164, 168
장암동참안지 155
장이즈(張一之) 178
장제스(蔣介石) 196, 208, 209, 210, 211
장쭤린(張作霖) 136
쟈링빈관(嘉陵賓館) 22, 200, 201
저우언라이(周恩來) 15, 22, 59, 201, 214
정율성(鄭律成) 108, 109
제암리 3·1운동순국기념관 100
제암리 제노사이드 21, 86, 87, 88, 94, 96, 97, 99, 104, 105, 220, 221
조덕진 160
조상섭 160
『조선독립신문』 49
조선의용대 18, 19, 54, 107, 109, 110, 111, 112, 114, 115, 116, 118, 130, 171, 172, 173, 174, 176, 177, 178, 179, 180, 181, 182, 183, 184, 185, 186, 189, 190, 191, 192, 197, 200, 208, 215, 216, 222, 223
조선청년독립당 34, 55
조선총독부 31, 36, 38, 49, 56, 61, 66, 86, 136, 140
조선혁명군정학교 127
조성환 203
조소앙(趙素昂) 123, 124, 210, 214, 224
조열광(趙烈光) 186
조완구 124, 160
조우취타오(鄒趣濤) 108
주더(朱德) 18, 19, 121, 189, 190
주세민(周世敏) 179
중한문화협회 214, 216
중한호조사 160, 161
지청천 201
진광화(陳光華) 186, 187, 223

ㅊ

천두슈(陳獨秀) 15, 16, 32, 92
최남선(崔南善) 39
최린(崔麟) 39
최채(崔采) 187
친팡셴(秦邦憲) 121

ㅌ

타오빈(陶彬) 138

ㅎ

하라 다카시(原敬) 53

하란사(河蘭史) 68, 69, 82
하세가와 도시미치(長谷川好道) 38, 66
한인애국단(韓人愛國團) 224
현순(玄楯) 41, 59
홍범도 150, 151
화북조선독립동맹 126
황푸군관학교(黃浦軍官學校) 206, 207, 208
황학수(黃學秀) 202
후종난(胡宗南) 202
훈춘사건 133, 134, 135, 136, 137, 138, 139, 140, 141, 142, 143, 144, 145, 150, 155, 156, 221

번호

2·8독립선언 29, 32, 33, 34, 35, 55, 63, 64, 65, 82
5·4운동 16, 17, 28, 61, 81, 93